I0632171

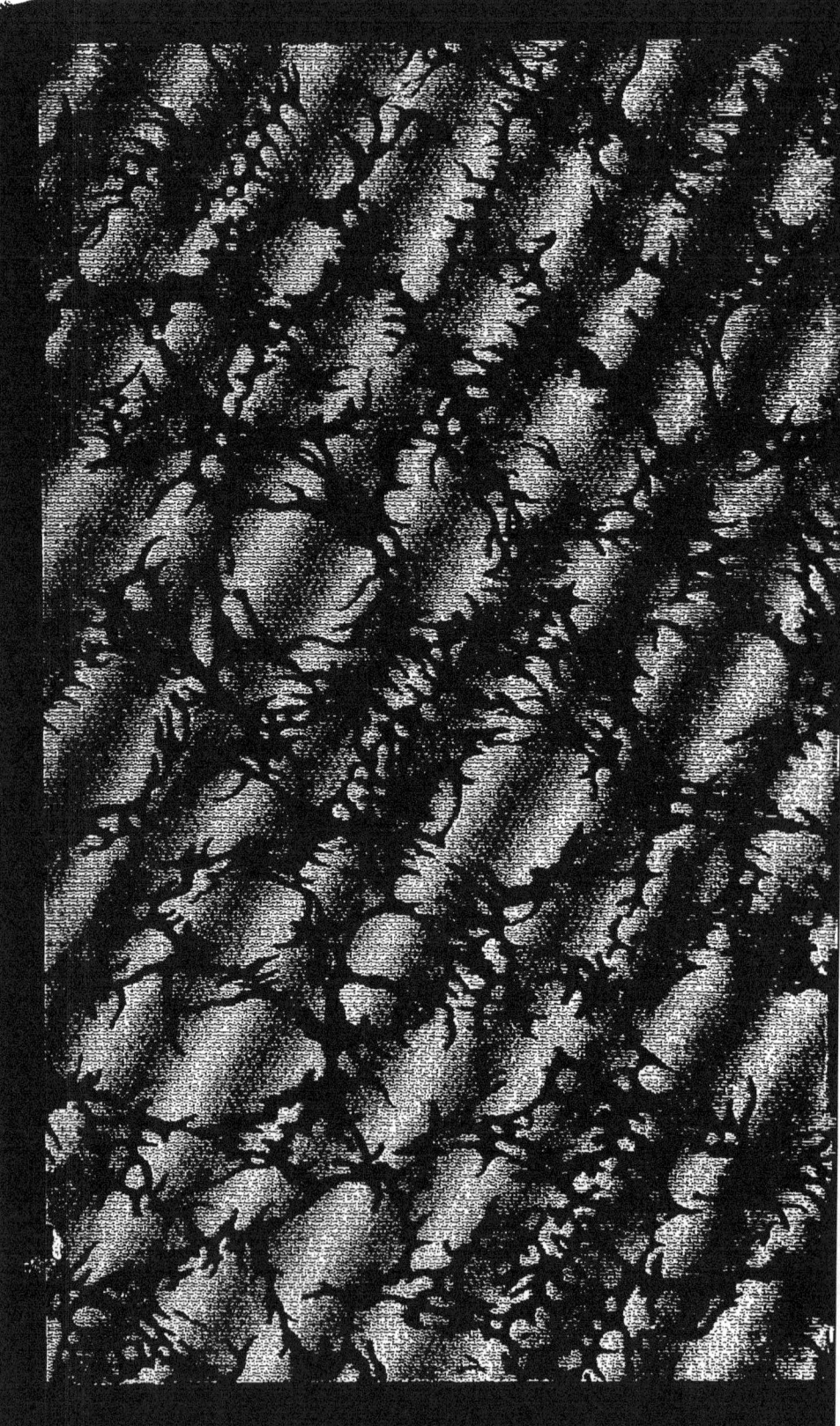

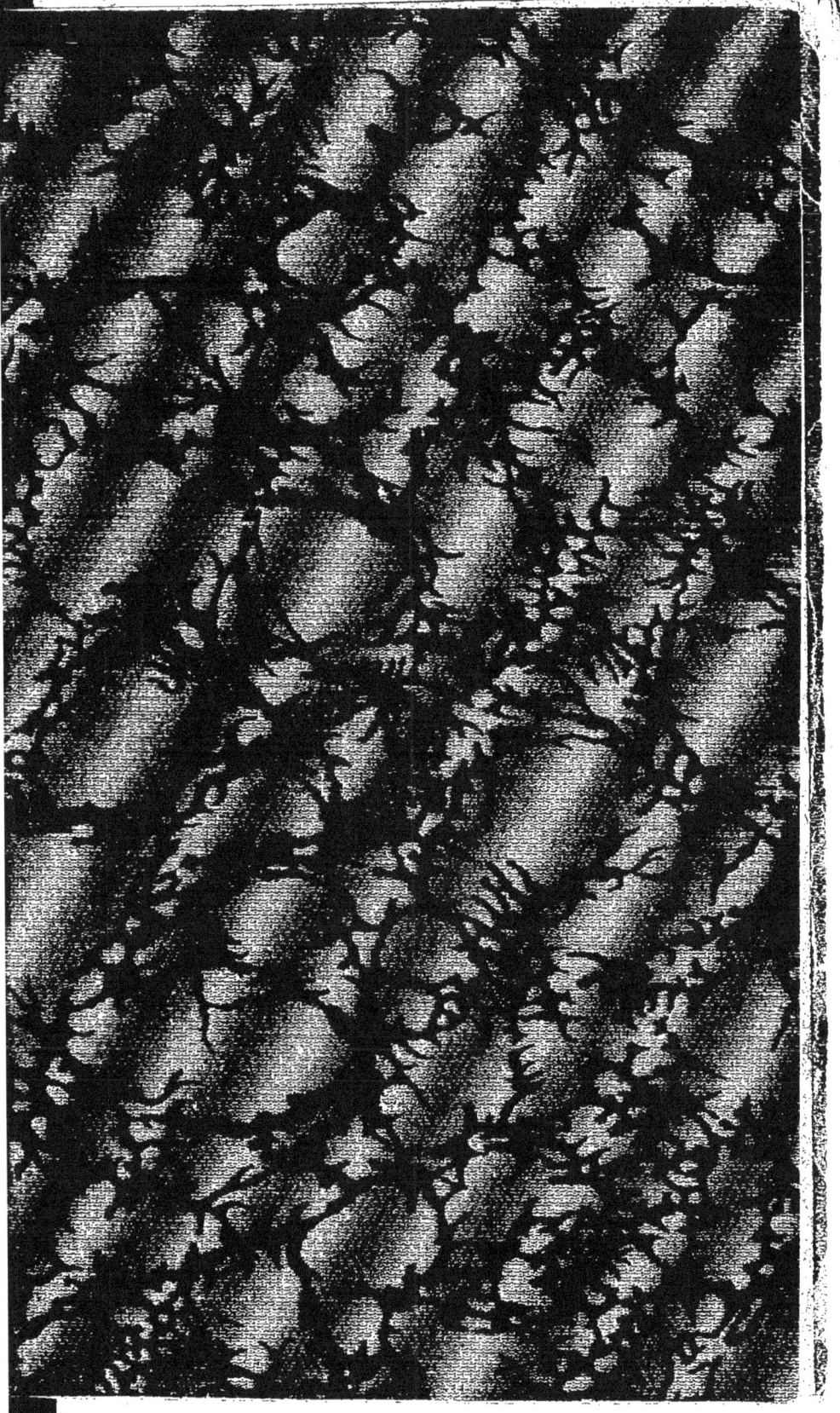

ÉTUDES BIOGRAPHIQUES

POUR SERVIR A

L'HISTOIRE DES SCIENCES

PAR

PAUL-ANTOINE CAP

MEMBRE ASSOCIÉ DE L'ACADÉMIE IMPÉRIALE DE MÉDECINE,
DES ACADÉMIES DES SCIENCES DE TURIN, LYON, ROUEN, LILLE, NANCY, VENISE,
FLORENCE, GENÈVE, ETC.
LAURÉAT DE L'INSTITUT (ACADÉMIE DES SCIENCES).

DEUXIÈME SÉRIE

CHIMISTES — NATURALISTES — MÉDECINS ET PHARMACIENS

Aristote.	Conrad Gesner.	Audubon.
Théophraste.	Coudenberg.	Homberg.
Dioscoride.	Commerson	Scheele.
Pline le Naturaliste.	Dombey.	

Les Savants oubliés.
L'Alchimie au XIIIe siècle.
Discours.

PARIS

VICTOR MASSON ET FILS

PLACE DE L'ÉCOLE DE MÉDECINE.

MDCCCLXIV

ÉTUDES BIOGRAPHIQUES

POUR SERVIR A

L'HISTOIRE DES SCIENCES.

CORBEIL, typ. et stér. de CRÉTÉ

ÉTUDES BIOGRAPHIQUES

POUR SERVIR A

L'HISTOIRE DES SCIENCES

PAR

PAUL-ANTOINE CAP

MEMBRE ASSOCIÉ DE L'ACADÉMIE IMPÉRIALE DE MÉDECINE
DES ACADÉMIES DES SCIENCES DE TURIN, LYON, ROUEN, LILLE, NANCY, VENISE,
FLORENCE, GENÈVE, ETC.
LAURÉAT DE L'INSTITUT (ACADÉMIE DES SCIENCES).

DEUXIÈME SÉRIE

CHIMISTES — NATURALISTES — MÉDECINS ET PHARMACIENS

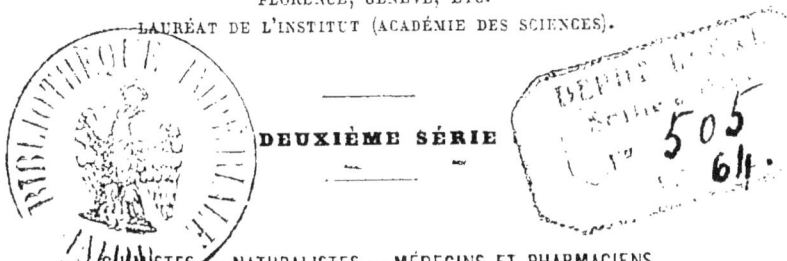

Aristote.	Conrad Gesner.	Audubon.
Théophraste.	Coudenberg.	Homberg.
Dioscoride.	Commerson.	Scheele.
Pline le Naturaliste.	Dombey.	

Les Savants oubliés.
L'Alchimie au XIIIᵉ siècle.
Discours.

PARIS

VICTOR MASSON ET FILS

PLACE DE L'ÉCOLE DE MÉDECINE.

MDCCCLXIV

1864

AVERTISSEMENT

Cette seconde série d'*Études biographiques pour servir à l'histoire des sciences*, ne comprend, comme la première, que des naturalistes, des chimistes, des médecins et des pharmaciens (1). J'ai joint à celle-ci les noms de quelques *Savants oubliés*, et un fragment de l'*Histoire de l'Alchimie* au xiii⁰ siècle.

Bacon a dit que l'histoire du monde sans l'histoire des sciences était comme la statue de Polyphème, sans œil. M. Flourens considère l'histoire des savants comme la chronologie de l'esprit humain, et leurs biographies comme les portraits de famille de la science, des arts et de la civilisation. Addison prétend « qu'on ne lit pas un livre avec plaisir sans « savoir si l'auteur est brun ou blond, d'un na- « turel doux ou bilieux, s'il est garçon ou marié, « et tel autre détail qui aide beaucoup à l'intelli- « gence de ce qu'il a écrit. »

Il est certain que l'on est porté instinctivement à donner un nom, une physionomie aux idées, aux

(1) La première série a paru en 1857. Paris, VICTOR MASSON ET FILS, 1 volume in-18.

abstractions, comme on prête une sorte d'individualité aux faits et aux choses. C'est ce qui explique
le goût assez général pour la biographie. Lorsque
l'histoire néglige les détails qui se rapportent aux
personnes qu'elle met en scène, le lecteur leur
donne malgré lui des traits imaginaires souvent fort
éloignés de la réalité. Quel écolier, par exemple, ne
s'est pas représenté, pour la première fois, Alexandre
comme un guerrier à la taille imposante et majes-
tueuse, Cicéron comme un tribun fougueux et austère, Charles IX comme un roi dans la maturité de
l'âge et dans l'ardeur des passions?... Il reste souvent de ces premières impressions des traces que le
temps a bien de la peine à effacer et qui nuisent nécessairement aux fruits que l'on doit attendre de l'é-
tude de l'histoire.

La biographie fixe dans l'esprit, en même temps
que les faits et leurs dates, les traits et la physionomie des individus, de la même manière que les
voyages laissent dans la mémoire, avec le souvenir
des lieux qu'on a visités, celui des circonstances qui
s'y rattachent. Jetez les yeux sur un album, une
carte géographique, un recueil de vues pittoresques ;
vous n'y prenez qu'un intérêt médiocre, si vous n'en
connaissez pas les originaux. On parcourt d'un œil
distrait l'ouvrage d'un auteur inconnu ; mais, si l'on
vient à lire sa biographie, les choses changent d'aspect, le récit s'anime, se colore, et l'on prend à la
lecture un nouvel intérêt.

Je crois que les livres de science ne s'appliquent

pas assez à mettre à profit ce moyen de fixer l'attention des lecteurs, peut-être dans la crainte de les détourner, ne fût-ce qu'un instant, des matières scientifiques; peut-être aussi ne regarde-t-on la biographie que comme un genre secondaire; et, pourtant, elle a été traitée par les plus grands esprits, et ne constitue pas la partie la moins importante de leurs œuvres, car elle seule donne à l'exposition des sujets scientifiques l'actualité et le mouvement si propres à rehausser l'intérêt de ce qui ne s'adresse qu'à l'intelligence. La biographie d'ailleurs est un acte de justice et de gratitude. C'est un hommage rendu au génie, aux talents, au courage de ceux qui, les premiers, ont ouvert les voies où nous marchons aujourd'hui. Il y aurait donc à la fois de l'incurie et de l'ingratitude à négliger les enseignements qu'elle nous apporte, comme à méconnaître, à oublier ce que nous devons aux efforts de nos devanciers.

Malheureusement, il existe une sorte d'antagonisme entre les savants et les érudits. Les premiers se persuadent trop souvent que la science ne date que du jour où ils sont entrés dans la carrière; les autres sont certains qu'elle existait bien longtemps avant eux. Il faut ajouter que ces derniers ont parfois le tort de penser que la science s'est arrêtée le jour où ils ont cessé d'en suivre le progrès. Ne serait-ce pas la même différence qui existe entre la politique ou l'histoire contemporaine et l'histoire des temps passés? et cependant, qui oserait nier que la connaissance approfondie des faits antérieurs peut seule faire prévoir les conséquences des faits actuels?

« Pour bien cheminer, disait Charles-Quint, ce « n'est pas la même chose d'être éclairé par derrière « ou par devant. » Le mieux, selon nous, serait d'être éclairé par devant et par derrière. Le présent s'avancerait ainsi entre deux flambeaux : celui de la science actuelle qui interroge l'avenir, et celui de l'histoire qui reflète le passé; entre le génie qui imagine ou prévoit, et l'érudition qui avertit par ce qu'elle se souvient.

ÉTUDES BIOGRAPHIQUES

NATURALISTES ANCIENS

Il faut, pour découvrir l'origine du moindre progrès de la science, remonter assez haut dans les enseignements de l'histoire. Il faut aussi étudier la marche simultanée de l'esprit humain dans ses diverses voies pour découvrir, à travers les erreurs des âges, les traces souvent inaperçues de la progression de la vérité. Il m'eût été difficile de suivre la marche des sciences naturelles dans les temps modernes, sans remonter à leur première origine et sans dire ce que leur état actuel doit aux travaux de l'antiquité. J'ai donc cru devoir faire précéder la biographie de quelques naturalistes modernes, des pages suivantes que j'ai déjà publiées ailleurs, et qui font partie d'un travail que j'espère à peine pouvoir achever (1). Ces pages m'ont été empruntées plus d'une fois, sans beaucoup de scrupule, et je pense pouvoir m'en servir à mon

(1) *Histoire de la pharmacie et de la matière médicale.* Anvers, 1850. 1er fascicule, pages 63-131.

1

tour comme une sorte d'*introduction* à cette seconde
série de naturalistes, appartenant à une époque plus
rapprochée de la nôtre.

Après Hippocrate, à qui remonte la connaissance
de tous les corps naturels appliqués de son temps à
l'art médical, j'aurais pu citer Dioclès de Caryste, l'un
des plus célèbres disciples du médecin de Cos, qui
s'occupa avec succès de l'histoire naturelle, et un
très-petit nombre de savants qui suivirent la même
voie ; mais comme je n'écris pas une histoire continue de cette science, je crois devoir me borner à
signaler les plus célèbres naturalistes des temps antiques. L'histoire naturelle existait à peine chez les
Grecs, mais elle allait bientôt prendre un essor
considérable, grâce aux expéditions lointaines, aux
conquêtes d'Alexandre, grâce surtout à la brillante
apparition d'Aristote, le fondateur de l'école péripatétique, à laquelle se rattachent tous les naturalistes
de cette période.

ARISTOTE

ARISTOTE naquit à Stagire, sur les confins de la Macédoine, vers la fin du IVᵉ siècle avant notre ère (1). Son père, qui se nommait Nicomaque, était médecin d'Amyntas, père de Philippe, roi de Macédoine, et prétendait descendre de Machaon, fils d'Esculape. Devenu orphelin dans un âge encore tendre, Aristote fut élevé par son tuteur nommé Proxénus ; cette éducation fut dirigée avec habileté et dévouement, ce qui n'empêcha pas le jeune pupille de dissiper rapidement son patrimoine. Il se fit alors soldat, et revint à Athènes où, dénué de ressources, il se mit à vendre des médicaments sur les places publiques, et à tirer ainsi parti des connaissances médicales qu'il avait reçues de son père et de son tuteur. Certes, ce n'est point à nous à faire, comme Épicure, une sorte de reproche à Aristote d'avoir exercé la profession de pharmacien, ou de *Rhizotome*. Théophraste remarque qu'un grand nombre de médecins et de personnes recommandables s'appliquaient alors à l'étude des plantes, et en tiraient d'utiles médicaments. Qui sait même si ce n'est pas dans de telles recherches

(1) La première année de la 99ᵉ olympiade ; 384 ans avant J.-C.

qu'Aristote puisa le goût et plus tard le génie de l'histoire naturelle.

Ce fut à la même époque que Platon ouvrit dans Athènes sa célèbre école de philosophie. Aristote devint dès lors et pendant près de vingt ans l'un de ses élèves les plus assidus. Il ouvrit lui-même une école dans laquelle il rivalisa avec Isocrate comme philosophe et comme orateur. Mais déjà il se livrait tout à la fois à la philosophie, à l'éloquence, à l'histoire naturelle, et sa réputation s'éleva à ce point que Philippe de Macédoine, peu de temps après la naissance d'Alexandre (1), lui écrivit cette lettre devenue célèbre : « Philippe, roi de Macédoine, à Aristote, salut.
« Sachez qu'il m'est né un fils : je remercie les dieux,
« non tant de me l'avoir donné, que de l'avoir fait
« naître du temps d'Aristote. J'espère que vous en
« ferez un roi digne de me succéder et de comman-
« der aux Macédoniens. » Quelque temps après la mort de Platon (2), les Athéniens ayant déclaré la guerre à Philippe, Aristote se rendit à Atarné, auprès d'Hermias, son ami, qui en était gouverneur. Une trahison et la cruauté d'Artaxercès ayant fait périr cet ami, le philosophe éternisa sa mémoire dans une pièce de poésie admirable, lui éleva un tombeau et épousa Pythaïs, sa sœur. A peu près à la même époque, Philippe l'appela à sa cour et lui confia l'éducation d'Alexandre, alors âgé de treize ans.

Le maître et l'élève passèrent ensemble plusieurs

(1) L'an 356 avant J. C.
(2) L'an 348 avant J. C.

années, au sein de la retraite, dans une campagne nommée le *Nymphéum*, située près de Miéza. La philosophie, les lettres et les arts, les sciences physiques, naturelles, et même la médecine entrèrent dans le plan de cette éducation. Philippe étant mort assassiné (377 ans avant J. C.), Aristote resta à la cour jusqu'au moment où Alexandre porta la guerre en Asie. On prétend qu'il le suivit dans ses premières expéditions; mais il ne tarda pas à revenir à Athènes, où il institua le *Lycée*, et fonda sa nouvelle école philosophique (1). Après la mort d'Alexandre, Aristote fut attaqué par quelques philosophes rivaux, et par des fanatiques qui l'accusèrent d'impiété. Il ne crut pas devoir soutenir la lutte, et, pour épargner aux Athéniens, dit-il, un nouvel attentat contre la philosophie, il se retira à Chalcis, dans l'île d'Eubée, où il mourut à l'âge de soixante-trois ans.

La variété, ou plutôt l'universalité des connaissances qui caractérisent les écrits d'Aristote, rendent assez difficile la tâche de présenter même une simple analyse des travaux de cet homme éminent. Toutefois, comme nous n'avons à le considérer que sous le rapport de l'impulsion qu'il sut donner à la physique et à l'histoire naturelle, nous tâcherons de nous renfermer dans les justes limites que prescrit notre sujet.

La physique était encore, comme on l'a dit, inhé-

---

(1) Cette école se nomma *péripatétique*, parce qu'Aristote donnait ses leçons en se promenant. (περὶ autour, et πατέω je me promène).

1.

rente à la philosophie dont elle formait l'une des principales branches. Aristote, élève de Platon, adopta longtemps les principes de l'école platonicienne; mais sa raison plus méthodique et plus froide, ne s'accommodant pas toujours des hypothèses, même les plus ingénieuses, lorsqu'elles n'avaient pas leur point d'appui dans la réalité des phénomènes, il sentit la nécessité de s'ouvrir une voie nouvelle, en donnant à la science une base plus solide, et il ne tarda pas à s'éloigner des principes de son maître, en profitant de ses erreurs.

La philosophie de Platon se rapportait évidemment à celle de Pythagore. Son système, qui est celui du scepticisme, reposait sur le doute universel. Aristote établit, au contraire, que toute connaissance transmise par les sens bien dirigés doit être regardée comme certaine, et que rien ne peut entrer dans l'esprit que par la voie des sens (1). Platon et Aristote sont, comme on voit, les chefs de deux grands partis qui ont divisé les philosophes depuis l'antiquité jusqu'à nos jours. L'un attribuait aux idées une existence indépendante du témoignage des sens, et prétendait conclure de la définition des choses à leur nature réelle; l'autre affirmait que nos idées ont toujours leur point de départ dans l'observation, l'expérience, et ne naissent ou ne se développent que par abstraction. Dans ces deux camps opposés se sont rangés successivement les philosophes de tous les

(1) *Nihil est in intellectu quod non fuerit prius in sensu.* (Analyt. poster. lib. 1, c. 18.)

âges : avec les platoniciens, les idéalistes et les réaux ;
avec les péripatéticiens, les nominaux et les empi-
ristes. De nos jours, les idéologues s'attachent encore
au système de Platon, tandis que les hommes qui
cultivent les sciences physiques reconnaissent devoir
au système d'Aristote tout ce qu'ils savent de positif
sur les choses naturelles. Sous ce rapport, Locke et
Newton peuvent être regardés comme les chefs modernes de l'école *péripaté tique*.

L'école italique attribuait aux atomes élémentaires
une forme déterminée qui ne reposait sur aucun fondement réel (1). Aristote n'admettait pas cette figure
hypothétique donnée aux particules primitives de la
matière. Tout en reconnaissant les quatre éléments
d'Empédocle et d'Hippocrate, il en ajoutait un cinquième qu'il appelait *Éther*, principe immatériel
qu'il supposait se mouvoir perpétuellement autour de
la terre, considérée comme centre commun. C'est,
comme on voit, la première idée du système des
tourbillons. Ainsi qu'Empédocle, il faisait résulter
tous les corps du mélange des éléments ; mais il
croyait qu'à l'état de combinaison, ils jouissaient des
propriétés élémentaires des principes qui les composaient. Enfin, il attribuait à l'influence de la terre,
comme l'élément le plus solide, la tendance des corps
à se diriger vers un centre commun, et au feu, comme

(1) Selon Pythagore, le feu était d'une forme pyramida'e, l'air
octaédrique, l'eau icosaédrique, la terre cubique et ie globe terrestre avait la forme d'un dodécaèdre. De là, la doctrine des cinq
solides réguliers d'Euclide.

le plus léger, et en raison de son rayonnement du centre à la circonférence, toute tendance contraire à ce que nous nommons la pesanteur. N'entrevoit-on pas encore ici le germe de la théorie de la gravitation et du pouvoir expansif du calorique?

Hippocrate avait démontré que l'expérience est le seul moyen d'arriver, dans les sciences, à des résultats certains; Aristote fit de ce principe le fondement de sa nouvelle philosophie; mais, pour en faire l'application, il fallait trouver une marche plus sûre que celle des philosophes qui l'avaient précédé, et voici par quel enchaînement d'idées il parvint à déterminer cette marche. L'âme n'acquiert aucune connaissance sans l'intermédiaire des sens, lesquels sont chargés de la mettre en rapport avec ce qui se passe hors d'elle. Des faits qui lui parviennent par cette voie, se forment les notions qui constituent les sciences. Il faut donc commencer par observer les corps naturels et les phénomènes qui s'y rapportent; mais les sens étant sujets à l'erreur, l'esprit a besoin de règles pour se diriger au milieu des impressions qu'il perçoit; de là, la nécessité d'assujettir les sens à une bonne méthode d'observation, et de soumettre l'esprit à des procédés de raisonnement qui rendent l'erreur impossible. Cette dernière opération constitue une branche tout entière de la philosophie, dont Aristote peut être considéré comme créateur, et qui porte le nom de *logique*.

Ces premiers points une fois établis, le philosophe de Stagire conçut le projet de reconstruire sur un plan nouveau tout l'édifice de la science. Les bases de cet édifice devaient être l'histoire de la nature. La première chose à faire était donc de rassembler les matériaux des recherches qui s'y rapporteraient, et avant Aristote ces matériaux étaient peu nombreux. Le précepteur d'Alexandre fit entendre à son élève que l'un des plus beaux trophées de ses conquêtes serait de recueillir les productions naturelles des contrées où il portait ses armes, pour servir aux progrès de l'histoire naturelle, et Alexandre le comprit. Ses glorieuses expéditions ayant ouvert aux Grecs les portes de l'Inde, de la Perse et de l'Égypte, et ayant multiplié leurs relations avec l'Orient, le jeune conquérant fit recueillir à grands frais, dans toutes les contrées qu'il avait soumises, les substances naturelles, mais surtout les animaux qui les habitaient, et les envoya à Aristote. D'après le témoignage de Pline, plusieurs milliers de personnes étaient chargées de rassembler ces objets, et l'on assure que des sommes énormes (environ trois millions de notre monnaie) y furent consacrées (1). Aristote se trouva ainsi placé dans les circonstances les plus favorables pour enrichir l'histoire naturelle d'une foule de découvertes. Aussi parvint-il à réunir une masse incalculable de

(1) Alexandre ne se borna pas à ouvrir aux Grecs le commerce de l'Égypte et de l'Orient, il favorisa l'importation des remèdes du Levant et fit cultiver par une partie de ses sujets l'*aloès* dans l'ile de Soccotra ; aussi n'est-ce qu'après la fondation d'Alexandrie que le suc de cette plante fut employé en médecine et décrit par les auteurs qui s'occupèrent de matière médicale.

faits, et fournit-il l'exemple, unique peut-être, d'un homme qui, trouvant la science si peu avancée, ait amassé un nombre aussi considérable d'observations et en ait tiré autant de résultats précieux.

L'histoire des animaux est celle des branches de l'histoire naturelle qui doit le plus aux travaux d'Aristote, celle qu'il créa, pour ainsi dire, et à laquelle il se livra avec le plus de persévérance et de succès. Avant lui cette science n'existait pas. Dans l'ancienne Grèce, la zoologie était moins un sujet d'étude pour les philosophes que pour les artistes, qui y cherchaient des symboles, des emblèmes et représentaient certaines divinités sous la figure des animaux qui leur étaient consacrés. Démocrite, Empédocles et quelques autres anatomistes avaient étudié un petit nombre d'êtres isolés, mais ils n'avaient envisagé la nature que d'une manière partielle, tandis qu'Aristote jeta les fondements d'une science générale et complète. Non-seulement il pénétra dans les détails de l'histoire des animaux, mais il en considéra l'ensemble d'un point de vue élevé et fit plutôt l'histoire du règne animal que celle de chaque espèce ; il disposa les faits observés, suivant les organes et les fonctions, et, en les rapprochant les uns des autres, il créa la science de l'*anatomie comparée ;* enfin, outre les recherches et les observations nombreuses qui lui sont propres, il s'appliqua à réfuter une foule de préjugés relatifs à l'histoire naturelle, ce qui ne veut pas dire qu'il ne commit lui-même aucune erreur, mais ce qui peut du moins les lui faire pardonner. Bien qu'on lui reproche parfois son défaut de méthode, il est certain néanmoins qu'il est le premier qui ait mis de l'ordre et répandu la lumière parmi les nombreux objets qu'il étudia. Suivant le témoignage de Cuvier, les principales divisions qu'il établit dans le règne animal sont encore admises de nos jours, et il en avait indiqué plusieurs auxquelles on est revenu dans les derniers temps, après s'en être écarté mal à propos. Ajoutons à cet hommage, rendu à Aristote par l'un de nos plus grands naturalistes, celui de Buffon : «Je ne crois pas, dit-il, qu'il soit possible de réduire à de moindres termes tout ce qu'il avait à dire sur cette matière. Il fallait un génie comme le sien pour y conserver tant d'ordre et de netteté. Cet ouvrage s'est présenté à mes yeux comme une table de matières qu'on aurait extraite, avec le plus grand soin, de plusieurs milliers de volumes remplis de descriptions et d'observations de toute espèce. C'est l'abrégé le plus savant qui ait jamais été fait, et quand même on supposerait qu'Aristote aurait tiré de tous les livres de son temps ce qu'il a mis dans le sien, le plan de l'ouvrage, sa distribution, le choix des exemples, la justesse des comparaisons, une certaine tournure dans les idées que j'appellerais volontiers le caractère philosophique, ne laissent pas douter un instant qu'il fût lui-même bien plus riche que ceux dont il aurait emprunté. »

Aristote avait écrit sur les plantes deux livres intitulés : *Théorie des végétaux*, qui ne sont point parvenus jusqu'à nous. L'étude des plantes ayant été l'objet de ses premiers travaux, il n'est pas douteux qu'il n'ait eu l'occasion de faire dans le règne végétal d'utiles découvertes que Théophraste, son élève, ne manqua pas de recueillir. Linnée l'a considéré comme un botaniste, en lui dédiant, sous le nom d'*Aristotelia*, un élégant arbuste qui croît au Chili.

Aristote était pénétré de cette idée que l'ensemble des êtres naturels constitue une ligne non interrompue, progressive, du simple au composé, et même que cette série passe des êtres inanimés aux végétaux et aux animaux. Il comparait aux plantes certains animaux marins et quelques insectes auxquels on peut enlever plusieurs membres sans qu'ils cessent d'exister. Il pensait, selon la doctrine de l'époque, que les végétaux étaient chauds et secs, parce qu'ils sont nés de la terre et que le soleil est leur père; c'est pour cela, ajoute-t-il, que les fleurs les plus fragrantes et les fruits les plus savoureux naissent dans les terrains les plus forts et les plus exposés à un soleil ardent.

Ce philosophe avait beaucoup étudié les écrits d'Hippocrate et possédait en médecine des connaissances étendues. Diogène Laërce lui attribue plusieurs ouvrages de thérapeutique qui sont aujourd'hui perdus. Quelques bons préceptes de pratique sont répandus çà et là dans ses écrits; il a donné aussi d'utiles indications sur la manière d'agir des médicaments.

Mais, quelque immense que soit l'histoire de la nature, cette entreprise ne pouvait suffire au génie ar-

dent, universel, infatigable d'Aristote. Exerçant tour
à tour ses méditations sur chacune des branches des
connaissances humaines, il sembla en embrasser tout
l'ensemble dans sa vaste pensée. En partant des hauteurs de la philosophie, de la métaphysique, il était
arrivé à la physique proprement dite, à la zoologie,
à la botanique, à la médecine. Il lui était encore réservé de jeter la lumière sur une foule de points tout
à fait étrangers à ces premières études et d'imposer
à la raison humaine, comme aux sciences, aux lettres
et aux arts, un code de préceptes éternels, impérissables. C'est ainsi qu'il écrivit sur la *politique*, dont
il déduisit les principes généraux, en comparant
entre elles les constitutions de tous les gouvernements connus à son époque. Dans sa *poétique*, il établit pour la première fois la théorie des arts, ramenée
à un seul principe : l'imitation de la nature, et arrêta
les véritables règles du goût, d'après les écrits d'Homère, les chefs-d'œuvre de l'art tragique chez les
Grecs, et les meilleurs ouvrages des poëtes contemporains. Sa *rhétorique* contient sur tous les genres de
littérature les vues les plus lumineuses, les idées les
plus saines, et on y retrouve le germe de tout ce qu'on
a écrit depuis sur les lettres et les arts, envisagés
d'un point de vue général. Dans sa *logique*, il règle
la marche, les procédés du raisonnement, il lui trace
une route sûre et poursuit le sophisme jusque dans
ses détours les plus spécieux. Sa *morale* présente une
analyse pleine de finesse et de sagacité des penchants
naturels du cœur humain, de toutes les vertus, de

2

tous les vices ; en un mot, dans les sciences, il recueillit un trésor incalculable de faits et d'observations, il posa les fondements de l'histoire du règne
animal, de l'anatomie comparée, il étendit et perfectionna la physique; dans la philosophie, il créa la
logique, il proclama le principe des connaissances
humaines, établit la théorie des arts, éclaira la politique, la morale, et posa partout des préceptes qui
seront toujours considérés comme l'un des plus beaux
résultats des efforts de l'esprit humain.

Le génie qui éleva des monuments si prodigieux et
si divers, fut à coup sûr l'un des plus éminemment
philosophiques qui aient jamais paru. Le caractère le
plus saillant des écrits d'Aristote est, en effet, la faculté des généralisations. Il observe avec soin, il compare avec sagacité et cherche constamment à rattacher les faits isolés à des points de vue généraux. Son
style, aussi remarquable par la clarté et la précision
que par l'abondance des idées, porte l'empreinte de
ce tour d'esprit généralisateur. Il n'écrit jamais rien
d'inutile. Son langage est celui d'une raison élevée,
mais froide et sans enthousiasme. Il est simple, exact,
correct, rempli de choses. Le jugement et l'expérience
y jouent toujours un plus grand rôle que l'imagination. Moins gracieux et moins recherché que celui
de Platon, moins élégant, mais aussi pur que celui de
Théophraste, on peut le regarder comme le modèle
du style philosophique et de l'art d'exprimer les principes généraux comme les détails les plus explicites
de la science.

C'est une chose digne de remarque que la destinée d'Aristote, de ses écrits et de son école. Presque divinisé pendant sa vie, on lui éleva des statues, et ses compatriotes instituèrent en son honneur des fêtes triomphales. Mais, peu de temps après sa mort, sa doctrine ne tarda pas à s'altérer ; Théophraste, son élève et son successeur le plus immédiat, fut presque le seul qui la conserva dans toute sa pureté. Soit que d'autres écoles, d'autres professeurs ayant en leur faveur le privilége de l'actualité, attirassent sur eux toute l'attention des contemporains, soit que l'admiration des hommes, dans sa versatilité ordinaire, se fût lassée des succès de l'école péripatéticienne, il est certain que les écrits du philosophe de Stagire tombèrent peu à peu dans une sorte d'oubli. On ne sembla se les rappeler qu'à l'époque où les Romains commencèrent à s'occuper de philosophie. Toutefois, sa doctrine ne reprit une véritable faveur qu'au temps des Arabes, qui, pendant le moyen âge, l'introduisirent en Europe. Dès ce moment elle fut adoptée d'une manière aussi générale qu'exclusive ; elle pénétra chez toutes les nations, on l'enseigna dans toutes les écoles, on l'appliqua à toutes les sciences, au point que, pendant vingt siècles, selon l'expression de Laharpe : « Les bornes de l'esprit d'Aristote paru-« rent être les bornes de l'esprit humain. »

Ce que fit Aristote pour la zoologie, Théophraste le continua pour les végétaux et en partie pour le règne minéral. Que l'on ne s'étonne donc point si nous examinons avec la même attention les travaux du successeur d'Aristote, et si nous appelons à un égal degré, sur ces deux philosophes, la reconnaissance des hommes qui voient dans l'histoire de la nature le fondement de toutes les sciences expérimentales, et en particulier de toutes celles qui se rapportent aux diverses branches de l'art de guérir.

THÉOPHRASTE

Les observations, quelque nombreuses qu'elles soient, lorsqu'elles ont uniquement pour objet une application immédiate, ou que, sans se rattacher entre elles par des liens généraux, elles ne peuvent servir à prévoir des analogies, ne sauraient constituer une science. Ainsi, les premiers emplois que l'homme fit des végétaux, dans le but de pourvoir aux besoins de son existence, ne doivent pas être considérés comme l'origine de la science agronomique, et les recherches de Chiron, d'Orphée, de Mélampe et même des Asclépiades, pour trouver dans les plantes des médicaments, ne peuvent être regardées comme le vrai point de départ de la botanique.

A la vérité, les idées de Pythagore sur les rapports des animaux et des plantes, la découverte des sexes dans les végétaux par Démocrite, ou par Empédocles, et les notions générales recueillies par quelques rhizo-tomes étaient comme les préludes de l'essor de cette partie de l'histoire naturelle; mais c'est évidemment aux travaux de Théophraste qu'il faut rapporter la véritable origine de la science des végétaux; non-seulement parce qu'il présenta le catalogue le plus étendu des plantes connues jusqu'à lui, mais parce que, le premier, il jeta sur l'ensemble du règne végétal un regard philosophique ; que, pénétrant dans les détails de la structure des plantes, il découvrit le jeu de leurs divers organes, les conditions de leur existence, les lois de leur reproduction, et posa ainsi les fondements d'une science toute nouvelle : la physiologie des végétaux.

Ce philosophe naquit à Érèse, dans l'île de Lesbos, vers la fin du IVe siècle avant l'ère vulgaire (1), il était fils d'un foulon nommé Mélanthas, et son véritable nom était Tyrtame : celui de *Théophraste* n'est qu'un surnom que lui donna Aristote, à cause de l'élégance de son élocution, et qui signifie *homme au langage divin*. Venu très-jeune à Athènes, il suivit d'abord les leçons de Platon, puis celles d'Aristote dont il ne tarda pas à devenir l'élève le plus brillant, et par la suite l'ami le plus dévoué. Lorsque le Stagirite, persécuté dans Athènes, résolut de se retirer à Chalcis, ce fut Théophraste qu'il choisit pour lui succéder au Lycée. L'école péripatéticienne prospéra tellement entre les mains de son nouveau chef, que ses leçons réunirent souvent jusqu'à deux mille auditeurs. La persécution à laquelle Aristote s'était soustrait par la retraite, ne pouvait manquer d'atteindre son successeur ; mais les accusations portées contre lui soulevèrent une indignation si générale, qu'elles retombèrent sur l'accusateur, que le philosophe eut la générosité de protéger contre le ressentiment des

----

(1) L'an 371 avant J. C., environ 14 ans après Aristote. C'est à la même année que se rapporte la bataille de Lucres.

Athéniens. Plus tard, une loi ayant fait fermer toutes les écoles, celle de Théophraste fut comprise dans la proscription, mais, l'année suivante, la loi fut rapportée, et le professeur reparut au milieu de ses élèves, plus empressés que jamais de recueillir ses savantes leçons.

Théophraste parcourut une longue et glorieuse carrière, toute philosophique. Il réussit deux fois, par son éloquence, à délivrer sa patrie des tyrans qui prétendaient l'asservir. Dépourvu d'ambition, fuyant les honneurs et le pouvoir, il n'exerça aucune fonction publique, quoiqu'il fût le maître et l'ami de Démétrius de Phalère, qui gouverna longtemps Athènes; il repoussa les largesses de Ptolémée, fils de Lagus, qui cherchait à l'attirer en Égypte, et n'accepta de Cassandre, roi de Macédoine, que les marques de sa considération et de son estime. La vie de cet homme célèbre fut donc tout entière appliquée à la philosophie pratique, à l'étude, à l'enseignement, à la composition de ses nombreux ouvrages. Il mourut à l'âge de quatre-vingt-cinq ans.

L'esprit de Théophraste ne fut pas moins universel que celui d'Aristote. Il embrassa dans ses méditations presque toutes les parties des sciences exactes et spéculatives. On trouve dans Diogène Laërce la liste de deux cent vingt-sept ouvrages qu'il écrivit sur la grammaire, la logique, la dialectique, l'art oratoire, la physique, l'histoire naturelle, les mathématiques, la poésie, la musique, la morale et même la comédie. Malheureusement, la plus grande partie de ces travaux est perdue pour la postérité. Ce qui nous reste de lui se réduit à deux traités sur l'histoire du règne végétal, un traité des pierres, un petit nombre d'écrits sur la physique, la médecine et quelques fragments d'œuvres morales, connus sous le nom de *Caractères*.

L'un de ses traités relatifs à la botanique porte le titre d'*Histoire des plantes*. Il se compose de neuf livres et d'un fragment du dixième. Cet ouvrage parut vers l'an 314 avant J. C., il est dédié à Nicodore, l'un des archontes d'Athènes. Théophraste y fait l'énumération d'environ cinq cents plantes, qu'il est souvent très-difficile de rapporter aux espèces connues de nos jours. C'est pourtant la tâche que se sont imposée plusieurs savants commentateurs, entre autres Scaliger et Bodée de Stapel, mais sans un succès complet. Kurt Sprengel a été quelquefois plus heureux; c'est ce savant (1), qui a donné le meilleur catalogue des plantes de Théophraste.

Théophraste n'avait voyagé que dans la Grèce et l'Asie Mineure; aussi, bien qu'il décrive avec assez de soin les plantes des contrées qu'il avait parcourues et que par conséquent il avait observées lui-même, il parle avec moins d'exactitude des plantes de l'Inde, de l'Éthiopie et de l'Égypte, à la vérité en petit nombre, qu'il ne connut que par les récits des marchands, des voyageurs ou des naturalistes qui avaient suivi les expéditions d'Alexandre. Il n'établit qu'une classification assez vague parmi les végétaux qu'il énumère;

(1) K. Sprengel, *Historiæ rei herbariæ*, tome 1er.

néanmoins, il les réunit par certaines analogies, telles
que la durée, la consistance, leur lieu natal ou leurs
propriétés. Il range dans la même classe les arbrisseaux et les arbres, c'est-à-dire les végétaux à fibre
ligneuse, qui ont une durée de plus d'un siècle, et
dans une autre, ceux à consistance molle, herbacée
et dont l'existence ne s'étend qu'à deux années au
plus. Il examine, dans des chapitres séparés, les
plantes aquatiques, potagères, parasites, succulentes,
oléagineuses et céréales. Il ne décrit pas toutes celles
qu'il nomme, mais, lorsqu'il s'attache à le faire, il
les envisage sous les divers rapports de leur gé-
nération, de leur grandeur, de leur consistance,
et cette description est si complète qu'elle ne laisse
rien à désirer. Il se montre parfois trop crédule,
relativement à leurs propriétés médicales, mais il
faut dire qu'écrivant en botaniste plutôt qu'en médecin, il attachait peu d'importance à cette dernière
considération. Dans le neuvième livre, il parle des
sucs, des résines, des larmes, des baumes, des par-
fums, de quelques médicaments très-actifs et de certains poisons tirés des végétaux. Le fragment du
dixième livre traite des racines médicamenteuses.
L'*Histoire des plantes* est surtout remarquable par le
nombre et la variété des notions qu'elle renferme ;
c'est le premier monument et le plus étendu que nous
ait légué l'antiquité sur l'étude du règne végétal.

Le second ouvrage de Théophraste, relatif à la botanique, a pour titre : *Des causes de la végétation, De
causis plantarum* (περὶ αἰτιῶν φυτῶν). C'est un véritable

traité de physiologie végétale, le seul que nous de-
vions à l'antiquité, et l'un des plus beaux titres de
gloire de son auteur. Ce n'est plus ici en herboriste
ou en médecin que Théophraste s'occupe des végétaux, mais en philosophe, en botaniste, en agronome ;
ce n'est plus un historien rapportant des faits qu'il a
puisés à toutes les sources, et avec plus d'érudition
que de critique, c'est un observateur exact, un expé-
rimentateur habile, apportant dans ses recherches la
sagacité d'un vrai naturaliste, et, dans les conséquences qu'il en tire, le coup d'œil de l'homme de génie.
Telle est, en effet, la pénétration avec laquelle il ap-
profondit les mystères de l'organisme végétal, qu'il
y découvre à peu près tout ce qu'il était possible d'y
reconnaître sans le secours des instruments d'optique, et que les travaux des botanistes modernes ont
presque toujours confirmé par de nouvelles expériences ce que le philosophe d'Érèse avait en quelque
sorte deviné vingt-deux siècles auparavant. On en
jugera par la rapide analyse que nous allons faire du
Traité des causes de la végétation.

Poursuivant les idées d'Aristote qui voyait entre les
plantes et les animaux une analogie frappante, Théophraste établit que les uns et les autres sont soumis
aux mêmes lois relativement à l'organisation, au développement, à la nutrition et à la reproduction.

Il attribue tous les phénomènes de l'existence des
végétaux à la force vitale, laquelle se maintient par
une juste proportion entre la chaleur et l'humidité
propre de la plante, qu'il appelle l'*humide radical.*

La reproduction a lieu par l'union intime des sexes, dont les fleurs sont le siége. Les corpuscules pulvérulents des fleurs mâles fécondent les fleurs femelles et leur font porter des fruits. L'odeur de ces corpuscules est analogue à celle de la liqueur séminale des animaux. Il reconnaît des fleurs hermaphrodites et des fleurs unisexuelles. Pour ces dernières, le rapprochement des sexes et la fécondation s'opèrent par l'intermédiaire des vents, des insectes, ou des eaux pour les plantes aquatiques. Il distingue entre les fleurs, celles qui sont placées au-dessus de l'ovaire, de celles qui s'insèrent au-dessous. Les fleurs doubles sont stériles. Dans chaque espèce de plante, les fleurs paraissent à des époques à peu près fixes de l'année.

Les fruits succèdent aux fleurs. Il y en a de charnus, d'autres ont la forme de gousses. Certaines opérations peuvent augmenter la grosseur du fruit ou hâter sa maturation.

Une fois la fécondation opérée, la graine représente l'œuf végétal. Tous les éléments de la végétation sont renfermés dans la graine. C'est dans son sein que se nourrit le germe, et que se forment la tige et la racine.

Il compare la racine à l'estomac des animaux. Il la regarde comme destinée à puiser dans la terre les sucs élémentaires de la plante et à les élaborer pour les rendre propres à sa nutrition. La forme des racines varie à l'infini, et leur présence est indispensable à la vie du végétal.

Théophraste distingue les tiges ascendantes des

tiges rampantes, et les feuilles séminales des feuilles caulinaires. Il sait que certaines plantes lèvent avec deux feuilles séminales et d'autres avec une seule.

Les feuilles de la tige et des branches ont des formes variées. Elles ont deux faces, dont la supérieure est toujours d'un vert plus foncé. Chaque face est formée de fibres et de vaisseaux disposés en un réseau particulier et sans communication d'une face à l'autre. C'est par les feuilles que la plante puise dans l'atmosphère certains matériaux de sa nutrition, qu'elle transpire, et qu'elle se débarrasse des éléments qui lui sont inutiles.

L'écorce est analogue à la peau chez les animaux. Il y en a de deux sortes : l'une est l'*épiderme*, qui, dans les plantes herbacées, recouvre un tissu cellulaire plus ou moins épais et succulent ; l'autre est l'écorce, proprement dite, qui enveloppe les végétaux ligneux. Elle élabore les sucs nutritifs et contribue puissamment à la régénération des arbres ; cependant il en est quelques-uns, comme le liége, qui peuvent perdre leur écorce sans inconvénient. Celle du cerisier se régénère rapidement, celle de la vigne est composée de fibres sans parenchyme ; dans le pommier et le platane, elle se détache par plaques chaque année.

L'organisation générale de la plante se compose de tubes capillaires, fibreux, propres à l'absorption des sucs nutritifs. Ces vaisseaux sont isolés et ne peuvent se confondre entre eux. Les fibres ont une direction longitudinale et parallèle dans le pin et le sapin ; dans le liége, elles se croisent dans tous les sens. On retrouve ces fibres jusque dans les fruits et dans les fleurs. La plante possède en outre des vaisseaux plus volumineux, analogues aux veines, qui servent à charrier la séve et les sucs propres à la nutrition.

Le parenchyme est placé entre les fibres et les vaisseaux séveux. Il abonde dans le fruit, dans les organes charnus, mais il est également répandu dans toutes les parties de la plante.

Le bois des hautes montagnes est plus compacte, plus dur et d'un meilleur usage que celui des terrains marécageux. La partie du bois la plus solide est celle qui touche à la moelle. Cette substance importante remplit tout l'intérieur de la tige. Le palmier est le seul arbre qui n'en soit pas pourvu. La moelle est formée de parenchyme et d'humidité. C'est l'organe essentiel de la vie végétale ; celle des graminées et des roseaux est différente de celle des arbres.

Dans un dernier chapitre, il s'occupe des maladies propres aux végétaux ; elles ont pour cause l'intempérie des saisons, les attaques des insectes et l'action des agents extérieurs ; le temps les use et les dessèche.

Après avoir décrit avec une grande exactitude les diverses parties des plantes, il observe que les organes les plus essentiels, tels que la racine, la tige, la fleur, le fruit même, n'appartiennent pas à toutes, et que l'on ne peut y trouver le caractère distinctif du végétal. En remarquant le défaut de la moelle et des couches concentriques des palmiers et le parallélisme des fibres dans les feuilles des graminées, on voit qu'il a presque aperçu les traits caractéristiques qui distinguent les plantes monocotylédonées des dico- tylédonées. Enfin il a porté partout la lumière dans l'organisation des végétaux, comme dans leurs fonc- tions essentielles, et il a jeté les fondements d'une science que les physiologistes modernes n'ont eu qu'à étendre et à compléter.

N'est-on pas frappé d'étonnement quand on voit un si grand nombre de faits nouveaux, tant de générali- tés lumineuses être le résultat des recherches et des conceptions d'un seul homme? car, hâtons-nous de le dire, Théophraste, loin de chercher à s'approprier les découvertes de ses prédécesscurs, a fait lui-même l'histoire des botanistes, des rhizotomes qui l'avaient précédé, et a rapporté avec scrupule à chacun d'eux les observations qui leur étaient propres. Il faut donc regarder le philosophe d'Erèse comme le véritable créateur de la botanique, car avant lui l'étude des plantes n'avait eu pour objet que leur application à la médecine, et la science proprement dite n'existait point.

Héritier des doctrines et en quelque sorte de la gloire d'Aristote, Théophraste poursuivit la tâche que lui avait léguée son maître, et porta dans l'étude du règne végétal la même lumière qu'Aristote avait ré- pandue sur l'histoire des animaux. Il donna à la bota- nique une direction et une impulsion plus heureuses, en montrant tout ce qu'elle peut fournir à l'agricul- ture, aux arts, aux besoins de la vie sociale, en un mot, il fit pour cette science tout ce qu'elle avait

droit d'attendre des efforts d'un homme de génie, eu
égard à son peu d'avancement à l'époque où il parut,
et aux faibles secours dont il put s'entourer.

Théophraste avait le dessein d'étendre à la minéralogie l'étude de la nature, et de compléter ainsi la
pensée d'Aristote qui voulait faire de l'histoire des
corps naturels la base de tout enseignement scientifique. Le *Traité des pierres* qu'il a laissé n'est que l'é-
bauche de cette entreprise. Cet ouvrage, quoique
incomplet, constitue néanmoins l'un des premiers
monuments que nous possédions sur l'étude des espèces minérales. On a également de ce philosophe quelques traités relatifs à la physique, à la médecine, à
la physiologie, fragments épars qui ne permettent
pas d'entrevoir s'ils se rattachent à quelque doctrine
générale et qui ont été trop souvent défigurés par
l'ignorance ou la maladresse des commentateurs.

Nous avons dit quels furent les titres de Théophraste comme naturaliste ; mais l'idée que tant de
travaux nous donnent d'un pareil génie serait incomplète, si nous n'y ajoutions quelques traits relatifs à
ses autres écrits, ainsi qu'à sa personne. Disciple de
Platon et successeur immédiat du chef de l'école péripatétique, Théophraste joue en même temps un rôle
très-éminent dans l'histoire de la philosophie. Il enseigna toutes les parties de la littérature, depuis la
grammaire et la dialectique jusqu'à la métaphysique
et à la poésie.

Le temps nous a disputé les monuments qui auraient pu nous révéler toute l'étendue, toute la variété

de ses connaissances et de ses talents. Les fragments qui nous restent de son livre des *Caractères* suffisent néanmoins pour montrer tout ce que son âme avait de noblesse et d'élévation, son esprit de jugement et de finesse, son style d'élégance et de pureté. Appliquant à tous les sujets la rigueur, la lucidité de ses méthodes, il transforma en science d'observation la morale qui, jusqu'à lui, n'avait consisté qu'en préceptes et en apophthegmes; il réunit dans ses considérations morales la philosophie austère de Socrate et de Platon à l'atticisme de Diogène et d'Épicure, et c'est à son école que se forma l'ingénieux Ménandre qui, lui-même, devait servir de modèle à Térence.

A tous les avantages d'un génie profond et universel, Théophraste en joignait d'autres qui durent vivement agir sur ses contemporains et servir à propager l'influence de son école. Il était doué d'une élocution brillante et facile, ses manières étaient aimables, et ses raisonnements, simples mais rigoureux, préparaient, captaient aisément ses auditeurs. S'il avait à développer quelques points d'une certaine importance, son éloquence s'élevait et devenait entraînante. Un organe pur et sonore, un extérieur plein de noblesse, une physionomie et des gestes remplis d'expression ajoutaient puissamment à l'effet de sa parole et portaient rapidement dans son auditoire la lumière et la conviction. C'est alors qu'il justifiait le surnom qu'il devait à Aristote, et que la postérité lui a conservé, d'orateur à la parole divine. Ce qui nous reste aujourd'hui de ses écrits nous donne toutefois

l'idée du point où il porta le talent d'écrivain. « Il ne
« se voit rien, dit Labruyère, où le goût antique se
« fasse mieux sentir, et où l'élégance grecque éclate da-
« vantage. » On comprend combien les hautes théories
de la science devaient gagner à être exprimées dans
un tel langage, et qu'en unissant à la profondeur des
vues et des pensées un style plein de grâce et d'eu-
phonie, d'expression et de chaleur, Théophraste ait
mérité le titre que Cicéron se plut à lui décerner, »
du plus élégant et du plus érudit des philosophes (1). »

(1) Elegantissimus omnium philosophorum et eruditissimus.
(CIC., *Tuscul.*, l. V, c. IX.)

DIOSCORIDE

Aristote et Théophraste avaient écrit sur l'histoire
naturelle en observateurs et en philosophes. Ils
avaient saisi les grands traits du système général de
la nature et ouvert largement une voie dans laquelle
leurs successeurs n'osèrent pas les suivre. Abandonnant l'étude de la science sous son aspect le plus relevé, ceux-ci ne s'occupèrent plus des substances naturelles que sous le rapport de leurs propriétés applicables. De là cette multitude de faits isolés, observés
et transmis sans exactitude comme sans critique, qui
encombrèrent la matière médicale et multiplièrent à
l'infini les complications de la pharmacie de cette
époque, jusqu'au moment où Dioscoride vint jeter
sur tout ce chaos un peu d'intérêt et de lumière.

La plus grande incertitude règne sur les détails
biographiques relatifs à sa personne (1). On sait uniquement qu'il naquit à Anazarbe (*Cæsarea Augusta*),

---

(1) Son prénom était *Pédanius*, quelquefois écrit *Pédacius*.
Suidas ajoute qu'il était surnommé *Phacas*, parce qu'il avait la
figure marquée de taches en forme de lentilles.

On a avancé qu'il avait existé plusieurs Dioscoride. Il est certain que Galien cite un Dioscoride le Jeune, qui vivait sous
Adrien.

en Cilicie, dans les premières années de l'ère chrétienne, et qu'il vécut sous Néron et sous Vespasien.
Il était par conséquent contemporain de Pline, qui
pourtant n'en parle nulle part. Il suivit quelque
temps la carrière des armes, sans doute comme
médecin dans les armées romaines. Outre l'Asie
Mineure, sa patrie, il visita la Grèce, l'Italie, l'Espagne, la Germanie et la Gaule, le plus souvent dans le
but d'étudier les substances naturelles. Il revint à
Rome vers la moitié du premier siècle et publia, en
l'an LXV, son premier ouvrage : Περὶ ὕλης ἰατρικῆς; il
est divisé en cinq livres. Le premier traite des plantes
aromatiques et oléagineuses ; le second, des plantes
alimentaires et économiques ; le troisième, des sucs
obtenus des racines, des fruits et des semences; le
quatrième a pour sujet l'emploi médical des fleurs,
des feuilles, des écorces et des racines ; le cinquième
traite des produits de la vigne, et de quelques métaux.

Le second ouvrage que l'on attribue à Dioscoride,
mais dont l'authenticité est contestable, a pour titre :
Περὶ δηλητηρίων φαρμάκων, ou *Alexipharmaca*. C'est une
sorte de commentaire des poëmes de Nicandre. Il est
divisé en trois livres : le premier traite des effets des
poisons et des moyens de les combattre ; le second,
de la rage des chiens et des animaux venimeux; le
troisième, des moyens d'y porter remède. Enfin, on
attribue également à Dioscoride un traité des *Eupo-
ristes*, ou médicaments faciles à se procurer ; mais il
est fort douteux qu'il en soit réellement l'auteur ;

nous devrons donc nous attacher particulièrement à son traité de matière médicale.

Un mérite incontestable de ce travail est de présenter la synonymie des noms vulgaires que portaient de son temps les plantes qu'il décrit, chez les Égyptiens, les Juifs, les Thraces, les Romains, les Grecs et même dans l'Inde. Sous ce rapport, le livre de Dioscoride sert de transition, incomplète à la vérité, mais néanmoins précieuse, entre la haute antiquité et les temps modernes.

Les plantes y sont passées en revue sans ordre, sans aucun rapprochement systématique, et pourtant elles se groupent assez souvent suivant la méthode naturelle, tant cette classification ressort spontanément de l'analogie des formes et des caractères principaux. Mais Dioscoride a attaché une bien plus grande importance à les réunir dans l'ordre de leurs propriétés médicales, malgré tout le vague et l'incertitude d'une pareille distribution. Il en résulte que la plupart de ces descriptions sont obscures et incomplètes sous le rapport scientifique ; de telle sorte que sur les six à sept cents plantes qu'il énumère, il y en a à peine cent qui se puissent rapporter d'une manière absolue à leurs véritables types.

Bien que Dioscoride ait cité plus de plantes que Théophraste, il omet quelques-unes de celles décrites par ce dernier, sous le prétexte qu'elles n'ont aucune propriété médicale, ou qu'elles sont trop connues pour qu'il soit nécessaire de les décrire : tels sont le buis, l'érable, le chêne-liége, le bouleau, le colutea, l'ébène [et plusieurs autres. Sa classification, qui se fonde sur ce que les dogmatiques appelaient les *qualités élémentaires*, l'oblige souvent à rapprocher dans une même catégorie des médicaments simples des trois règnes et des médicaments composés. Parmi les descriptions qui offrent de l'intérêt, on peut citer celles de la myrrhe, du bdellium, du labdanum, du rhapontic, de la marjolaine, de l'assa fœtida, de la gomme ammoniaque, de la bousserole, de l'opium, de la scille, et plusieurs autres (1).

Dioscoride décrit un grand nombre d'huiles et de vins composés ; il connaissait le sel essentiel de

(1) Pour donner une idée de l'embarras où certaines descriptions, et quelquefois la négligence de Dioscoride, ont jeté les commentateurs, qu'il suffise d'en citer un exemple. L'hyssope, entre autres, lui paraît une plante trop connue pour qu'il soit nécessaire de la décrire. Il ne faudrait pas croire toutefois qu'il s'agit de l'hyssope de nos jardins, car, en parlant d'une plante qu'il nomme *chrysocomé*, il dit que sa fleur est en grappe, comme celle de l'hyssope. Ailleurs, il dit de l'*origan héracléotique* que sa feuille est, comme celle de l'hyssope, disposée en ombelle : or on sait que notre hyssope n'a ni l'un ni l'autre de ces caractères. On lit d'autre part, dans l'Évangile de saint Jean, qu'une éponge imbibée de vinaigre fut placée au bout d'un bâton d'hyssope pour être portée à la bouche de Jésus-Christ. Enfin, la Vulgate et l'historien Josèphe rapportent que Salomon connaissait chaque espèce *d'arbre*, depuis le cèdre jusqu'à l'hyssope ; ce qui montre évidemment que l'hyssope des anciens était tout au moins un arbrisseau.

Quant aux copistes et aux traducteurs, on trouve dans l'un d'eux que « l'on apprivoise fort bien des éléphants avec du suc d'orge : » *Capti celerrimè mitificantur hordei succo*. Mais ἔλεφας, en grec, signifie à la fois éléphant et ivoire ; or Dioscoride avait dit simplement que l'ivoire se ramollit quand on le fait tremper dans le suc d'orge (ou de la bière). (Lib. III, c. v.)

vipères, l'emploi de la corne brûlée contre les maux
de dents, l'usage de l'écorce d'orme dans les maladies
de la peau, l'emploi de la potasse comme caustique,
de l'aloès à l'extérieur dans certains ulcères, du mar-
rube blanc dans la phthisie, de la fougère mâle contre
les vers, de l'huile de ricin qu'il n'employait qu'exté-
rieurement; il parle du petit-lait, de la cannelle, de
l'asphalte, du pétrole rouge et du sucre (*sacchar*), ou
plutôt du *tabaschir* qui transsude des nœuds du bambou (1). Il insiste partout sur l'emploi des végétaux
indigènes de préférence aux substances exotiques;
enfin il est le premier qui ait attiré l'attention sur la
sophistication des médicaments.

On trouve dans Dioscoride la description de quelques préparations chimiques. Le mode qu'il indique
pour obtenir le blanc de plomb est à peu près le
même que l'on suit encore de nos jours; il parle de
la calamine, du pompholix, des vitriols, de l'orpiment
comme escarotique, et de l'eau de chaux. Il apprend
à retirer le mercure du cinabre, en le faisant calciner
dans une conque de fer recouverte d'un couvercle,
calix, qu'en grec on nommait *ambix*, ἄμβιξ. C'est très-
probablement de ce mot grec que les Arabes ont fait

---

(1) Jusqu'au temps des croisades, les Européens ne connurent
d'autre sucre que ce suc épaissi du bambou. Les Sarrasins culti-
vèrent les premiers la canne à sucre en Barbarie, en Grèce et
dans l'île de Chypre. Plus tard, elle fut transportée en Sicile,
d'où, au xve siècle, elle fut transportée dans l'île de Madère,
à Saint-Thomas et dans la Guinée. Ce n'est qu'au xvie siècle
qu'elle fut transplantée en Amérique.

ambic et *alambic* en y ajoutant l'article *al* (1). Il ne s'ensuit pas que les Grecs ou les Romains aient connu l'art de la distillation, car Galien n'en parle pas, bien qu'il ait vécu plus d'un siècle après Dioscoride et qu'il ait décrit toutes les opérations de la pharmacie de son époqne. Cependant les Grecs connaissaient une sorte d'*huile de térébenthine ;* mais voici comment ils la préparaient : on suspendait de la laine ou une toison au-dessus d'une chaudière dans laquelle on faisait bouillir de la poix. Quand cette laine était chargée des vapeurs qui s'en étaient exhalées, on l'exprimait, et le résultat se nommait *pissœleum* ou *picis flos*. Cette huile se préparait habituellement dans la ville de Colophon, en Grèce ; d'où le nom de *colophane* que porte encore le résidu de la distillation de la térébenthine.

Dioscoride parle encore de diverses préparations métalliques usitées en médecine. On employait dans les emplâtres la litharge, le cadmium, le pompholix, que l'on regardait comme l'écume de certains métaux. Longtemps avant son époque, on faisait usage de la fleur ou écaille d'airain, *crocus Veneris, œs ustum, squammœ œris*, comme purgatif, et l'on donnait. pour exciter le vomissement, le *melanteria* et le *chalcitis* (sulfate de fer mêlé d'oxyde rouge qui provenait

(1) Voici en quels termes Pline rapporte le même passage, sans doute emprunté à la même source : *Patinis fictilibus impositum ferrea concha, calice coopertum, argilla superillita ; dein sub patinis accensum follibus continuo igni, atque ita calicis sudore deterso, qui fit argenti colore et aquœ liquore.*

des mines de cuivre de Cilicie). Discoride ne connaissait pas l'emploi interne du fer; il le croyait nuisible aux fonctions utérines. Il pensait que le mercure rongeait et détruisait les viscères; on ne se servait alors de l'antimoine que pour les applications extérieures et après l'avoir calciné.

Dioscoride est pourtant moins crédule que Théophraste, relativement aux propriétés médicales des plantes; mais ce dernier n'était pas médecin, et s'occupa surtout du règne végétal en botaniste et en philosophe. Dioscoride était même plus empirique que médecin, plus habile aux recherches qu'à l'observation. Son style est obscur, confus, ses assertions peu précises; il néglige les détails de la posologie et de l'administration des médicaments. Toutefois Galien en fait le plus grand éloge, et regarde son livre comme le plus complet et le plus utile que l'on possédât de son temps sur la matière médicale.

Dioscoride occupe un rang éminent dans l'histoire de la matière médicale. Son livre fut le seul d'après lequel on étudia pendant quinze siècles cette partie de la science. Aujourd'hui même, chez les Turcs, les Arabes et les nations à demi civilisées, il est encore l'oracle de la médecine et de la botanique.

Aucun ouvrage scientifique n'a été copié, imprimé autant de fois, et n'a été l'objet d'un plus grand nombre de commentaires; sans doute en raison de l'importance du sujet et de l'obscurité de ses détails. Après Galien, qui le cite et le copie très-souvent, on trouve parmi ses commentateurs les plus célèbres,

aux IVe et Ve siècles, Oribase et Aétius, qui rangèrent
les objets qu'il décrit par ordre alphabétique ; Paul
d'Égine, au VIIe siècle ; au Xe, Sérapion le jeune et la
plupart des médecins arabes. A l'époque de la découverte de l'imprimerie, l'ouvrage de Dioscoride fut
imprimé l'un des premiers, et les éditions s'en multiplièrent à l'infini. Au XVIe et au XVIIe siècle, Matthioli
de Sienne, Saumaise, Gasp. Bauhin, Symphorien
Champier et une foule d'autres savants s'efforcèrent
d'y rechercher les traces de la matière médicale antique, et appuyèrent sur cette frêle base les fondements de la science moderne des végétaux. Plus
près de nous, Tournefort et Sibthorp entreprirent de
longs voyages pour retrouver sur les lieux mêmes les plantes décrites par Dioscoride, et réussirent
difficilement à en déterminer un petit nombre
d'une manière absolue. Le dernier, et peut-être le
plus heureux de ses commentateurs, fut le savant
Kurt Sprengel, qui, toutefois, confesse souvent son
incertitude et le mauvais résultat de ses efforts à ce
sujet.

Plumier a donné le nom de *dioscorea* à un genre
de la famille des asparaginées, devenu depuis le type
d'une famille nouvelle et dont fait partie l'*igname*
(*dioscorea alata bulbifera* et *japonica*), plante alimen-
taire de Taïti, des Moluques et du Japon.

4

PLINE LE NATURALISTE

CAIUS PLINIUS SECUNDUS, connu sous le nom de *Pline l'Ancien* ou *le Naturaliste*, naquit l'an 23 de l'ère chrétienne, la neuvième année du règne de Tibère, à Vérone, selon quelques biographes, parce qu'il appelle Catulle son compatriote, ou selon d'autres, à Côme, dans le pays des Insubres, aujourd'hui le Milanais. Il appartenait à une famille ancienne et distinguée. Il servit fort jeune dans les armées romaines ; à vingt et un ans, il alla en Afrique et obtint peu de temps après le commandement d'un corps de cavalerie qu'il conduisit en Germanie. Il résigna ses fonctions à l'âge de vingt-quatre ans, et vint à Rome, où il s'occupa de l'étude des lois. Depuis cette époque jusqu'à l'âge de quarante-cinq ans, il publia plusieurs ouvrages sur la guerre, sur l'histoire, sur la jurisprudence et sur la politique, mais dont aucun n'est parvenu jusqu'à nous. A cette époque il fut nommé procurateur en Espagne. En 71, il alla visiter la Grèce et sans doute aussi la Gaule Narbonnaise ; enfin, il revint à Rome et se livra dès lors avec ardeur à l'étude de l'histoire naturelle. Il rentra cependant plus tard dans les affaires publiques, et il commandait la flotte de Misène en l'an 79, lors de la célèbre

éruption du Vésuve qui lui coûta la vie et qui dé-
truisit les villes de Pompéi et d'Herculanum.

On connaît les détails de cet événement qui nous
ont été conservés en termes si pleins d'intérêt par son
neveu et son fils adoptif, Caius Cœcilius Plinius,
plus connu sous le nom de *Pline le Jeune,* dans une
lettre écrite à Tacite (1). Pline habitait alors une maison de campagne sur le bord de la mer, lorsque la
terre fut ébranlée par de violentes secousses qui annonçaient une prochaine éruption du volcan. On était
au mois de septembre, et il étudiait, lorsqu'on vint
l'avertir qu'un nuage d'une forme et d'une dimension
extraordinaires s'élevait du sommet du Vésuve. Pline
observa quelque temps cette colonne qui avait pris
la forme d'un arbre immense dont la tête se ramifiait
en vomissant des cendres et de la fumée. Il fit appa-
reiller un navire et prit la mer pour protéger les gar-
nisons voisines et pour observer le phénomène de
plus près. Il parcourut plusieurs points de la côte,
dictant avec calme et présence d'esprit, notant lui-
même sur ses tablettes, au milieu des cendres brû-
lantes dont l'air était obscurci, toutes les phases du
prodige. Il prit terre à Sabia, se mit au bain et se
coucha. Cependant l'éruption continuait à se développer, des flammes et des torrents de lave s'échappaient du volcan ; la terre était ébranlée, les pierres
et les débris calcinés couvraient le sol. On éveilla
Pline, on courut vers la mer, mais elle était si agitée

(1) Lib. VI, epist. XVI.

qu'il fut impossible de s'embarquer. On s'épouvante, chacun prend la fuite de divers côtés, et Pline, resté seul avec deux esclaves, périt suffoqué par les cendres et les exhalaisons sulfureuses qui l'environnaient. Ainsi mourut, encore dans la force de l'âge, cet homme illustre, martyr à la fois de son devoir de citoyen et de son dévouement pour la science.

Il faut bien distinguer, parmi les savants de l'antiquité, les observateurs philosophes des compilateurs. Hippocrate, Aristote, Théophraste, Celse, figurent parmi les premiers; Pline, Dioscoride, Galien sont au nombre des seconds, bien que Galien et Pline surtout aient produit des œuvres empreintes d'une véritable philosophie. Les premiers ont non-seulement recueilli toutes les connaissances antérieures, mais ils ont ajouté beaucoup de faits nouveaux à la science contemporaine; ils ont coordonné les uns et les autres et leur ont appliqué une méthode. Des faits ainsi présentés sont toujours utiles, et la postérité peut toujours en tirer parti. Les compilateurs, au contraire, ont amoncelé les détails sans ordre, sans critique, sans idée d'ensemble; ils ont montré une crédulité souvent puérile, et ont négligé ce qui leur semblait indifférent ou trop connu. Enfin, ils ont moins écrit dans l'intérêt de la science même que dans des vues d'applications, et c'est peut-être ce qui a fait parvenir leurs œuvres jusqu'à nous, attendu que ce qui intéresse le plus vivement les hommes, est ce qui leur présente un but d'utilité prochaine.

Pline ne tourna ses études vers les sciences qu'à un

âge déjà avancé. Il n'était ni naturaliste, ni médecin de profession ; mais une curiosité ardente et un esprit d'une sagacité supérieure le portaient à rechercher tout ce qui était de nature à frapper les sens et l'imagination. Aussi, son *Histoire naturelle*, qui comprend trente-sept livres, ne se borne-t-elle pas à l'étude des sujets des trois règnes ; elle comprend encore la cosmologie, l'astronomie, la géographie, la physique, l'agriculture, la médecine, le commerce, la navigation et même les beaux-arts. C'est proprement l'Encyclopédie de son époque, et si cette œuvre gigantesque ne répond pas toujours à ce qu'y recherchent les naturalistes, il faut convenir que ce riche dépôt des connaissances de l'antiquité a du moins fourni d'immenses ressources historiques à la science et à la civilisation modernes.

Les parties de ce grand ouvrage qui nous intéressent le plus sont évidemment celles qui se rapportent à l'histoire naturelle, et qui ne comprennent pas moins de quinze livres. Parmi les généralités qui les précèdent, celles qui se rapportent au règne végétal sont les plus étendues. Du douzième au dix-neuvième livre, il traite des arbres, qu'il divise en arbres exotiques et à parfum, en arbres de forêts (1), en ar-

_____

(1) En parlant du platane, exporté à travers la mer Ionienne dans l'île de Diomède, pour orner le tombeau de ce héros, il dit que Denys l'Ancien faisait de cet arbre la merveille de ses jardins et qu'on le mettait alors à si haut prix qu'on l'arrosait avec du vin pur.

Il attribue aux arbres une longévité prodigieuse et dit que de

bres à fruits, etc., puis des semences, du lin et des
légumes. Il parle des engrais, des pépinières, de la
greffe, des irrigations ; plus loin, des céréales et autres grandes cultures. Il cite dix sortes de gommes.
En traitant de la vigne, il donne la nomenclature de
cinquante espèces de vins généreux. Toute cette partie présente beaucoup de répétitions.

La matière médicale proprement dite ne commence
qu'au vingtième livre. Elle est partagée en deux sec-
tions : les substances tirées du règne végétal et celles
empruntées aux animaux. Il énumère en premier
lieu les plantes médicinales des jardins (1), puis
celles qui se font remarquer par la beauté de leur
fleur, comme les roses, les lis, les narcisses, etc.,
dont on tressait des couronnes, et il donne exactement l'époque de leur floraison. C'est après cette
énumération qu'il parle des propriétés médicales
d'un grand nombre d'autres plantes, dont il serait
difficile aujourd'hui de reconnaître les véritables types. Quant à ce qu'il dit de leurs vertus, il est permis
de révoquer en doute ses assertions, écho, pour la
plupart, de traditions peu authentiques ou mal
fondées.

___

son temps on en voyait encore qui dataient d'une époque plus
reculée que le siège de Troie et même que la fondation d'A-
thènes.

(1) Pline paraît avoir, ainsi que Dioscoride, décrit particulièrement les plantes qu'avait réunies à Rome un médecin célèbre,
nommé Castor. Ce jardin est le quatrième jardin botanique dont
l'antiquité fasse mention. Les trois autres furent ceux de Théophraste, de Mithridate et du roi Attale.

Au vingt-huitième livre commence la matière médicale tirée des animaux. Dès le début, Pline s'excuse des choses fantastiques qu'il va rapporter. Pourquoi les rapporter, dira-t-on, s'il n'y croyait pas lui-même ? L'auteur montre en cela que la curiosité et l'amour du merveilleux dominaient en lui le sens critique et même le savoir. Il ne faut donc pas attacher à ces récits une véritable valeur scientifique. Nous ne rapporterons rien de toutes ces fables, par respect même pour l'illustre écrivain qui les a si soigneusement recueillies (1).

Parmi les nombreux médicaments tirés des animaux aquatiques, il en cite plus de soixante que fournissait la tortue, et un pareil nombre qui provenaient du castor. Il place parmi les préparations de cet ordre le *garum*, préparé avec les intestins d'anchois, sorte d'assaisonnement alors très-recherché. Au trente-troisième et au trente-quatrième livre, il traite

---

(1) A peine osons-nous consigner dans une note quelques exemples de ces récits fabuleux. Ainsi, il dit quelque part que les hommes ont plus de dents que les femmes, ce qu'il lui eût été bien facile de vérifier avant de l'écrire. Il croyait au Phénix, au Cinnamologus, oiseau qui faisait son nid dans l'arbre qui porte la cannelle, et qu'il fallait tuer pour pouvoir cueillir les rameaux qu'il était chargé de défendre. Ailleurs, il rapporte toutes les fables des voyageurs grecs sur les hommes sans bouche, sans tête, à un seul pied, ou bien à oreilles pendantes, dont ils se servaient tantôt comme d'un oreiller, tantôt pour se couvrir les épaules. Parmi les animaux il cite le mantichore, à tête humaine et à queue de scorpion, les chevaux ailés, le catoblépas qui tuait du regard, et autres monstres dont il donne sérieusement l'histoire, à côté de la description d'animaux réels et bien connus.

de la matière empruntée aux minéraux, mais d'une manière peu étendue, car ces deux livres contiennent, en outre, la minéralogie de l'époque et tout ce qui s'y rattache : métallurgie, arts mécaniques et arts libéraux, peinture, sculpture, céramique, marbres, taille et gravure des pierres précieuses, et jusqu'à la liste des artistes qui se sont illustrés dans chacun de ces arts.

L'histoire naturelle de Pline fut dédiée à Titus Vespasien, qui professait pour l'auteur une estime unie à la plus vive affection. La première chose qui frappe dans ce grand ouvrage, c'est l'immense érudition dont il est la preuve et qui doit surprendre surtout dans un homme de guerre et un homme d'État. Bien que Pline ne l'ait terminé qu'à l'âge de cinquante-trois ans, il est hors de doute que depuis nombre d'années il s'occupait d'en réunir les matériaux.

Le plan de l'Histoire naturelle est assez méthodique, quoiqu'il embrasse un trop grand nombre d'objets. Le cadre en est plus étendu que celui d'Aristote, et pourtant l'histoire des animaux y est moins complète que dans les écrits du philosophe de Stagyre. En botanique, Pline est également fort loin de Théophraste. C'est que Théophraste et Aristote étudièrent la nature en observateurs, et que Pline n'écrivit qu'en historien, sans s'appliquer, comme ses prédécesseurs, à saisir les lois et les rapports suivant lesquels la nature a coordonné ses productions. Les faits y sont abondants, la plupart utiles, trop souvent

douteux. Pline s'attachait surtout aux choses singu-
lières, merveilleuses; il les rassemblait sans beaucoup
de choix ni de critique, et ce mélange de vrai et de
faux a fait perdre à son livre beaucoup de prix. C'est
le résumé de deux mille ouvrages de tout genre :
voyageurs, historiens, philosophes, naturalistes, médecins, auxquels il a emprunté tout ce qu'ils conte-
naient de saillant et dont, sans lui, bien peu de chose
serait parvenu jusqu'à nous.

Quant au style, il ne mérite que des éloges. Remarquable par l'élégance, le mouvement, la fermeté,
il est partout empreint d'un caractère de noblesse
qui s'élève souvent jusqu'à l'éloquence. L'Histoire
naturelle est l'un des plus vastes dépôts de la langue
latine à sa meilleure époque; sans son secours il eût
été peut-être impossible de rétablir la latinité. A travers les faits erronés, les récits naïfs, les descriptions
plus ou moins exactes, on rencontre à chaque pas de
hautes et sages observations, des vues profondes,
l'expression de la plus saine philosophie. « Son ouvrage, a dit Buffon, aussi varié que la nature, la peint
toujours en beau. » Tel qu'il est, le livre du naturaliste romain n'en est pas moins l'un des plus riches
monuments du génie de l'antiquité, et l'une des
principales bases sur lesquelles s'éleva, dans les temps
modernes, la renaissance des lettres et des sciences.

Un grand nombre de commentateurs se sont appliqués à rétablir, à interpréter le texte de Pline et à
relever ses erreurs. Il faut citer parmi eux J. Har-
douin, Daléchamp, le comte Rezzonico, Saumaise

surtout, qui dans ses *Exercitationes plinianæ*, le loue vivement d'avoir fait à la fois la médecine de l'esprit et celle du corps, et de ce que, malgré les imperfections de ses écrits, il nous a conservé beaucoup de choses que sans lui nous aurions toujours ignorées.

Linnée a donné le nom de *Plinia* à un genre de la famille des myrtes, auquel Lamarck et Wildenow ont ajouté quelques espèces.

Pline était laborieux, intrépide, sobre, diligent. « Simple dans ses habits et dans ses mœurs, il avait un génie ardent qui ne l'empêchait point d'apporter au travail cette application qui paraît incompatible avec l'activité. Tout le temps qu'il ne passait pas à s'instruire était un temps qu'il regardait comme perdu. Il se mettait à l'étude, en hiver, à trois heures du matin et quelquefois même à minuit, ne donnant au sommeil que le temps strictement nécessaire ; encore regrettait-il que la faiblesse humaine l'obligeât à réparer ses forces (1). » A table, au bain, en voyage, il était toujours accompagné d'un secrétaire qui lisait à haute voix, tandis qu'il prenait des notes. « Esprit plein d'ardeur, s'écrie Pline le Jeune, d'une application incroyable, d'une vigilance sans exemple (2) ! » Nous ajouterons : âme vraiment romaine, car, ce que nous possédons de ses écrits ne contient pas une seule phrase qui ne puisse être avouée par un sage, un philosophe et un homme de bien.

(1) Fée, Éloge de Pline le Naturaliste. Paris, 1821.
(2) *Acre ingenium, incredibile studium, summa vigilantia.* (Lib. III, epist v).

NATURALISTES MODERNES

CONRAD GESNER

(1516-1565)

I

L'histoire s'est souvent exercée sur cette merveilleuse période à laquelle on a donné le nom de *Renaissance :* époque curieuse et brillante qui termine
le moyen âge, commence l'histoire de la civilisation
moderne, et que circonscrit d'une manière assez
nette l'étendue du xvie siècle. Vingt historiens en
ont raconté les événements politiques et ont dit ce
que les langues, la littérature, les beaux-arts, la
philosophie, la raison générale doivent à ces quelques années, pendant lesquelles, abandonnant la
plupart des doctrines et des usages des siècles antérieurs, l'esprit humain marcha vaillamment à la
conquête des idées, des vérités et des principes qui
devaient servir de base à une civilisation nouvelle.
Mais peut-être n'a-t-on pas assez étudié ce que la
même période apporta de faits nouveaux, d'heureuses découvertes et de profondes conceptions à
la science qui, elle aussi, tendait à se renouveler.
La complexité et l'étendue d'un pareil travail, ont

sans doute rebuté les écrivains que son importance
incontestable aurait portés à l'entreprendre. Un seul
homme, en effet, pourrait difficilement être à la fois
assez versé dans les diverses branches du savoir
pour suivre et analyser la marche de chacune d'elles
pendant la durée de ce siècle. Le meilleur moyen
d'accomplir dignement une pareille tâche, me semblerait être de la scinder, de la fractionner, en s'appliquant à étudier la biographie des savants qui
fleurirent durant cette période. Le fragment qui va
nous occuper est une sorte de *spécimen* de l'entreprise à laquelle nous faisons allusion. Puisse-t-il
provoquer d'autres recherches dirigées dans le même
sens ! Nous nous proposons d'y travailler nous-
même, en concentrant nos études sur l'histoire des
sciences physiques et naturelles pendant cette remarquable époque.

Le savant qui va faire le sujet de cette notice,
Conrad Gesner, est celui qui, à la même date, outre
d'importants travaux d'érudition et de philosophie,
imprima la plus vigoureuse impulsion aux sciences
naturelles. Il fut surnommé le *Pline de l'Allemagne* (1); mais cette comparaison manque de justesse,
car Pline ne fut guère qu'un compilateur laborieux,
intelligent, mais peu profond, tandis que Gesner
fut un observateur habile, consciencieux et original.
C'est un de ces hommes exceptionnels qui, à force

(1) C'est Théodore Zwinger qui lui donna assez maladroite-
ment le titre de *Plinius Germanicus*, dans une épitaphe qu'il
composa en son honneur.

de savoir, de patience et de génie, déterminent tout
le mouvement de la science à une époque déterminée.
Réunissant à une grande force de pensée, une persévérance à toute épreuve, une volonté ferme, une
érudition immense et une mémoire prodigieuse, il
écrivit sur presque toutes les parties des connaissances humaines et chacune d'elles fit sous ses mains
de remarquables progrès.

Mais avant d'énumérer ses titres les plus glorieux à la reconnaissance de la postérité, qu'il nous
soit permis d'exposer rapidement l'état où se trouvaient les connaissances générales au moment où il
vint prendre une part si active à leur développement.

Dans le cours du XIV⁺ et du XV⁺ siècle, les sciences
s'étaient peu à peu relevées sous l'influence de diverses
causes : par les communications établies avec l'O-
rient, par la création des universités, par la fondation de quelques ordres monastiques consacrés à
l'enseignement, enfin par les grandes découvertes qui
signalèrent la fin de cette époque. Dans la seconde
moitié du XV⁺ siècle, des événements d'une autre
nature vinrent donner à ce mouvement une nouvelle
activité : l'invention de l'imprimerie, la prise de
Constantinople par les Turcs, qui fit refluer en Italie
les derniers vestiges de la science antique ainsi que
les hommes qui en avaient conservé le dépôt, les
progrès de l'art nautique, grâce à l'invention de la
boussole, le passage aux Indes par le cap de Bonne-
Espérance, la lutte des opinions religieuses, enfin
la découverte du nouveau monde, telles furent les

principales circonstances qui rendirent cette période
la plus importante de l'histoire des progrès de l'intelligence pendant le moyen âge. Les sources générales
de la science et celles de la richesse des nations se
trouvaient ainsi renouvelées à la fois ; l'horizon matériel s'agrandissait en même temps que celui de la
pensée humaine. Les recherches d'érudition, la fixation des langues modernes, le déplacement des
sciences, des arts et du commerce, le nouvel équilibre européen qui devait en être la conséquence, telles
furent les principales causes qui préparèrent l'essor
extraordinaire qu'allait prendre l'esprit humain dès
les premières années du siècle suivant.

Les disputes de l'école s'étaient apaisées peu à
peu ; la scolastique devait périr avec le moyen âge
dont elle avait été l'une des plus vives expressions.
Les travaux des érudits, les découvertes récentes et
l'élan des idées nouvelles lui portèrent en effet les
derniers coups. Toutefois la scolastique avait servi
au progrès général, en tournant les esprits vers les
études abstraites et vers la philologie : elle avait
introduit de nouvelles formes dans l'argumentation
et fourni quelques bons éléments à la recherche de
la vérité, mais elle avait retardé l'essor des sciences
en détournant les hommes d'étude de l'observation
directe des phénomènes naturels, et à peine avait-
elle ajouté quelques données positives au domaine
de la vraie philosophie.

La scolastique n'avait été, à vrai dire, qu'une lutte
entre les doctrines d'Aristote et celles de Platon,

entre le spiritualisme et l'expérience. Mais tandis
que les écoles retentissaient encore de ces derniers
combats, d'autres études acquéraient de jour en
jour plus d'importance. Les recherches philologiques
préoccupaient tous les esprits. On cherchait, on
retrouvait dans les bibliothèques des monastères les
manuscrits de l'antiquité. A peine ces trésors étaient-
ils découverts, que de savants imprimeurs, les
Aldes, les Junte, les Estienne, les reproduisaient avec
un soin religieux. Les scoliastes en épuraient le
texte; Juste Lipse, Bernardin Telesio, et l'Espagnol Vivès, abandonnaient les questions philosophiques pour s'adonner aux recherches d'érudition.
Quelques esprits élevés essayaient d'imiter ces chefs-
d'œuvre ; de plus hardis cherchaient à faire passer
dans les idiomes modernes les formes de la littérature antique, tandis que d'autres s'efforçaient de
donner à la philosophie une meilleure direction.
Érasme, repoussant les formules pédantesques de
l'école, s'attachait à répandre dans les discussions
la clarté et même l'élégance; Montaigne enveloppait
une saine morale dans une forme naïve et pleine de
charme ; Charron montrait que la véritable philosophie se fonde sur l'étude de soi-même ; Ramus ramenait la discussion aux principes d'une logique
droite et précise. Chacun d'eux portait ainsi les
coups les plus rudes à la doctrine péripatétique et
préparait les armes dont Galilée, Descartes, Gas-
sendi, Locke et Newton devaient se servir plus tard
pour la renverser définitivement.

Cependant, les abords de la science, dégagés des subtilités de la scolastique, restèrent encore quelque temps entravés par le scepticisme qui, non content de s'exercer sur les idées théoriques, semblait se défier même de l'expérience. Témoin Cornélius Agrippa qui écrivit un livre : *De vanitate et incertitudine scientiarum.* Heureusement, le temps n'était pas loin où F. Bacon, après avoir montré tout le vide des abstractions philosophiques, allait établir que l'observation directe devait être dans les sciences le premier guide du raisonnement.

On commençait en effet à chercher dans les phénomènes de la nature de nouveaux et intarissables sujets d'observation. On s'attacha surtout aux études qui offraient un intérêt plus direct et plus prochain : à la connaissance des plantes qui se lie intimement avec l'agriculture et qui, de tout temps, fit partie des connaissances médicales; à l'histoire des animaux qui nous sont si utiles sous divers rapports, et à la minéralogie qui se rattache si naturellement à l'art des constructions, à la métallurgie, aux arts industriels et qui a des connexions si nombreuses avec la Chimie. Chacune de ces sciences allait bientôt devoir à Conrad Gesner des principes et des développements qui leur ouvrirent une carrière nouvelle, aussi large qu'assurée.

CONRAD GESNER naquit à Zurich le 26 mars 1516. Son père était marchand fourreur et avait plusieurs enfants (1). Un oncle maternel, Jean Frick, ministre de

_____

(1) Son père s'appelait *Urse Gesner* et sa mère *Barbe Frick.*

l'Évangile, lui fit faire quelques études classiques, pour lesquelles il montra autant d'application que de facilité, et il lui donna les premières notions d'histoire naturelle. Peut-être le jeune enfant prit-il quelque goût pour cette science dans les rapports de commerce qu'avait son père avec les chasseurs des Alpes et des contrées du Nord. Cet oncle étant mort à la bataille de Zug (1531), Jean-Jacques Ammian, professeur d'éloquence à Zurich, le prit chez lui et dirigea ses études vers les sciences médicales. Il les continua avec Thomas Plattner, savant naturaliste et médecin, dont toute la famille fut, comme celle des Asclépiades, dévouée au culte de la médecine, et qui avait reconnu les rares aptitudes de son jeune élève.

Mais le moment était venu pour Gesner de se créer une position indépendante. Soutenu par les bienfaits des chanoines de Zurich, il alla d'abord à Strasbourg, où il travailla quelque temps avec le savant prédicateur Wolfgang Fabrice Capiton, qui lui enseigna l'hébreu et qu'il aida bientôt dans ses recherches sur la Bible et sur la philologie.

Il sentit alors se développer en lui un penchant décidé pour la profession médicale. Il vint en France, et alla habiter Bourges, où le savant Cujas attirait alors un grand nombre d'étudiants. Tout en suivant ses leçons de jurisprudence, il se livrait à de sérieuses études d'histoire naturelle et d'anatomie. C'est à Bourges qu'il se lia avec Jean Frisius, son compatriote, célèbre et érudit orientaliste qui, placé plus tard à la tête du collége de Zurich, s'empressa d'y attirer son ami.

Conrad Gesner avait dix-huit ans quand il se décida à venir à Paris, où il se livra avec une sorte de passion à tous les genres d'études. Il dévorait, dit-il, tous les livres grecs, hébreux, arabes ou latins qui lui tombaient sous la main. Le subside qu'il recevait des magistrats de Zurich étant très-modique, il se vit obligé, pour y subvenir, de donner des leçons. Jean Steiger, jeune patricien de Berne, le prit en amitié et l'aida parfois de sa bourse. Enfin, en 1536, il retourna à Strasbourg où il acquit bientôt la réputation d'un prodige de savoir (*Miraculum litterarium*). Peu après, il obtint une place au collége de Zurich, et il se maria, à peine âgé de vingt ans.

Cependant, le modeste emploi qu'il occupait à Zurich ne pouvant suffire aux besoins de sa famille, les magistrats de cette ville lui allouèrent un nouveau subside à l'aide duquel il alla s'établir à Bâle pour y poursuivre ses études médicales. C'est alors qu'il travailla au *Dictionnaire grec* de Phavorinus Camers. Deux ans après il fut appelé à Lausanne où le sénat de Berne venait d'établir une académie, et où il enseigna pendant trois ans les lettres grecques. Il alla ensuite à Montpellier, où il se lia d'une manière intime avec trois naturalistes éminents : P. Belon, Laurent Joubert et Rondelet; puis, en 1541, il vint à Bâle se faire recevoir docteur en médecine, et retourna à Zurich pour y exercer la profession médicale et y occuper une chaire de philosophie.

C'est à cette époque qu'il entreprit sa *Bibliothèque universelle*, véritable encyclopédie du XVIe siècle, dont il rassemblait les matériaux depuis plusieurs années. Il publia à la même date quelques analyses et traductions d'auteurs grecs, ainsi qu'un *Cata-logue de plantes* en quatre langues. La plupart de ces plantes étaient nouvelles et le fruit de ses propres recherches. En 1542, il traduisit du grec un *Traité des syllogismes*. Il fit aussi plusieurs voyages en Suisse et en Savoie pour en étudier les productions naturelles. Il publia ses observations en vers. Il y joignit un petit livre sur le *Lait*, et des remarques sur la *Beauté des montagnes*, et bientôt après il donna une traduction des sentences de *Stobée*, des *Allégories de Dion Chrysostome* sur Homère et une édition ex-purgée de *Martial*.

En même temps, et tout en mettant en ordre les matériaux de sa *Bibliothèque* et de son grand ouvrage d'histoire naturelle, il publiait une *Préface* pour les *Œuvres de Galien*, une autre sur l'*Histoire des plantes de Tragus;* un *Traité des eaux minérales* de l'Allemagne et de la Suisse et une *Description du mont Pilate*, près de Lucerne.

En 1545, Conrad Gesner alla à Venise, où il étudia les poissons de l'Adriatique, puis à Augsbourg, afin de recueillir les titres de tous les ouvrages connus et imprimés à cette époque en hébreu, en grec et en latin. Il joignit à cette longue nomenclature une ana-lyse sommaire et une courte appréciation critique de chaque ouvrage.

De 1551 à 1560, il publia les cinq premiers livres de son *Histoire naturelle*. Il avait dessiné lui-même et fait graver à ses frais un nombre considérable de figures qui devaient en faire partie. Ces dépenses avaient absorbé presque toute sa fortune ; ce qui ne l'empêcha pas de former de ses propres mains et à l'aide des dons qu'il recevait de ses nombreux correspondants (1), le premier cabinet de zoologie qui eût encore existé. Des travaux si importants et si désintéressés le firent nommer, en 1555, professeur d'histoire naturelle dans sa ville natale, chaire qu'il occupa désormais jusqu'à sa mort.

L'empereur Ferdinand Ier, à qui il avait dédié son *Histoire des poissons*, l'appela près de lui et l'anoblit (2). Revenu à Zurich, Conrad Gesner se livra de nouveau à la pratique de la médecine. La peste ayant éclaté dans cette ville en 1564, il donna pendant deux années les soins les plus assidus et les plus éclairés aux malades qui en étaient atteints; il écrivit même une *Dissertation* sur les principaux symptômes de cette maladie et sur les meilleurs moyens de la traiter. L'année suivante, affaibli par les fatigues, et sans cesse exposé à la contagion, il finit par en être atteint lui-même, et en mourut au bout de cinq jours, à l'âge de quarante-neuf ans (15 décembre 1565), ne laissant après

(1) John Key (Caius), de Norwich, médecin d'Édouard VI, de Marie Stuart et d'Élisabeth, savant zoologiste, fonda à Cambridge un collège qui porte encore son nom. Il adressa à Gesner un grand nombre de minéraux.

(2) Les armoiries qu'il lui donna comprenaient un lion, un aigle, un dauphin et un basilic; chacun d'eux représentant le roi de la classe à laquelle il appartient, mais tous soumis à la domination du roi de la science.

lui qu'une veuve sans enfants. Quand il ne douta plus
de la terminaison funeste qui menaçait sa vie, il se fit
transporter dans son cabinet, comme dans le lieu qui
lui était le plus cher, au milieu de ses livres et de ses
écrits qu'il essaya de mettre en ordre ; mais ses forces
n'y suffirent pas. Il confia ce soin à Gaspard Wolf, son
élève et son ami, à qui il légua sa bibliothèque et ses
manuscrits, en le chargeant de publier tout ce qu'il
pourrait en extraire de propre à étendre et perfectionner les sciences.

Voilà, sans contredit, une noble et belle vie ! N'est-
ce pas là un véritable héros, mourant au champ
d'honneur, couronné cette fois, non des lauriers de la
fausse gloire, par le génie de la destruction, mais des
palmes de la vertu, par les mains de la science et de
l'humanité?

Bien que Gesner n'ait pas laissé de postérité directe,
son nom fit longtemps l'honneur du pays qui l'avait
vu naître. Son oncle, André Gesner, qui avait reçu
trente-six blessures à la bataille de Zug, vécut encore
trente-six ans après cet événement et occupa pendant
plusieurs années les premières charges de sa ville
natale. Cet oncle fut la souche des Gesner qui
fleurirent dans les xviie et xviiie siècles et qui s'illus-
trèrent dans divers genres de savoir et de mérite.
C'est à cette célèbre famille qu'appartient Salomon
Gesner, l'auteur du *Premier navigateur* et de la *Mort
d'Abel*.

II

C'est ainsi que s'écoulait, dans ce siècle sérieux et grave, la vie des hommes qui se vouaient à la recherche du vrai, à la philosophie, à l'étude des sciences, des lettres et même au culte des beaux-arts. Ce n'est pas une des moindres merveilles de cette période étonnante que la ténacité, la persévérance consciencieuse avec laquelle les hommes de ce grand siècle poursuivaient leur pensée pendant leur vie tout entière ; tantôt concentrant leur esprit et leurs forces sur un sujet unique ; d'autres fois, réunissant dans un même labeur plusieurs branches de l'intelligence. « Pénétrez dans leur conscience, s'écrie un historien du xvie siècle, et cherchez les motifs qui les ont fait agir, vous ne trouverez, dans la plupart du moins de ceux dont le nom est resté le plus grand, ni la soif de l'or, ni l'amour effréné des distinctions sociales. La vie n'était pour eux qu'une haute mission, consacrée tout entière à réaliser une grande pensée (1). »

L'universalité du savoir qui caractérise Conrad Gesner, et qui l'avait fait comparer à Pline, lui permit d'embrasser presque tout entier le cycle des connaissances acquises à l'époque où il parut. Ainsi, indépendamment des diverses branches de l'histoire naturelle, dont il ne se borna pas à suivre des yeux le progrès, mais qu'il enrichit notablement par ses

(1) Filon, *Hist. du* xvie *siècle*, t. II, p. 571.

propres découvertes, il s'occupa avec succès des sciences philosophiques, de la logique, de la morale; il y joignit des recherches profondes en linguistique, en philologie, en bibliographie ; il représenta, comme on voit, tout le savoir du siècle où il vécut, comme l'avaient fait, à différentes époques, Aristote, Albert le Grand et Vincent de Beauvais. Si sa vie, tranchée d'une manière trop prématurée, ne lui permit pas de mettre la dernière main à tous les travaux qu'il avait entrepris, ceux qu'il nous laissa même inachevés portent tous l'empreinte de sa main puissante et le cachet irrécusable de son génie.

On pourrait distinguer dans Conrad Gesner trois hommes : l'érudit, le philosophe et le naturaliste. Nous insisterons moins sur les deux premiers chefs : d'une part, parce que ceux de ses travaux qui se rapportent à l'érudition, travaux qui furent d'une si haute utilité à son époque, se trouvent aujourd'hui surpassés par ceux des siècles qui l'ont suivi ; d'autre part, parce que ses recherches en philosophie avaient naturellement un point d'appui dans la scolastique expirante, et dont il semble n'éveiller qu'à regret les derniers retentissements. Nous signalerons donc de préférence ses travaux d'histoire naturelle, parce qu'ils sont plus originaux, qu'ils ont réellement ouvert à la science des voies nouvelles, enfin, parce que, à l'heure qu'il est, ils sont encore très-utiles à étudier et qu'ils tiennent toujours le rang le plus honorable dans l'état actuel de nos connaissances.

« Son *Histoire des animaux*, dit Cuvier, dont on ne saurait contester la haute autorité dans cette matière, est le plus considérable de ses ouvrages sur l'histoire naturelle, et celui qui lui assurera la renommée la plus durable. Cet ouvrage peut être considéré comme la première base de toute la zoologie moderne. » C'est un vaste magasin d'érudition, dans lequel tous les auteurs postérieurs ont puisé sans le citer. Il ne cite lui-même qu'Aristote, Pline et Galien. Il y ajoute toutes les recherches les plus récentes, les siennes propres comme celles qui lui étaient communiquées ; car dans ses voyages, il avait beaucoup observé et avait établi de nombreuses relations. Dans les cinq volumes in-folio dont il se compose, il traite successivement des quadrupèdes, des oiseaux, des poissons et des serpents. Le sixième était destiné à l'histoire des insectes, mais il ne parut qu'après sa mort. Le tout est accompagné d'une riche synonymie et d'un grand nombre de figures, dessinées de sa main, dont on conserve les originaux dans la bibliothèque de Zurich.

« C'est dans cet ouvrage qu'il prononça pour la première fois le nom de *Genre* (*genus*). S'il ne créa pas celui de *famille*, il indiqua parfaitement les caractères qui sont communs à plusieurs individus et les rapports qui les réunissent. C'étaient les premiers rudiments d'une classification rationnelle : nous allons voir qu'il ne tarda pas à les étendre, en les appliquant à d'autres branches de l'histoire de la nature.

L'esprit de généralisation est naturel à l'homme méditatif. Dès qu'il possède d'assez nombreux élé--

ments d'une connaissance nouvelle, il est porté à les disposer dans un ordre méthodique, et à fonder sur eux une théorie d'ensemble. Il compare, il classe, il catégorise les matériaux et les faits, il en tire des conséquences générales, guidé en cela non-seulement par le désir d'en simplifier l'étude, mais aussi par la pensée qu'il a surpris à la nature un grand secret et saisi la clef de l'ordre établi par la puissance divine ; mais quelle que soit en définitive la réalité de ces hypothèses, il en résulte toujours un progrès réel pour l'étude et pour l'enseignement.

Bien que les travaux de botanique de Conrad Gesner aient moins servi à sa renommée que ceux relatifs à la zoologie, il s'y est rendu plus célèbre peut-être par la fécondité des vues qu'il a introduites dans cette branche de l'histoire naturelle, et qui depuis sont restées dans la science. Jusqu'alors on s'était à peu près borné à distinguer les plantes des temps antiques citées par Théophraste, Pline ou Dioscoride, et trop souvent mal reconnues par les Arabes. Au xve siècle leur nombre ne s'élevait guère au delà de huit cents. Les recherches des curieux et des voyageurs en avaient peu à peu augmenté le catalogue ; c'est celui que Gesner avait publié d'abord en quatre langues ; mais lui-même, après avoir parcouru l'Alsace, la Suisse, la Lombardie et le midi de la France, en éleva le nombre à plus de quinze-cents. Il les décrivit, les dessina et les peignit de sa propre main, en y joignant tous les détails de leur organisation : innovation précieuse dont la science lui est redevable, et

6

qui l'amena à porter une attention spéciale sur la
fleur et sur le fruit. C'est alors que lui vint la première idée de classer les végétaux d'après les organes de la fructification.

Cette idée capitale, qui forma depuis la base de la
science botanique, ne fut pas admise dès le principe
par tous ceux qui, comme lui, s'occupaient de cette
science. D'autres méthodes furent même proposées
dans le cours du même siècle, par Matthieu de L'O-
bel (1), par André Césalpin et, plus tard, par Fabius
Columna. Mais déjà le nombre des amateurs s'était
accru, des jardins botaniques se fondaient dans la
plupart des capitales et des villes universitaires. Or,
on ne possédait aucun guide pour classer les sujets
dont le nombre s'accroissait chaque jour. Les descriptions étaient obscures, les noms souvent confondus, les organes encore mal observés, la science
proprement dite n'existait pas encore.

Peu à peu les vues nouvelles de Gesner furent ap-
préciées. Outre le principe primordial de la classification des plantes d'après les organes de la fructifica-

---

(1) Matthieu de L'Obel, né à Lille, était botaniste de Jacques Ier
roi d'Angleterre ; L'Obel, plus connu sous le nom de Lobel, eut
la première idée de l'association des plantes par *groupes naturels*. Son ouvrage intitulé : *Stirpium adversaria* (mémoires)
nova, etc., dédié à la reine Élisabeth, renferme plusieurs groupes
caractérisés, comme les Labiées, les Personnées, les Ombellifères,
les Gramens, les Orchis, les Mousses, les Palmiers. Il y a même
séparé d'une manière fort tranchée les plantes monocotylédones
d'avec les dicotylédones, ce que l'on pourrait regarder comme
le germe de cette grande division, qui équivaut en importance
à celle des vertébrés et des invertébrés dans la zoologie.

tion, il remarqua que l'analogie des caractères
généraux entraîne presque toujours celle des formes
et des propriétés, ce qui l'amena à déterminer plusieurs groupes naturels. Il fit adopter le mot de *genre*,
pour réunir les espèces analogues : mot heureux
qu'il introduisit en même temps dans la zoologie.
C'est aussi lui qui eut la première idée de donner aux
plantes nouvelles le nom des naturalistes célèbres (1).
Plumier lui en fit l'application à lui-même, en donnant le nom de *Gesneria,* à un arbuste de l'Amérique,
de la famille des campanulacées. On a donné également le nom de *Tulipa Gesneriana* à une belle espèce
de tulipe qu'il avait signalée.

Comme on le voit, Conrad Gesner, sans avoir peut-
être fait faire d'aussi grands pas à la science des végétaux qu'à la zoologie, tient l'un des premiers rangs
comme créateur de la botanique scientifique. Il
mourut avant d'avoir donné à cette lumineuse pensée
tout son développement, mais ses travaux furent recueillis par Gaspard Wolf, son élève, et par Joachim
Camérarius, directeur du jardin d'Altdorf. Ses œuvres de botanique consistent principalement en un
Commentaire sur le cinquième livre de Valérius Cordus,
et dans ses *Fragments d'une histoire des plantes.* Cet
ouvrage qui fut terminé par G. Wolf, ne parut que

---

(1) C'est à Magnol que l'on doit le nom de *famille*, appliqué
au groupement des genres. Le mot *espèce* est plus ancien. Il
vient du latin *species*, aromates et autres drogues (dont on tira
les mots *épices, épiceries*), et qui s'appliquait aux condiments
ainsi qu'aux remèdes. En Italie, les pharmaciens portent encore
le nom de *Speziali* et les pharmacies celui de *Spezerie*.

plusieurs années après sa mort. Ce qui le distingue surtout, ce sont les planches que Gesner avait dessinées
et fait graver sous ses yeux (1). Ces figures avaient
presque absorbé toute sa modeste fortune, ce qui ne
l'empêcha pas de créer un riche cabinet d'histoire
naturelle, formé de ses propres recherches et des
dons qu'il avait reçus de ses amis et correspondants.

Après avoir éclairé des lumières de son génie la
botanique et surtout la zoologie, C. Gesner jeta aussi
un coup d'œil sur la minéralogie. On a de lui un ouvrage intitulé : *De rerum fossilium, lapidum et gem-
marum figuris* (Zurich, 1565), dans lequel il s'occupa
surtout de ce qu'on appelait alors les *pierres figurées*
(et que l'on nomma plus tard des *pétrifications* ou des
fossiles); parce que, dans l'impossibilité de s'en rendre
compte par les données plus récentes de la géologie,
on les regardait encore comme des accidents ou des
jeux de la nature. Sans remonter à l'origine probable
de ces fossiles, il reconnut pourtant qu'ils étaient ou
qu'ils représentaient des corps d'abord organisés :
pensée dont il n'apprécia pas peut-être toute la portée, car elle eût ouvert dès lors un horizon nouveau
à la science minéralogique. Bernard Palissy alla plus
loin et ne craignit pas d'affirmer que « nulle pierre
« ne peut prendre forme de coquille ni d'autre ani-
« mal, si l'animal lui-même n'a basti sa forme (2). »

_____

(1) Ces planches servirent à plusieurs ouvrages, entre autres à
une édition abrégée de Matthiole, par Camérarius.

(2) Voyez l'édition que j'ai donnée des *OEuvres complètes de
Bernard Palissy*, en 1844. Paris, in-18, p. 277.

Quoi qu'il en soit, le traité de C. Gesner attira l'attention sur les pétrifications, sur les cristaux et fit faire un nouveau progrès à la minéralogie. Ce savant connaissait les propriétés électriques de plusieurs minéraux. Il publia aussi un *Traité des Eaux minérales* de la Suisse et de l'Allemagne, ainsi qu'une *Description du mont Pilate*, près de Lucerne. C'est dans ce dernier écrit qu'il inséra un petit *Traité du lait*, et des remarques intéressantes sur les beautés que présente l'aspect *des montagnes*.

Si dans l'histoire des progrès de la minéralogie au xvi⁰ siècle, Georges Agricola occupe la première place pour la connaissance des minéraux et Joachim Camérarius pour la méthode, Conrad Gesner tient le premier rang pour la description des cristaux et des pétrifications. Tel est le jugement qu'en portent encore les minéralogistes de nos jours. Or, on sait que cette branche de la minéralogie est la première origine d'une science encore toute nouvelle : la géologie, ou connaissance de la terre, dont les rapides progrès comprennent aujourd'hui l'histoire de la constitution du globe et celle de tous les êtres naturels qui le composent, en remontant aux époques les plus reculées de la formation de notre planète.

Voilà ce que fit Gesner pour l'avancement des sciences naturelles ; mais ce n'est pas là que se bornent ses titres à l'une des places les plus éminentes dans l'histoire des progrès de l'esprit humain au xvi⁰ siècle. Il nous reste à jeter un coup d'œil sur ceux de ses

6.

écrits qui se rapportent à d'autres sujets non moins importants.

Avant de donner par ses travaux personnels un nouvel essor à l'esprit scientifique de son siècle, Gesner avait voulu en constater l'état actuel, en dressant une sorte d'inventaire du savoir général acquis à son époque, comme pour servir de point de départ aux recherches nouvelles qu'il désirait y ajouter. Sa *Bibliothèque universelle* est, en effet, un vaste répertoire qui contient non-seulement les titres de tous les ouvrages imprimés ou manuscrits renfermés dans les plus riches bibliothèques, mais une appréciation exacte et judicieuse de chaque ouvrage cité. Disposée d'abord par ordre alphabétique et, plus tard, par ordre de matières, elle a servi de modèle à toutes les compilations du même genre qui la suivirent. Elle est encore excellente à consulter à cause de sa parfaite exactitude. La partie de cet immense catalogue qui se rapporte à la médecine ne lui avait pas paru assez complète pour être publiée. Il s'excuse en même temps de n'avoir pu donner à certains fragments de ce travail toute la perfection qu'il eût désirée, obligé qu'il était, dit-il, de partager son temps « entre deux déesses inexorables : » la nécessité et l'amour de la science.

Dans un autre livre ayant pour titre : *Mithridates, seu de differentiis linguarum* (Zurich, 1555, in-8°), il compara la plupart des idiomes connus. On y trouve l'énumération de cent trente langues anciennes ou modernes, ainsi qu'un tableau polyglotte de l'Oraison

Dominicale en vingt-deux langues. C. Gesner était très-versé dans les langues anciennes et parlait facilement toutes celles de l'Europe. Dans sa jeunesse, il avait donné, outre quelques éditions d'auteurs grecs ou arabes, une traduction complète des œuvres d'Elien. Le célèbre professeur Key (Caius) de Cambridge, qui était son ami, lui fournit d'utiles matériaux pour quelques-uns de ses ouvrages.

Nous ne dirons rien ici de ceux de ses travaux qui se rapportent à la philosophie, à la morale, à la théologie, parce que ces divers écrits, encore empreints, pour la plupart, des formes de la scolastique et de la controverse animée qui s'exerçait alors sur les matières religieuses, ne sauraient être appréciés de nos jours comme ils le furent sans nul doute à l'époque où ils parurent, mais ils n'en sont pas moins un éclatant témoignage de la foi vive et sincère, comme du haut savoir et de la profonde sagesse qui caractérisent leur auteur.

C'est dans les préfaces (*Epistolæ nuncupatoriæ*) de son grand *Traité d'histoire naturelle* qu'il faut étudier Conrad Gesner. C'est là qu'il exposa non-seulement ses vues, ses projets, le plan de sa vaste entreprise, mais encore le véritable caractère de sa belle âme. Malheureusement, bien peu de savants de nos jours iront les chercher à cette place, et toutefois, c'est là seulement que l'on peut bien juger de la portée et de la justesse de ses vues, comme de l'étendue de son génie. Dans *l'Épître dédicatoire* que l'on trouve en tête de son livre sur les quadrupèdes,

il expose son but, sa manière de comprendre la
science, sa grandeur et sa dignité. Cette épître se
termine par un extrait de Job, sur les vues de la Providence au sujet des animaux. Celle du troisième
volume, consacré aux oiseaux, est suivie d'une citation empruntée à la préface de Théodore de Gaza,
sur l'histoire des animaux d'Aristote. Chacune des
suivantes est également terminée par des fragments
tirés, soit des saintes Écritures, soit des savants les
plus autorisés de l'antiquité. C'est dans le quatrième
livre, histoire des poissons, qu'il commence à em-
ployer la nomenclature binaire, formée du nom du
genre, suivi du nom *spécifique*, premier exemple de
la nomenclature généralement adoptée aujourd'hui
dans les sciences naturelles.

On trouve partout, dans ses épîtres dédicatoires,
des témoignages de la grandeur d'âme et des pieux
sentiments qui caractérisent leur auteur. Il déclare
que son but, en se livrant à l'étude des sciences, a
été d'y trouver une sorte d'échelle pour s'élever à la
contemplation du grand architecte, maître et père
de toutes choses, de la nature et de nous-mêmes. Il
blâme Pline d'avoir toujours personnifié la nature,
au lieu de rapporter à Dieu tous les faits et les phénomènes qu'il signale. L'histoire de chaque objet naturel, dit-il, doit être comme un hymne à la sagesse et à
la bonté divine, l'esprit devant naturellement remonter de l'œuvre au suprême artisan. Il ajoute qu'il
ne s'est voué à la médecine qu'à cause de ses rapports avec la philosophie naturelle. Il regarde comme

une âme abjecte et sordide celle qui ne considère dans l'étude des sciences que l'utilité et le lucre (1). La science, suivant lui, est formée de deux parties : le raisonnement et l'expérience. La raison comprend les préceptes universels et éternels que l'expérience ne fait que confirmer ; car l'expérience ne prouve rien sans le raisonnement.

Si l'on cherche à résumer les services que Conrad Gesner a rendus à l'histoire naturelle, on doit reconnaître qu'ils consistent principalement dans les idées neuves et originales qu'il introduisit dans la science et dont il fit lui-même la première application ; par exemple, la *description* des objets naturels, qu'il assujettit à un ordre déterminé et qu'il accompagna de *figures* plus détaillées qu'on ne l'avait fait jusqu'à lui. Il eût voulu y joindre la *coloration* des mêmes objets, mais sa pauvreté mit obstacle à son désir. Il compara le premier l'ensemble et les détails des êtres décrits, ce qui constitua la première tentative d'une *classification rationnelle*. Au point de vue de la méthode, si, dans ses premiers essais, il adopta l'ordre alphabétique, il ne tarda pas à reconnaître, ainsi qu'Albert le Grand, que cet ordre n'avait rien de philosophique et qu'il rompait les affinités (*cognatas animantes*). C'est alors qu'il conçut l'idée du *genre* et qu'il commença à grouper autour de ce type les *espèces* voisines. Il réunit même quelques genres en faisceau,

---

(1) *Illiberalis herculè et sordidus est animus, quisquis ubique utilitatem et lucrum spectet.* (*Epist. nuncup Quadrup.*)

ce qui servit de prélude à l'établissement ultérieur des *familles*.

Conrad Gesner reconnut aussi que l'ordre *artificiel* repose sur la considération d'un seul caractère, par exemple, les dents chez les oiseaux, et le nombre des étamines pour les plantes; tandis que l'ordre *naturel* doit se fonder sur l'ensemble et la valeur relative de tous les caractères ; idée lumineuse qu'il ne fit qu'indiquer, mais qui n'en est pas moins le premier pas vers la fondation de la méthode naturelle.

Aristote avait pressenti la *nomenclature* rationnelle, qui existait déjà dans les langues hiéroglyphiques. Gesner la fit passer dans les langues modernes et l'appliqua aux sciences naturelles, en donnant au genre un nom substantif, accompagné d'un adjectif qualificatif pour l'espèce. Linnée, deux siècles après, généralisa ce système de nomenclature, qui s'appliqua successivement à plusieurs branches des sciences descriptives.

Albert le Grand avait essayé de ranger les corps naturels en *série* continue, en montrant les degrés et les rapports généraux qui existent entre les êtres organisés. Gesner rendit cette série plus complète en appliquant cette pensée aux êtres des trois règnes. Il l'étendit même jusqu'à une série d'êtres supérieurs, imaginaires à la vérité, qui, selon lui, devaient servir de transition entre l'homme et la Divinité : idée ingénieuse qui fut reprise et développée plus tard par Charles Bonnet, compatriote de Gesner, et qui fait la base de la *Palingénésie morale* du savant philosophe genevois.

Conrad Gesner était d'un caractère doux et modeste. Il s'était fait beaucoup d'amis et de nombreuses relations. Bien qu'il fût pauvre, souvent maladif, et qu'il eût beaucoup voyagé, il avait rassemblé une bibliothèque considérable, ainsi qu'un grand nombre de planches et de manuscrits. Il était myope, ce qui ne l'empêchait pas de dessiner et même de peindre assez facilement. Il était bienveillant, pieux, simple et modéré dans ses habitudes. Moissonné dans la force de l'âge et victime de son dévouement, que de promesses, que d'espérances sa mort n'enlevait-elle pas à la science et à sa gloire ! L'étendue et la variété de ses travaux ne s'expliquent que par l'innocence de sa vie, par son ardeur pour le travail et la rare aptitude de son esprit, secondés par une mémoire exceptionnelle et une activité infatigable. Conrad Gesner possédait surtout cet esprit d'ordre et de méthode qui abrége les recherches, qui allonge le temps et sans lequel la mémoire ne garde aucune trace des faits appris ou observés. Il appliquait ce goût, j'allais dire ce sentiment, à tous les sujets de ses études, et c'est ce qui le rendit si habile dans l'art des classifications. Il réunissait à tant de facultés heureuses, un tact exquis dans la critique, l'aptitude à extraire, à résumer, à exposer les matières scientifiques. S'il n'embrassa pas, comme Aristote et Albert le Grand, le cercle complet des connaissances humaines, personne n'approcha plus que lui de ces grands exemples de l'universalité du savoir.

A Conrad Gesner se termine l'ère de la science de
l'antiquité, du moyen âge, et commence celle de la
science moderne. Il forme la transition entre l'une
et l'autre, car il arriva précisément à l'époque où
l'Europe, enrichie par les voyages et les découvertes
de l'âge précédent, abandonnait partout les doctrines
surannées pour s'élancer dans des voies nouvelles.
Au milieu de ce mouvement général, Conrad Gesner
représente presque à lui seul tout l'avenir des sciences
naturelles, comme Bernard Palissy, Césalpin, Vésale,
Harvey et Van Helmont représentent les sciences
physiques; comme Tycho Brahé, Copernic, Galilée,
Cardan, Fermat et Kepler se placent à la tête des
sciences mathématiques; comme Thomas Morus,
Montaigne, Ramus, Vivès, Bacon et Descartes représentent toute la philosophie du xvie siècle. Au même
moment, déjà s'annonçait dans la littérature, l'avénement de cette grande école qui devait fleurir avec
tant d'éclat sous Louis XIV, tandis que, dans les
beaux-arts, brillait en même temps cette noble pha-
lange d'artistes qui illustrait les pontificats de Jules II
et de Léon X. Siècle prodige qui, s'il ne fut pas l'a-
pogée de la puissance de l'esprit humain, fut du
moins, l'une de ses périodes les plus glorieuses ! Il est
beau de figurer à l'un des premiers rangs, dans un
semblable cortége et d'avoir les mêmes titres à la renommée, titres qu'il nous semble utile de rappeler
quelquefois aux générations nouvelles et de signaler
ainsi à la reconnaissance de la postérité.

NOTE

Le catalogue des écrits de Conrad Gesner est très-volumineux. Il ne comprend pas moins de 66 numéros. Il a été rapporté très-complétement : 1° par le père Niceron : *Mémoires pour servir à l'histoire de la république des lettres*, t. XVII, p. 343-370. Paris, 1732, in-12 ; 2° par le docteur Gaspard Schmiedel, médecin du margrave d'Anspach, dans l'édition qu'il a donnée des *Opera botanica* de Conrad Gesner ; 3° par le docteur Jourdan : *Biographie médicale*, t. IV, p. 402-408.

Les meilleurs éléments de sa biographie se trouvent : 1° dans son *Epistola ad Guillelmum Turnerum ; de libris a me editis*. Zurich, 1562 ; 2° dans la préface de sa *Bibliothèque universelle*; 3° dans l'oraison funèbre de Conrad Gesner par Josias Simler, son compatriote et son successeur dans la chaire de mathématiques, à Zurich (1565) ; 4° dans la *Vita Conradi Gesneri* de C. Schmiedel, placée en tête du volume des *Opera botanica* de Conrad Gesner. Nuremberg, 1751-1770. 2 parties en un volume in-f°. Cette biographie, écrite en latin, est la plus étendue et la plus complète que nous connaissions. C'est à cette source que nous avons principalement puisé pour cette *Étude*.

PIERRE COUDENBERG (1)

NATURALISTE BELGE.

La Société de pharmacie d'Anvers qui, l'année
dernière, célébra d'une manière si éclatante le vingt-
cinquième anniversaire de sa fondation, vient de se
signaler cette année par une solennité ayant pour
objet l'inauguration de la statue de PIERRE COUDEN-
BERG, apothicaire et botaniste anversois, que sa patrie place avec justice parmi les pères de la pharmacie moderne.

Cette statue a été élevée à l'aide d'une souscription
à laquelle les autorités de la province, la plupart des
sociétés savantes de la Belgique, tout le corps médical et tous les pharmaciens d'Anvers se sont empressés de contribuer. L'inauguration a eu lieu le
17 août dernier, avec une grande solennité. La statue,
exécutée en pierre de Rochefort, par M. Jos. de
Cuyper, est érigée sur la promenade du Glacis. Elle
mesure 2^m,90 de hauteur, et l'élévation totale du
monument est de 6 mètres. Coudenberg est représenté debout. De la main droite il tient un faisceau
de plantes, et il appuie la main gauche sur des livres
posés à côté de lui sur un mortier. Ce fait nous a

(1) *Notice lue, le 13 novembre 1861, à la séance de rentrée de
l'École supérieure de pharmacie et de la Société de pharmacie de
Paris réunies.*

paru si considérable et si rare, si honorable surtout pour la pharmacie, que nous saisissons l'occasion de l'annoncer ici, en donnant une courte notice sur le personnage trop inconnu qui en a été l'objet. Nous empruntons les éléments de cette notice aux discours qui ont été prononcés à la cérémonie, à deux notes publiées par M. le docteur Broeckx, d'Anvers, mais surtout à une excellente dissertation biographique dont l'auteur est M. Victor Pasquier, pharmacien principal et directeur de la pharmacie centrale de l'armée belge.

L'année de la naissance de Coudenberg et celle de sa mort n'ont pu être établies d'une manière bien précise, mais on sait qu'il naquit à Anvers, de 1520 à 1525, et qu'il vivait encore en 1590. Il était, par conséquent, contemporain du vénérable fondateur de cette école, Nicolas Houël, dont la vie s'est écoulée tout entière dans le cours du xvie siècle, qui fut aussi l'un des pères de la pharmacie moderne et l'une des gloires de cette profession.

Coudenberg avait fait d'excellentes études classiques. Il était doué instinctivement d'un goût très-vif pour l'horticulture et pour l'histoire naturelle. Il n'en fallait pas davantage pour le décider à étudier la pharmacie et à s'établir à Anvers (1). A cette époque, les sciences physiques étaient encore dans l'enfance, et ceux qui s'adonnaient à leur étude ne disposaient pas des nombreux moyens d'instruction que nous possédons aujourd'hui. La médecine et la pharmacie étaient encore dominées par l'autorité des écoles arabes;

les sciences naturelles restaient sous l'influence de
la philosophie d'Aristote, et les botanistes bornaient
leurs prétentions à connaître les plantes citées par
Théophraste et Dioscoride. Coudenberg, dont l'esprit
élevé et judicieux devançait les idées de son siècle,
s'efforça de sortir de ce cercle étroit. Il tenta de
réformer la pharmacie de son époque, et, botaniste
ardent, il introduisit dans son pays un grand nombre
d'espèces étrangères, surtout celles que la découverte récente du nouveau monde venait de faire connaître à l'Europe. Aussi, à peine arrivé à une certaine aisance, son premier soin fut-il de créer, pour
son propre usage, un jardin contenant, outre les
plantes usuelles, tous les végétaux exotiques qu'il
put se procurer. Ce jardin, fondé vers 1548, rassemblait déjà, dix ans plus tard, plus de 600 plantes
étrangères.

Au xvie siècle, les pharmaciens n'avaient encore
d'autre Code, d'autres guides qu'un certain nombre
de formulaires ou d'antidotaires écrits par quelques
médecins. L'un des plus estimés était le *Dispensatorium pharmacorum omnium, quæ in usu potissimum
sunt*, publié en 1535 par Valerius Cordus, à Nuremberg (2).

Cet ouvrage n'avait été réimprimé qu'une seule
fois, quatre ans après la mort de l'auteur, arrivée en
1544, et l'on y avait joint des remarques de peu de
valeur. Coudenberg était fort lié avec Plantin, le célèbre imprimeur d'Anvers, qui, voulant donner une
nouvelle édition de l'ouvrage de Val. Cordus, pria

son ami d'y faire des annotations. Celui-ci se mit à
l'œuvre, mais il y trouva tant d'erreurs, d'omissions,
tant de corrections nécessaires (*ineptas quorumdam
reprehensiones*), qu'il dut en faire en quelque sorte
un ouvrage nouveau. Il revit le texte, combla les
lacunes, corrigea les remarques, ou plutôt les rem-
plaça par celles que lui suggérèrent ses profondes
connaissances et sa longue pratique.

Coudenberg était très-érudit. Il cite dans ses *Commentaires* les écrivains grecs, romains, perses et arabes. On voit qu'il a sérieusement étudié les œuvres de
Galien, de Paul d'Égine, de Mésué, de Myrepsus,
d'Avicenne, d'Aëtius, de Scribonius Largus, etc.
Non-seulement il les citait avec exactitude, mais il
comparait les témoignages et les critiquait avec une
grande sévérité de logique. Tous les naturalistes ses
contemporains en parlent avec estime et respect.
Il était l'homme de son siècle le plus versé dans
l'histoire de la matière médicale ; en un mot, dit
M. V. Pasquier, il était le Guibourt de son temps.

Le *Dispensatorium* de Valerius Cordus, annoté par
Coudenberg, devint aussitôt le code habituel des pharmaciens. Aucun ouvrage de ce genre n'eut un pareil
succès avant l'apparition de ceux de Lémery et de Charas. Il fut réimprimé quatorze fois dans l'espace d'un
siècle, la dernière édition connue étant de 1662 (1).
Il fut traduit du latin en français, en flamand et en
hollandais.

(1) Le *Cours de chimie de Lémery* eut trente et une éditions,
de 1675 à 1756, et sa *Pharmacopée* huit éditions, de 1697 à 1763.

Ici peut-être devrait se placer une discussion à laquelle M. Pasquier a attaché une certaine importance, en établissant comme incontestable que Coudenberg est le premier pharmacien qui ait écrit sur son art. Notre confrère remarque judicieusement que, jusquelà, les médecins s'étaient crus seuls en droit de poser des préceptes relatifs à la pharmacie. Toutefois, sans s'arrêter au catalogue des pharmacopées de MM. Henri et Guibourt, on pourrait facilement contester que le travail de Coudenberg, qui à la vérité précéda de quatre-vingt huit ans celui de Michel du Seau (1), soit le premier formulaire écrit par un homme de la profession. Ainsi, en 1535, le collége des apothicaires de Barcelone, qui existait déjà en 1353, publia la *Concordia farmacopolarum Barcinonensium*, et celui de Saragosse, en 1553, la *Concordia aromatorum* et la *Farmacopœa Cœsar-Augustina*, traités complets de pharmacie qui embrassent toutes les parties de l'art. Le collége de pharmacie de Valence, qui existait dès l'année 1327, publia, vers la même date, la *Farmacopœa Valentina*. Enfin, la première pharmacopée publiée par un pharmacien est attribuée à Benedicto Matheo, qui vivait cent cinquante-neuf ans avant Michel du Seau, et cent ans avant Coudenberg. C'est du moins ce qu'affirment MM. V. Chiarlone et C. Mallaïna, dans leur *Histoire de la pharmacie* en Espagne (2).

Il ne serait pas étonnant en effet que les Espagnols

(1) Enchiridion des miropoles ou pharmaciens. Genève, 1656.
(2) *Historia de la farmacia*. Madrid, 1847, in 8.

eussent devancé les peuples du Nord relativement
aux connaissances médicales et pharmaceutiques.
Les écoles arabes de Cordoue, Séville, Grenade,
Murcie, Tolède, Saragosse, ont produit, longtemps
avant les nôtres, des professeurs et des écrivains, à
la vérité peu connus des modernes, mais qui n'en
ont pas moins donné à la science l'impulsion la plus
vigoureuse et la plus féconde. Ajoutons que la découverte du Nouveau-Monde, dont les productions
arrivèrent d'abord par le Portugal et l'Espagne, leur
permit d'accroître considérablement, et avant tout
le reste de l'Europe, leurs richesses et leurs connaissances en matière médicale. Quant à nous Français, nous pourrions rappeler que Nicolas *Houël*,
qui avait été garde de l'apothicairerie de Paris, publia
en 1571 un ouvrage intitulé : *Pharmaceutices, libri
duo*, et en 1573 un traité *de la Thériaque et du Mithridate*. Mais j'abandonne volontiers cette question,
qui me paraît d'ailleurs peu grave et qui n'a à mes
yeux qu'un intérêt purement historique. J'avoue que
j'attache peu d'importance aux débats de priorité et
même de nationalité en fait de science. C'est un progrès constaté, sans doute, et il peut être curieux d'en
préciser la date ; mais, qu'on le doive à un Allemand,
à un Français ou à un Belge, qu'il ait surgi en deçà
ou au delà du Rhin, de l'Escaut ou de la Manche, peu
importe, à le bien prendre, à la marche générale et
philosophique de l'esprit humain. Les hommes de
talent et de génie appartiennent à toutes les nations,
c'est-à-dire à l'humanité tout entière. Leurs travaux

sont un héritage auquel tout le monde a le même droit, quels qu'en soient la source et le point d'origine. Le gouvernement français a plus d'une fois proclamé cette vérité, en honorant les savants de tous les pays, et tout récemment encore, en décorant les professeurs Bunsen et Kirchhoff, d'Heidelberg, à l'occasion de leur belle découverte de l'analyse élémentaire par le prisme et les radiations lumineuses.

Coudenberg travaillait depuis longtemps à un ouvrage complet et *ex professo* sur toutes les parties de son art. Cet ouvrage, dont il annonçait la publication dans la préface de ses *Commentaires*, ne fut pas terminé, ou du moins il est resté inconnu jusqu'ici.

Le dispensaire officiel qui suivit immédiatement celui de Valerius Cordus fut la *Pharmacopée de Nuremberg*, qui eut quatre éditions successives de 1592 à 1666, mais dont le livre de Cordus, commenté par Coudenberg, fut toujours la première base. Il en est de même de la pharmacopée d'Augsbourg et de toutes celles qui parurent dans la première moitié du XVIe siècle. Voilà ce qu'a fait Coudenberg pour la pharmacie ; nous allons dire ce qu'il fit pour la botanique et l'histoire naturelle médicale.

On sait qu'au XVIe siècle, la botanique philosophique ou spéculative n'existait point. Malgré diverses tentatives de nomenclature et de classification, on n'avait encore aucune idée d'ensemble sur le règne végétal, on ne connaissait rien des affinités et des connexions qui unissent les plantes. Pour les

gens du monde, les fleurs n'étaient qu'un objet de
curiosité ; on ne les recherchait guère que pour servir de modèle aux broderies, alors fort à la mode.
Pour les médecins, les plantes n'avaient d'intérêt
que comme médicaments ; aussi n'étaient-elles ran-
gées dans les livres que dans l'ordre de leurs propriétés médicales. Tout restait donc à faire à ce sujet.
Cependant quelques vrais botanistes avaient déjà
surgi, en Belgique notamment. Coudenberg, qui était
habile horticulteur, et qui pratiquait de ses mains la
culture des plantes qu'il tirait à grands frais de toutes
les parties du monde, dut fournir de précieux matériaux aux ouvrages de Dodoëns, de l'Obel (1), de l'É-
cluse, car il n'existait pas encore de jardins botaniques, même dans les universités. Aussi tous les
botanistes du temps citent-ils avec les plus grands
éloges les collections, le zèle et le profond savoir du
pharmacien d'Anvers (3).

A cette époque on employait peu de médicaments
tirés de la chimie. L'étude des plantes était par conséquent le fond principal des connaissances pharmaceutiques. Aussi est-il bien reconnu que la fondation
des premiers jardins botaniques est due à l'initiative
des pharmaciens des xvie et xviie siècles. C'est ainsi
que N. Houël créa le premier en France, en 1577, son
jardin des simples que, de la place où nous sommes,
nous avons encore sous les yeux, et cela cinquante
ans avant la fondation du jardin royal des plantes ;

(1) *Nobis impertivit singularis amicus Coudenbergius.* (De
l'Obel.)

que Basile Besler, apothicaire de Nuremberg, après
en avoir établi un pour lui-même en 1535, en fonda
successivement trois autres : celui de l'Université de
Giessen, le célèbre jardin d'Aichstaedt (*hortus Æste-
tensis*) et celui d'Altdorf, en Bavière. C'est ainsi
qu'Albert Séba, pharmacien d'Amsterdam, que Ta-
bernæ Montanus, apothicaire de Wissembourg, et
Pétiver, de Londres, formèrent non-seulement de
vastes jardins, de riches cabinets particuliers ou publics, mais encore qu'ils publièrent de magnifiques
ouvrages d'histoire naturelle, enrichis des plus belles
gravures alors connues. Enfin, c'est ainsi que Cluyt,
apothicaire de Leyde, fonda en 1577 le jardin de
l'Université de cette ville, jardin célèbre qui existe
encore, et qui fut illustré après lui par le professorat
de Boerhaave.

Les plus célèbres botanistes de l'époque, qui visi-
tèrent le jardin de Coudenberg, en font le plus pom-
peux éloge. Guichardin l'appelle le *noble jardin* du
pharmacien d'Anvers (*il nobil giardino*). L'Obel le
nomme à plusieurs reprises *hortus ditissimus, cultis-
simus stirpium exoticarum;* Dodoëns et l'Écluse rapportent la plupart de leurs descriptions aux espèces
cultivées par Coudenberg, et Conrad Gesner inséra
dans son livre intitulé : *Les Jardins de l'Allemagne* (*De
hortis Germaniæ*), les principales plantes étrangères
dont il devait la description et la synonymie au botaniste anversois.

M. V. Pasquier cite en effet une longue liste de
plantes, alors très-peu connues, que Coudenberg

inscrivit dans son catalogue, par exemple, le gatti-
lier (1), l'arbre de Judée (2), l'azédarach (3), le ba-
guenaudier (4), le cyprès pyramidal (5), le glaïeul (6),
l'héliotrope (7), l'hémérocalle jaune (8), l'opopanax (9), la mélongène (10), le grenadier (11), le nar-
cisse (12), l'origan d'Héraclée (13), le pistachier (14),
la tomate (15), le sumac (16), l'arbousier (17), la scille
maritime (18), la staphysaigre (19), le caroubier (20),
le cotonnier (21), le jujubier (22) et une foule d'autres;
mais il s'attache surtout à prouver que trois plantes
d'une assez haute importance lui doivent leur introduction en Europe : ce sont l'*agave americana*, la *scor-
sonère d'Espagne* et le *dragonier* (Dracæna Draco,
L.). Feu le professeur Morren a consacré à la mémoire de Coudenberg une fort belle *potentille atro-
purpurine*, spécialement cultivée par les horticul-
teurs d'Anvers.

Nous devons ajouter que Coudenberg avait imaginé les moyens de conserver pendant l'hiver les
plantes originaires des contrées méridionales en leur
donnant un abri souterrain, ce que Gesner a nommé

(1) *Vitex agnus castus*, L. — (2) *Cercis siliquastrum*, L. —
(3) *Melia azedarach*, L. — (4) *Colutea arborescens*, L. — (5) *Cu-
pressus sempervirens*, L. — (6) *Gladiolus communis*, L. — (7) *He-
liotropium europæum*, L. — 8) *Hemerocallis flava*, L. — (9) *Pas-
tinaca opopanax*, L. — (10) *Solanum melongena*, L. — (11) *Punica
granatum*, L. — (12) *Narcissus poeticus*, L — (13) *Origanum
heracleoticum*, L. — (14) *Staphylea pennata*, L. — (15) *Solanum
lycopersicum*, L. — (16) *Rhus typhinum*, L. — (17) *Hippophaë
rhamnoides*, L. — (18) *Scilla maritima*, L. — (19) *Delphinium
staphysagria*, L. — (20) *Ceratonia siliqua*, L. — (21) *Gossypium
herbaceum*, L. — (22) *Rhamnus ziziphus*, L.

locum hypogœum, ce que Ch. Morren appelle un *con-*
servatoire, et ce que M. V. Pasquier n'hésite pas à
regarder comme une *serre* ou une *orangerie ;* en sorte
qu'il rapporterait au bon pharmacien anversois la
première idée de l'acclimatation des plantes et même
l'invention des *serres tempérées,* lesquelles portent
encore le nom de *serres flamandes,* parce que, suivant
le témoignage de l'Obel, elles ont été d'abord pra-
tiquées en Belgique.

Il paraît donc bien établi que Coudenberg est l'un
des hommes qui, au xvie siècle, ont le plus contribué au progrès de la botanique générale ; qu'il introduisit en Belgique un nombre considérable de
végétaux étrangers, et que, horticulteur aussi habile
que zélé, il travailla avec un véritable succès à l'acclimatation des plantes exotiques ; enfin, que, comme
pharmacien, il devança réellement son siècle et donna
un vif élan à l'évolution de cet art, et par son exemple et par ses travaux.

Un dernier mot suffira pour montrer ce personnage éminent sous un nouvel et intéressant aspect.
Dans plusieurs épidémies qui sévirent dans les Flan-
dres, durant la seconde moitié du xvie siècle, Coudenberg se signala par son dévouement au bien public ; il seconda heureusement l'édilité dans ses
efforts pour combattre le fléau ; il distribua gratuitement des médicaments aux malades et des secours
de toute espèce aux indigents. Mais ce mouvement
de générosité est si général, si habituel chez les
pharmaciens, que j'ose à peine le citer à titre d'éloge,

bien qu'il caractérise d'une manière particulière le savant citoyen dont s'enorgueillit à juste titre la cité d'Anvers.

Comme on le voit, l'existence de Coudenberg fut peu fertile en événements. Aussi n'est-ce point un panégyrique, un éloge solennel, mais une simple mention d'honneur que réclamait un tel personnage. Sa vie s'est écoulée tout entière dans le lieu qui l'avait vu naître et qui le vit mourir. Ses travaux se partagèrent entre les soins de son officine et l'étude de ses collections ; ses voyages se bornèrent à aller chaque jour de son laboratoire à son jardin botanique. On ne dit point s'il se maria et s'il eut des descendants ; mais on sait qu'il fut généreux, modeste, laborieux, passionné pour son art. Nul doute qu'il n'ait été heureux, puisqu'il vécut selon ses goûts, considéré, respecté de ses concitoyens et de tous les savants qui le connurent. Ce n'est donc pas à une illustration hors ligne que la ville d'Anvers vient de dresser une statue, c'est tout simplement à un homme de bien, recommandable avant tout par son humanité, par sa haute intelligence, par son goût ardent pour une science qui n'existait pas encore, mais dont il hâta les développements à l'aide d'un travail consciencieux et incessant. C'est à peine si son nom figure dans les biographies, et si les annales de la science, qu'il servit avec tant de zèle, en conservent la mémoire ; bien peu d'entre nous même ont entendu prononcer son nom. Mais qu'importe à celui qui pratique en silence un art qu'il aime et les vertus

qui le font aimer ? Les hommes de cette trempe
sont moins rares qu'on ne le suppose, surtout parmi
ces professions que Virgile appelait *muettes et sans
gloire* (1) : Médecins, naturalistes, pharmaciens,
magistrats, professeurs... que d'hommes d'un vrai
mérite, restés ignorés parce qu'ils ne cherchèrent
point à attirer les regards de la foule, pourraient
ainsi être signalés à la reconnaissance publique !
Heureusement, leurs talents et leurs vertus laissent
toujours quelques traces que l'histoire, à un jour
donné, recueille avec bonheur, afin de remettre leur
nom en lumière, de les honorer dignement et de les
présenter en exemple à leurs jeunes successeurs.

(1) Ille (Japis), ut depositi proferret fata parentis,
Scire potestates herbarum, usumque medendi
Maluit, et *mutas agitare inglorius artes.*

(VIRG., *Æneid.*, l. XII).

NOTES

(1) La pharmacie de Coudenberg était située à Anvers, dans la rue Klapdorp. Elle avait pour enseigne : *A la cloche*, suivant l'Écluse (*ad Campanæ symbolum*), ou *A la vieille cloche*, comme l'a écrit Conrad Gesner (*ad insignem Campanæ veteris*).

Aux xve, xvie et même xviie siècles, les gens du peuple sachant rarement lire, on désignait généralement les magasins et même les rues par une enseigne. Cet usage s'est conservé, en s'affaiblissant, jusqu'à nos jours, sinon chez les pharmaciens, au moins chez les droguistes. La pharmacie de Moïse Charas avait pour enseigne : *Aux Vipères d'or*. Une ancienne pharmacie de Lyon qui, je crois, existe encore, avait pour symbole : *A la Licorne*. A Lisieux, l'enseigne des *trois Cornets* était celle d'un apothicaire. A Sillé-le-Château (Sarthe), sur le pilier d'angle d'une maison du xvie siècle, on voit un bas-relief représentant un personnage pilant dans un mortier, le tout peint en vert, avec ces mots gravés : *Au Pilier vert*. C'était l'enseigne d'un pharmacien.

En Hollande, les pharmaciens et les droguistes avaient généralement pour enseigne une *tête* sculptée, coiffée à la turque, faisant mine d'avaler quelque chose de désagréable, comme une pilule ou une boisson amère. Cet usage subsiste encore.

(2) Valerius Cordus, né à Simtshausen, dans la Hesse, en 1515, était fils d'Euricius Cordus, savant médecin du xve siècle, d'abord professeur de poésie et d'éloquence à Erfurth. Valérius étudia aussi la médecine, mais s'appliqua plus spécialement à la botanique. En 1542, il partit pour l'Italie, où, après deux années de séjour, il mourut à Rome, des suites d'un coup de pied de cheval, en 1544. Il n'était âgé que de vingt-sept ans, et avait déjà publié plusieurs ouvrages de médecine et d'histoire naturelle. Il avait l'habitude de signer son nom à l'aide d'une sorte de rébus,

composé d'un cœur (*cor*), auquel il ajoutait la syllabe *dus*, ce qui a fait croire à quelques écrivains qui avaient pris ce cœur pour un O, qu'il s'appelait Odus. Plumier a dédié à V. Cordus le genre *Cordia*.

(3) Le jardin de Coudenberg était situé dans le village de Borgerhout, hors la porte de Kipdorp, près de l'église de Saint-Willebrord, non loin du jardin zoologique actuel et de la promenade du Glacis, où s'élève sa statue.

PHILIBERT COMMERSON

NATURALISTE VOYAGEUR.

Justum et tenacem propositi virum.
(HORAT.)

Vers le milieu du XVIIIe siècle, un jeune naturaliste, plein de zèle, d'ardeur et de savoir, employait ses rares loisirs à composer un ouvrage ayant pour titre : le *Martyrologe de la Botanique*, et il écrivait à l'un de ses amis qu'un jour, sans doute, il figurerait lui-même dans cette triste et glorieuse nomenclature. Sa prévision devait fatalement se réaliser, car il mourut à l'âge de quarante-six ans, épuisé de travail et de fatigues, séparé par tout un hémisphère de sa famille, de ses amis, de son pays natal, en léguant à sa patrie les fruits de ses laborieuses recherches, ainsi que l'exemple d'une courte et pénible existence, dévouée tout entière à l'étude de la nature.

Ce naturaliste était PHILIBERT COMMERSON, nom justement célèbre dans les fastes de la science, bien que l'homme illustre qu'il représente soit personnellement trop peu connu. Ses découvertes sont des plus nombreuses et des plus importantes ; ses col-

6.

lections, qui existent encore au Muséum de Paris, figurent parmi les plus précieuses richesses que possède cet établissement. On ne trouve quelques détails sur sa vie que dans un *Éloge* que l'astronome Lalande publia, en 1775, dans le *Journal de physique* de l'abbé Rosier. Cet éloge est la source à laquelle les biographes ont tous recouru, tantôt en le copiant, tantôt en l'abrégeant avec plus ou moins d'habileté et d'exactitude. J'y ai puisé moi-même d'intéressants détails; toutefois, d'autres documents sur ce noble martyr de la science restaient épars dans sa correspondance, dans les papiers, dans les souvenirs rassemblés par sa famille, dans les archives du Muséum, ou dans quelques recueils aujourd'hui devenus assez rares.

Presque compatriote de cet homme si recommandable, je me suis appliqué à réunir tous ces éléments, afin de rappeler Commerson à la mémoire de nos contemporains, et aussi pour reproduire quelques fragments de ses longs voyages et ses observations, qui méritent hautement d'être conservés à la postérité.

I

PHILIBERT COMMERSON naquit à Châtillon-lez-Dombes (Ain), le 18 novembre 1727. Son père était notaire et conseiller du prince de Dombes (1). Philibert était l'aîné de sept frères, et fit une partie de ses études classiques à Bourg en Bresse. Un cordelier, le père Garnier, son professeur de troisième, qui l'avait pris en amitié, lui donna dans ses promenades quelques notions de botanique. Il n'en fallut pas davantage pour décider en lui une irrésistible vocation.

Après avoir fait à Bourg deux années de rhétorique, il alla achever ses classes à Cluny, en Mâconnais, où existait alors un collége célèbre, dirigé par les Bénédictins (2). Ses parents le destinaient au barreau, mais, à peine rentré dans sa famille, il déclara qu'il n'avait aucun goût pour la jurisprudence, tandis qu'un penchant bien prononcé l'entraînait vers l'étude de la médecine et surtout de l'histoire naturelle. Son père, vivement contrarié dans ses projets d'avenir pour son fils, ne se décida que l'année suivante à le voir changer de carrière et à l'envoyer prendre ses grades à Montpellier. C'était vers la fin de l'année 1747.

Commerson était d'une complexion telle, qu'un simple goût devait bientôt chez lui se changer en une véritable passion. Ardent au travail comme au plaisir, ses simples jeux dégénéraient trop souvent en excès et en violences. Il ne tardait pas à s'en repentir et, revenu à la raison, il s'enfermait pour quelque temps d'une manière absolue ; le goût de l'étude reprenait alors ses droits et il faisait des progrès rapides. Il s'occupait déjà de former un herbier qui devait l'emporter en nombre et en rareté sur tous les herbiers connus jusqu'à lui. Pour y parvenir et afin d'enrichir sa collection, il ne respectait rien et ne reculait devant aucune difficulté. Il était toujours en guerre avec les professeurs (3) et surtout avec les jardiniers, dont il ravageait les plantations, à ce point que l'on dut lui interdire l'entrée du jardin botanique de la Faculté. Mais cela ne l'arrêtait point, et quand il ne pouvait se procurer ouvertement les plantes qu'il ambitionnait, il n'hésitait pas à escalader les murs de l'école pendant la nuit, au risque des plus vives remontrances et même de plus d'un danger.

Pourvu du grade de docteur, Commerson passa encore quatre années à Montpellier, avant de rentrer dans sa famille, herborisant avec ardeur dans les Cévennes, dans les Pyrénées, sur le littoral de la mer, en Provence et dans les Alpes. Tant de zèle et de savoir l'avaient déjà signalé de toutes parts comme un naturaliste exceptionnel. Le professeur Gouan l'avait fait connaître à Linnée, et celui-ci ayant reçu de la reine de Suède l'ordre de s'occuper d'une description des poissons de la Méditerranée, chargea Commerson d'entreprendre ce travail. Le jeune naturaliste y répondit avec empressement, et il en résulta bientôt une ichthyologie méditerranéenne presque complète, au sujet de laquelle la reine le combla de félicitations et de présents.

En 1755, il entreprit un voyage en Savoie, puis en Suisse, où il alla faire connaissance avec M. de Haller (4). Revenu au pays natal, il ne tarda pas à se rendre en Bourgogne et dans le Bourbonnais, pour étudier les plantes qui habitent les versants de la chaîne de montagnes qui sépare la vallée de la Saône des bassins de la Loire et de l'Allier. Il s'arrêta à l'abbaye de Sept-Fonds, dans le Charolais, où l'un des religieux lui montra, à son grand étonnement, un herbier et un jardin botanique des plus remarquables. Il alla ensuite visiter les bains de Bourbon-Lancy. Un de ses parents était curé de Toulon-sur-Arroux, petite ville du même canton. C'est là qu'il fit la connaissance d'une famille honorable dans laquelle il choisit plus tard une compagne, ce qui le décida à se fixer pendant quelques années, comme médecin, dans cette localité.

Commerson était lié depuis l'enfance avec Lalande, son compatriote, devenu depuis un astronome célèbre, et qui déjà s'était fait dans la science une position distinguée. Il écrivait souvent à cet ami; ses lettres, empreintes du plus vif enthousiasme pour la botanique, étaient communiquées par Lalande à Bernard de Jussieu qui prit dès lors une haute idée du jeune naturaliste, et ces deux savants se concertèrent pour l'attirer à Paris.

En attendant, Commerson, revenu à Châtillon (1758), y avait rassemblé un nombre considérable de plantes étrangères ; il y avait créé une sorte de jardin botanique et s'était lié, soit directement, soit par correspondance, avec les hommes qui, autour de lui, partageaient les mêmes goûts (3).

Mais déjà les ressources du pays natal ne suffisaient plus à son ardente curiosité. Il méditait des voyages lointains et cherchait à y entraîner ses amis. Le mont Pilat, près de Saint-Étienne, le mont Dore, les Pyrénées, les Alpes l'avaient déjà vu bien des fois gravir leurs sommets et parcourir leurs vallées ; mais sa soif de curiosité était devenue infatigable. Sans autre dessein que d'augmenter ses connaissances, il se livrait aux courses les plus aventureuses et s'exposait parfois aux plus graves dangers. « Je prévoyais dès lors, dit Lalande, que l'historien des martyrs de la science en augmenterait un jour le nombre, en le voyant, même dans sa province, sans occasion, sans émulation, sans société, sans secours, passer des semaines entières, jours et nuits, sans interruption, sans sommeil et sans repos, appliqué à ses recherches de botanique, à l'examen et à l'arrangement des richesses que ses herborisations lui avaient procurées ou que ses correspondances lui avaient acquises. On l'a vu cracher le sang après quelques semaines d'un pareil travail. On le trouvait souvent avec sa lumière longtemps après le lever du soleil, sans qu'il se fût aperçu de la renaissance du jour. »

Commerson partait le plus souvent seul, presque sans argent et sans provisions. Il revenait malade, blessé, meurtri de ses chutes, exténué par la violence de ses exercices et par l'ardeur qu'il apportait à ses recherches. Un jour, comme Absalon, il resta suspendu par sa chevelure au-dessus d'un torrent. Il ne parvint à se tirer d'affaire qu'en s'arrachant les cheveux, et en tombant dans la rivière, au risque de se noyer. Une autre fois, il ne se mettait à l'abri d'une cascade qu'en roulant dans un précipice. En Dauphiné, près de la grande Chartreuse, il fut mordu

à la jambe, sur une ancienne blessure, par un chien
que l'on crut enragé, ce qui l'obligea à garder le lit
pendant trois mois.

Ce naturaliste offre à coup sûr l'exemple le plus
étonnant du zèle, du courage et de l'abnégation que
peuvent inspirer la curiosité et le goût de l'histoire
naturelle. La simple indication d'un jardin botanique, d'un riche herbier, ou simplement d'une plante
nouvelle, lui suffisait pour entreprendre un voyage.
Il poursuivit longtemps et finit par découvrir en Au-
vergne, chez un pharmacien de petite ville, l'herbier
du botaniste Charles, médecin de Gannat, qui avait
accompagné Tournefort dans son voyage au Levant.
Il en obtint les doubles, qu'il classa et qui font encore
partie des plantes qu'il légua au Jardin du Roi.

Commerson épousa, en 1760, mademoiselle Antoinette-Vivante Beau, de Toulon-sur-Arroux, en
Charolais. Cette union fut des plus heureuses. En
1762, il en eut un fils qui, malheureusement, coûta
la vie à sa mère (6). Il dédia plus tard à cette char-
mante personne, sous le nom de *Pulcheria Commersonia*, un genre nouveau. Le fruit de cette plante renferme deux semences réunies et cordiformes. C'était
à la fois un ingénieux emblème et un touchant souvenir.

Le chagrin qu'il éprouva de la perte de sa femme
et les sollicitations de ses amis finirent par le déterminer, en 1764, à venir à Paris. A peine arrivé, il
fut vivement apprécié par tous les botanistes. On
songea à l'attacher, comme naturaliste, à la Ména-

gerie du Roi ; mais l'abbé Lachapelle et Poissonnier,
de l'Académie des sciences, le signalèrent à M. de
Praslin, ministre de la marine, qui désirait envoyer
une expédition aux terres australes, sous le commandement de M. de Bougainville, avec la mission
d'y faire des recherches d'histoire naturelle. Commerson prépara sur ce sujet et présenta au ministre
un projet remarquable qui servit depuis d'instruction et de guide pour les voyages du même genre (7).
Dans une lettre où il parlait de ce projet à son ami
Bernard, il disait : « Je ne m'oblige pas de réaliser
« tout le projet que je propose; j'en exécuterai ce
« que je pourrai. Je considère l'histoire naturelle
« comme un vaisseau qu'on a commencé d'appareil-
« ler. Déjà quelques voiles sont mises; j'y en ajou-
« terai deux peut-être. Mettra la dernière et prendra
« le gouvernail qui pourra. »

M. de Bougainville partit de la rivière de Nantes,
le 15 décembre 1766, sur la frégate *la Boudeuse*, et
fut dès son départ en butte à une violente tempête
qui le força de relâcher à Brest. Commerson, à peine
rétabli d'une pleurésie causée par un excès de travail et par quelque aggravation de sa plaie à la
jambe, alla le rejoindre un peu plus tard (8). « Ma
« santé, écrivait-il à M. Bernard en partant, n'est
« plus cette santé athlétique que vous m'avez connue
« autrefois. Mais qu'importe? qu'elle suffise ou non,
« l'âme doit regagner en force tout ce que le corps
« y perd. Je serai peut-être mangé par les soles ou
« par les requins..... Les vers m'auraient-ils plus

« épargné ? Quand vous recevrez cette lettre, je serai
« parti, et sous les meilleurs auspices. J'ai été ici
« l'enfant gâté de tout le monde. On m'écrit de Paris
« les choses les plus encourageantes. On m'annonce
« pour mon retour le cordon de Saint-Michel, des
« places, des pensions..., toutes les portes, me dit-
« on, me seront ouvertes ! Mais la plus belle pour
« moi sera celle par laquelle je rentrerai en Europe. »

Au moment de partir pour cette expédition, et
dans la prévision des éventualités qu'elle pouvait
entraîner pour lui comme pour sa famille, il voulut
faire son testament. Commerson avait alors trente-
neuf ans. Il laissait en France son jeune fils, âgé de
quatre ans et demi. Ce testament, extrêmement
curieux, daté du 15 décembre 1766, fut imprimé
en 1774 sous le titre de *Testament singulier de
M. Commerson*. Nous le rapportons intégralement
dans l'Appendice qui doit faire suite à cette étude,
parce que cette pièce est devenue excessivement
rare, et qu'elle honore son auteur à divers points de
vue. On y remarquera surtout que c'est à Commerson qu'est due la première idée de la fondation
d'un *Prix de vertu*. C'est là bien évidemment que
M. de Montyon a puisé la pensée de ses institutions
admirables, dont la date ne remonte qu'à 1782, c'est-
à-dire seize ans après. Plus heureux que notre naturaliste, M. de Montyon put renouveler sa fondation
après les désastres révolutionnaires, et sa fortune
comme sa libéralité, lui permirent de l'étendre à
plusieurs autres actes. Mais la gloire en remonte

9

à Philibert Commerson d'une manière si positive, que nous devons nous empresser de la lui rapporter. Les termes dans lesquels il l'exprime au paragraphe 3 de son testament, ne sauraient laisser aucun doute sur ce point. Voici ce paragraphe :

« Je fonde à perpétuité un prix de *morale*, qui
« sera appelé *Prix de vertu*, et qui consistera dans
« une médaille de 200 livres, portant pour légende :
« Virtutis practicæ præmium, et sur le revers : Vovit
« immeritus P. C. (Philibert Commerson); laquelle
« médaille sera délivrée tous les ans, au premier
« jour de janvier, à quiconque, de quelque condition,
« sexe, âge et province du royaume qu'il puisse
« être, qui, dans le cours de l'année précédente, aura
« fait, sans pouvoir être soupçonné d'ambition, de
« vanité ou d'hypocrisie, la meilleure action con-
« nue, dans l'ordre moral et politique, telle, par
« exemple, qu'un généreux sacrifice de ses intérêts
« personnels vis-à-vis d'un malheureux, la libération
« d'un prisonnier opprimé pour quelques dettes
« considérables, mais désastreuses, le relèvement
« de quelque honnête famille ruinée, surtout à la
« campagne, la dotation de quelque orphelin de
« l'un et de l'autre sexe, l'établissement de quelque
« banque où l'on prêterait aux nécessiteux sans gage
« ni intérêts, la construction d'un port dans un en-
« droit nécessaire, mais échappé à la vigilance du
« gouvernement, enfin pour tout acte extraordinaire
« de piété filiale, d'union fraternelle, de fidélité con-
« jugale, d'amour honnête, d'attachement domes-

« tique, de réconciliation, de reconnaissance, d'a-
« mitié, de secours à son prochain, de courage dans
« les périls publics .... » (*Voir l'Appendice*.)

Après trois mois de traversée, on arriva au mois
de mai à Montevideo. Bougainville en était déjà parti
sans donner d'indication précise sur la route qu'il
comptait tenir. Ce ne fut qu'au retour des frégates
qui l'avaient laissé aux îles Malouines qu'on se décida
à l'aller rejoindre au Brésil. L'atterrissement fut difficile. Un tourbillon affreux fut sur le point d'engloutir le vaisseau, à 50 ou 60 lieues du cap Frioul,
au-dessus du Paraguay. Le pays qu'il aborda était
soumis aux Espagnols. « Reçus à bras ouverts, écri-
« vait-il, par les gens les plus hospitaliers du monde,
« plongés dans l'abondance, nous n'avions rien à dé-
« sirer que de jouir quelque temps de ce repos, mais
« nous savions que M. de Bougainville était vivement
« inquiet sur notre compte. » Il fallut donc remettre à
la voile pour Rio-Janeiro où l'on arriva en peu de jours.

Commerson et ses compagnons, ralliés par la frégate *la Commandante*, crurent d'abord relâcher dans
le paradis terrestre de l'Amérique; mais toutes
sortes de disgrâces les attendaient à terre. Autant
on avait eu à se louer des Espagnols, autant on eut à
se plaindre des Portugais. Peu de jours après leur
arrivée, l'aumônier du navire fut assassiné; on in-
sulta les matelots et les domestiques, on alla jusqu'à
provoquer les officiers. Bougainville lui-même fut
sur le point d'être arrêté par les ordres du vice-roi,
qui s'était effrayé de voir dans le port trois vaisseaux

français, en souvenir de l'expédition de Duguay-Trouin. Pour le rassurer, on déposa en vain les poudres dans les magasins portugais, ce qui n'empêcha pas les officiers de demander hautement raison de ces mauvais traitements et de faire trembler le vice-roi jusque dans son palais.

En quittant Rio-Janeiro, l'expédition rentra dans la rivière de la Plata, qu'elle remonta jusqu'à Buénos-Ayres, capitale de cette province. Une voie d'eau qui s'était déclarée dans un de leurs vaisseaux, les força de s'y arrêter quelque temps. Le vice-roi proposa à Commerson de l'accompagner à Lima, capitale du Pérou, en traversant par terre tout le continent de l'Amérique. Commerson eût pu rejoindre ainsi l'expédition dans la mer du Sud, mais il préféra partager les périls et la gloire de la flottille, qui se proposait de passer le détroit de Magellan. Les frégates, en effet, partirent au mois de novembre 1767, traversèrent la mer du Sud, en suivant l'itinéraire arrêté par Bougainville, relâchèrent à Taïti, et, à travers mille dangers, arrivèrent à l'île de France, après vingt et un mois de navigation.

Les détails de cette longue traversée sont l'objet de l'ouvrage si connu sous le titre de : *Voyage autour du monde*, par Bougainville. Leur relâche à Taïti a été le sujet de diverses relations. La description de cette île par Commerson a été publiée dans quelques recueils, après avoir été adressée par lui à plusieurs de ses amis. Nous l'avons reproduite à la suite de cette notice, d'après un manuscrit autographe qui appartient aujourd'hui à la bibliothèque de l'Académie de Mâcon (1).

Commerson trouva à l'île de France M. Poivre, alors intendant de cette colonie, naturaliste distingué, qui l'accueillit avec un vif empressement. Le ministre avait chargé Poivre de retenir Commerson quelque temps à l'île de France, puis de l'envoyer à Madagascar, où l'on songeait à faire de nouveaux établissements, pour y poursuivre des recherches analogues. Poivre joignit ses propres instances à celles du ministre, lesquelles étaient presque des ordres. On augmenta son traitement d'un tiers, on y ajouta la table et le logement à l'intendance. Bien qu'il lui en coûtât beaucoup de renoncer, pour le moment du moins, au projet qu'il avait formé de rentrer en France, après tant de maux et de périls éprouvés pendant un voyage de 10,000 lieues, il se résolut à poursuivre son ouvrage et à accomplir la tâche qui lui était en quelque sorte imposée.

Pendant son séjour à l'île de France, un jour qu'il se rendait chez lui en voiture, accompagné de quelques officiers, il fut salué, et son nom fut prononcé à haute voix par un soldat en faction. — « Qui m'a nommé? » s'écria Commerson, étonné d'être reconnu à une si grande distance de sa patrie. Le soldat s'avança et dit qu'il était le fils d'un artisan de Châtillon qui l'avait connu dans son enfance. Commerson

(1) *Philibert Commerson; Etude biographique, suivie d'un appendice.* 1 vol. grand in-8. Paris, 1861, chez V. Masson; p. 184.

l'engagea vivement à venir le voir. Le lendemain,
après les premières effusions, ayant demandé au
soldat des nouvelles de son pays et de ses parents,
ce dernier lui dit qu'à son départ il avait vu toute la
famille de Commerson en deuil, mais il ne put lui
apprendre lequel de son père ou de sa mère n'existait
plus. Notre naturaliste en fut profondément affecté,
et il exprima ses appréhensions dans une lettre touchante qu'il écrivait à son frère et que nous avons
également conservée.

Cependant, tant de zèle et d'utiles travaux ne devaient pas le mettre à l'abri de mille contrariétés
inattendues. Un jeune médecin, hautement protégé,
fut envoyé à l'île de France, sous le prétexte de
partager ses travaux. Commerson s'aperçut bien vite
qu'il avait affaire à un homme sans savoir et sans
énergie. Il fit tous ses efforts pour l'encourager, pour
le stimuler et pour l'instruire, mais il ne réussit qu'à
s'en faire un ennemi. Ce personnage écrivit à Versailles contre lui; on diminua et l'on finit par sup-
primer tout à fait son traitement. M. Poivre s'y op-
posa de toute son influence, il alla jusqu'à déclarer
qu'il le maintiendrait, fût-ce même à ses propres
dépens. Commerson refusa, mais, touché des instances de son ami, il ne voulut se venger de cette
injure qu'en redoublant de dévouement et d'ardeur.
Heureusement les démarches de Poivre furent cou-
ronnées de succès, et Poissonnier obtint que le traitement du naturaliste fût rétabli dans son intégrité.

Dès cette époque (1769), Commerson formait le

projet d'aller en Amérique pour comparer les productions de la nature dans les parallèles opposés.
« Ayant parcouru déjà tout l'hémisphère austral, il
« ne me reste, disait-il, qu'à voir le nord de l'Amé-
« rique. Si le ministre agrée ce projet, jamais on
« n'aura rien fait de plus favorable à l'avancement
« de l'histoire naturelle. Qu'on ne m'objecte pas que
« l'hémisphère boréal est déjà assez connu ; il faut
« voir du même œil pour pouvoir judicieusement
« comparer. Ma façon d'observer m'est propre, sans
« cela je ne pourrais écrire que sur parole ; je suis en
« état de prouver par une foule d'observations que
« les choses même le plus souvent vues, l'ont été
« très-mal, et qu'il y a presque autant d'erreurs à ré-
« futer que de découvertes à faire. »

Il méditait aussi, à la même date, le projet d'établir à l'île de France une académie qui eût compris
toutes les sciences, les arts, l'agriculture, etc., et il
en adressa le plan à Lalande (9), mais en même
temps il ne cessait de songer à son retour et de s'y
préparer. Il chargeait même son ami, M. Vachier,
de lui acheter, près du Jardin du Roi, une maison,
« pour y établir son cabinet, y procurer des secours
« aux étudiants et y instituer à ses frais un démons-
« trateur d'histoire naturelle, attendu que l'on n'y
« faisait point encore de leçons publiques sur l'his-
« toire des animaux et des minéraux. »

Et cependant il sentait déjà diminuer sa santé et
ses forces, mais non son courage, car à la fin de la
même année (1770), relevant à peine d'une longue

maladie, il partait pour Madagascar, afin de répondre
aux instances de Poivre et aussi pour satisfaire sa
propre curiosité. En effet, l'abondance et la nou-
veauté des récoltes qu'il fit sur cette terre insalubre,
le dédommagèrent jusqu'à certain point des dangers
et des peines qu'il y éprouva. C'est de là qu'il écrivait à son ami :

« Quel admirable pays que Madagascar ! Il méri-
« terait à lui seul, non pas un observateur ambulant,
« mais des académies entières : c'est à Madagascar
« que je puis annoncer aux naturalistes qu'est la
« véritable terre de promission pour eux ! C'est là
« que la nature semble s'être retirée comme dans un
« sanctuaire particulier, pour y travailler sur d'autres
« modèles que ceux auxquels elle s'est asservie ail-
« leurs : les formes les plus insolites, les plus mer-
« veilleuses s'y rencontrent à chaque pas. Le Dios-
« coride du Nord, M. Linnée, y trouverait de quoi
« faire encore dix éditions revues et augmentées de
« son *Système de la nature*, et finirait peut-être par
« convenir de bonne foi qu'on n'a encore soulevé
« qu'un coin du voile qui la couvre. »

« ...... Vous avez osé calculer les richesses du
« règne végétal, ajoutait-il ; votre grand législateur
« ne propose guère que 7 à 8,000 espèces de plantes ;
« on prétend que le célèbre Shérard en possédait
« une fois plus, et un calculateur moderne a cru
« entrevoir le *maximum* du règne végétal, en le por-
« tant à 20,000 espèces !... Eh bien ! je vous en ferai
« voir à moi seul 25,000, et je ne crains pas d'a-

« vancer qu'il en existe au moins quatre à cinq fois
« autant sur la surface de la terre ; car pourrais-je
« me flatter d'être parvenu à en recueillir seulement
« le quart ou le cinquième ?... »

Il s'élevait en même temps contre l'empressement
avec lequel on construisait des systèmes, avant de
posséder les pièces les plus importantes, les matériaux les plus riches de chaque série, sur lesquels
seuls on aurait pu fonder raisonnablement une classification. « Il me semble voir, disait-il, un mécani-
« cien occupé à remonter la machine de Marly, dont
« on ne lui jetterait les pièces de rapport qu'à poi-
« gnées, après en avoir soustrait les trois quarts....
« J'en conclus, ajoutait-il, qu'il faut regarder tous
« les systèmes faits et à faire pendant longtemps,
« comme autant de procès-verbaux de différents états
« de pauvreté où en étaient la science et l'auteur à
« l'époque où il les a faits (10). »

C'étaient là, en effet, autant de prévisions du génie,
car le temps, après un siècle, les a aujourd'hui plei-
nement confirmées. Et, à ce sujet, j'éprouve le besoin d'exprimer ici une pensée toute personnelle qui
m'a souvent préoccupé en réfléchissant sur les classifications en général, et particulièrement sur celles
qui se rapportent à la botanique. Nous croyons, me
suis-je dit plus d'une fois, avoir saisi le véritable système de la nature, en énumérant le petit nombre de
plantes qui sont à notre portée, que nos sens bornés
peuvent atteindre ; puis, nous avons placé le centre,
le noyau du règne végétal dans nos climats tièdes,

pauvres, presque déshérités; enfin, nous avons groupé
autour de nos plantes malingres, insipides, rabou-
gries, les végétaux gigantesques, aux formes splendides, aux propriétés puissantes, des contrées inter-
tropicales. Eh bien ! à mon sens, c'est tout le contraire
qu'il eût fallu faire ! Linnée, Jussieu, de Candolle
eussent dû s'établir dans ces climats généreux qui
donnent naissance aux plus riches produits de la
terre et du soleil, et fonder leurs systèmes sur ces
géants de la végétation qui règnent avec orgueil sur
ce sol privilégié. Après en avoir fait les bases du règne végétal, ils seraient descendus successivement
aux genres de plus en plus amoindris des régions
tempérées et des contrées polaires, afin de compléter
ainsi les séries toujours décroissantes du plan de la
nature. N'est-il pas bizarre, en effet, que le colossal
Baobab emprunte son nom de famille à notre mauve
sauvage, que le Figuier des pagodes se rapporte à
l'ortie des champs, que le Fernambouc et l'Acacia
soient subordonnés à la fève et à la sensitive, de
même qu'en zoologie on a rapporté au type *Chat* les
magnifiques espèces des animaux félins? N'eût-il pas
été plus naturel et plus logique de choisir le Bambou
des Indes, ou même le Roseau du Midi pour le type
de la famille des graminées, plutôt que l'herbe la plus
humble de nos prairies, de chercher dans le Léopard,
le Lion, le Tigre ou la Panthère le point de départ de
la race féline (11)? En un mot, de procéder partout du
grand au petit, du superbe au vulgaire, plutôt que du
petit au grand et de l'infime au gigantesque (12)?...

Revenons à notre naturaliste.

Au retour de son voyage à Madagascar, où il avait passé quatre mois, Commerson retourna à l'île Bourbon (janvier 1771); MM. de Crémont et de Bellecombe, qui étaient les chefs de cette colonie, désiraient vivement la voir explorer, sous le rapport de l'histoire naturelle, d'une manière aussi complète que l'avait été l'île de France. Commerson ne le désirait pas moins, afin d'achever un ouvrage qui lui avait déjà coûté deux ans de travail. On sait que deux volcans, dont l'un est éteint, occupent à peu près le centre de l'île. Commerson, qui possédait des connaissances très-profondes en physique et en minéralogie, consacra trois semaines à l'étude de ces volcans et de leurs produits : exploration aussi ardue et périlleuse que fertile en observations nouvelles. « La nature, écrivait-il, n'a donné à l'Europe que de « faibles échantillons de ce qu'elle pouvait faire en « ce genre. C'est à Bourbon, comme aux Moluques, « aux Philippines, qu'elle a établi ses fourneaux et « ses laboratoires pyrotechniques. J'ai recueilli des « choses ineffables à ce sujet... (13). »

Vers la fin de 1771, Commerson revint de Bourbon à l'île de France. Sa santé était déjà fort altérée ; quelques excès de travail et un défaut de ménagement sur des goûts de diverses natures l'avaient singulièrement affaibli. Une attaque de goutte, maladie héréditaire dans sa famille, des douleurs néphrétiques violentes et répétées, le mirent dans un tel état de faiblesse, qu'il ne put suivre MM. Poivre et l'abbé

Rochon qui rentraient en Europe. Ses collections d'ailleurs étaient si volumineuses qu'elles n'auraient pu être embarquées sur le navire qui les ramenait en France. D'autres contrariétés achevèrent de le dégoûter et de lui ôter son habituelle énergie. « M. Maillard, successeur de Poivre, faisait peu de cas des sciences (14). » Commerson fut renvoyé de l'intendance, qu'il avait toujours habitée, et obligé d'acheter une maison pour s'y loger et y déposer ses collections. En butte à toutes sortes de tracasseries, il devint incapable de s'en distraire par le travail; ses maux augmentèrent, en même temps que les encouragements et les secours lui manquaient de toutes parts. Enfin, épuisé de fatigue, accablé de chagrins et de souffrance, il succomba, le 13 mars 1773, âgé seulement de quarante-six ans.

Ainsi périssait, jeune encore, cet homme si admirablement doué au physique ainsi qu'au moral, qui, en peu d'années, s'était placé au premier rang parmi les naturalistes de l'époque. L'Académie des sciences, tenue au courant de ses voyages, de ses recherches, de ses découvertes par le récit de tous ceux qui suivaient des yeux sa personne et ses travaux, voulut, en attendant son retour, lui donner un témoignage éclatant de sa haute estime. Commerson fut nommé associé de l'Académie, en même temps qu'Antoine Laurent de Jussieu, le 21 mars 1773.

Hélas! il était mort depuis huit jours (15).

II

Dix années seulement, ajoutées à cette précieuse
existence, eussent été nécessaires, non pour établir
d'une manière plus solide la gloire impérissable de
Commerson, mais pour que la science pût mettre
largement à profit tous ses travaux et toutes ses découvertes. Dix années eussent suffi pour qu'il rassem-
blât tous les matériaux que sept ans de navigation,
de recherches, d'observations de toutes natures
avaient mis entre ses mains, pour qu'il les classât
lui-même d'après le plan qu'il avait conçu, pour
qu'il rédigeât ses remarques innombrables, et qu'a-
près avoir élevé à l'histoire naturelle un monument
digne d'elle et de lui, il pût obtenir de ses contemporains la digne récompense de ses labeurs et de son
génie. Ces dix années et cette suprême gloire lui furent refusées; mais, bien qu'il n'ait laissé aucun écrit
achevé, aucun travail d'ensemble propre à résumer
ses travaux, il nous reste heureusement assez de vestiges de son rapide passage ici-bas pour que la postérité n'oublie plus ce nom illustre et pour que la
science retire encore longtemps de nouveaux fruits
des matériaux savants qu'il nous a légués.

Commerson n'était pas seulement botaniste. Il était
versé dans toutes les branches des sciences naturelles. Il cultivait à la fois l'ichthyologie (16), l'entomologie, la conchyliologie et s'appliquait aux observations géologiques et météorologiques. Tous les naturalistes reconnaissent que l'histoire naturelle n'a

10,

jamais acquis, à la fois et d'un seul homme, tant de
nouveautés et de richesses. Il recueillit dans son
voyage près de cinq mille espèces de plantes, dont
trois mille entièrement nouvelles, parmi lesquelles
soixante genres nouveaux, sans y comprendre les
plantes de Taïti, qui furent soustraites ou perdues.

Commerson avait observé à Madagascar une peuplade dont les hommes sont à peine hauts de trois
pieds et demi et qui y forment un corps de nation
appelé *Quimosse* (ou kimosse) en langue madécasse.
C'est dans cette peuplade que l'on avait cru voir les
Pygmées de l'antiquité. « Otez-leur la parole, dit Com-
« merson, ou donnez-la aux singes, grands et petits,
« et ce serait le passage insensible de l'espèce hu-
« maine aux quadrupèdes. » Il avait également étudié
(1767) les *Patagons*, dans la baie de Boucaut, au détroit de Magellan. Avant lui, les Patagons avaient été
signalés comme un peuple de géants. Commerson
en remarqua, en effet, un assez grand nombre dont
la taille s'élevait de cinq pieds huit pouces à six pieds;
mais il n'en vit jamais aucun qui dépassât six pieds
quatre pouces. Il fit ainsi tomber tous les récits des
voyageurs qui prétendaient que la taille ordinaire
des Patagons était de sept à huit pieds.

Sa relâche à Taïti l'intéressa vivement sous plus
d'un rapport. La relation qu'il écrivit de cette île et
des mœurs de ses habitants diffère en quelques points
de celle de Bougainville. Il ne la fit point imprimer,
mais il en envoya plusieurs copies à ses amis (17).

« C'est le seul coin de la terre, dit-il, où habitent

« des hommes sans vices, sans préjugés, sans besoins,
« sans querelles. Nés sous le plus beau ciel, nourris
« des fruits d'une terre qui est féconde sans culture,
« régis par des pères de famille plutôt que par des
« rois, ils ne connaissent d'autre Dieu que l'amour.
« Je lui ai appliqué le nom d'*utopie* que Thomas
« Morus avait donné à sa république idéale, etc. »

On peut sans doute reprocher à l'auteur d'avoir en
quelque sorte approuvé la licence des mœurs des
habitants de Taïti ; mais il n'y voyait que l'instinct
de l'homme presque à l'état de nature et ignorant
encore les lois de la raison. Il admirait en même
temps leur intelligence, leur adresse et les rares dispositions qu'ils montraient pour les arts économiques.

Commerson avait emmené avec lui un jeune peintre.
M. Jossigny, qui lui rendit de grands services, en
dessinant beaucoup de plantes, avec tous leurs détails pris sur le vivant. Il était aussi accompagné d'un
domestique nommé *Baret*, qui le suivait dans toutes
ses herborisations et partageait toutes ses fatigues
comme tous ses périls. Ce domestique était une femme,
la première assurément qui ait fait le tour du monde.
A force de pratique, Jeanne Baret (tel était son vrai
nom) était devenue un véritable botaniste. Née en
Bourgogne et orpheline, après avoir perdu un procès
qui l'avait ruinée, elle s'était résolue à se mettre en
service. Elle était chez Commerson depuis deux ans,
ainsi que celui-ci le déclare dans son testament, daté
de 1766, au moment du départ de l'expédition de

Bougainville. Comme elle désirait voyager, elle n'hé-
sita pas à suivre son maître sous des habits d'homme.
Elle avait alors vingt-six ans. Pendant tout le voyage
elle se conduisit avec tant de prudence et de réserve,
que personne de l'équipage ne soupçonna jamais
qu'elle fût une femme. Cependant à Taïti, elle fut
reconnue pour telle par les naturels de cette île, et
elle fit l'aveu de son sexe à M. de Bougainville (18).

Il avait encore dressé aux herborisations un petit
nègre qui le suivait dans toutes ses courses et l'aidait
dans ses recherches. Ce noir avait beaucoup d'intelligence, et notre naturaliste assure qu'il ne rapportait
jamais deux fois la même plante.

Commerson, à l'exemple de Linnée et de la plupart des naturalistes, dédia plusieurs genres nouveaux à ses amis, et s'appliqua, dans ses dédicaces,
à mettre en rapport les formes des plantes avec les
qualités et les talents des personnes qui en étaient
l'objet, ou bien avec les sentiments qu'il leur portait.
Nous avons dit qu'il consacra à la mémoire de sa
femme la *Pulcheria Commersonia*. Il dédia à l'astronome Lalande le genre *Landea*, puis le *Lalandia*, dont
il nomma les espèces *stellifera*, *astrographa*, *stelli-
carpa*; il consacra à Jeanne Baret le genre *Baretia*,
avec plusieurs espèces nommées *Bonnafidia*, *opposi-
tiva*, *heterophylla*; à l'astronome Véron, le compagnon de son voyage périsphérique, mort pendant
une traversée, le nom de *Veronia tristiflora* (19); à
son ami Crassous, le genre *Crassuvia* (20); à Turgot, à
d'Alembert, à Poivre, à Bougainville, à Poissonnier,

à Vachier, à Mauduit, à Cossigny, à M. de Marigny, les genres *Turgotia*, *Dalembertia*, *Pevrea*, *Buginvillea* (nyctaginée), *Cossigna*, *Marignia* (sapindacée de l'île de France) (21) ; enfin il donna son propre nom à une belle plante qu'il découvrit à Madagascar, en disant qu'il ne faisait en cela qu'user de son droit : (*in imponendo nomine jure meo usus sum*) (22).

On a dit que ce naturaliste avait rapporté le premier la belle plante connue sous le nom d'*Hortensia;* c'est une erreur. L'hortensia, originaire de la Chine, et qui figure souvent dans les peintures chinoises, fut rapporté des Indes par l'astronome Legentil (1771), et reçut de lui le nom de *Lepautia*, en l'honneur de madame Lepaute, femme du célèbre horloger, astronome elle-même, qui calcula, ainsi que Lalande, les formules de Clairault, relatives au retour de la comète de Halley, en 1759. Petiver avait désigné la même plante sous le nom de *Sambuco*. Commerson, qui l'avait d'abord regardée comme un *Opulus*, puis nommée *Paultia Celestina*, la nomma définitivement *Hortensia*, du nom de mademoiselle Hortense de Nassau, fille du prince de Nassau, bon botaniste, gouverneur de l'île de Bourbon. Jussieu l'a adoptée sous cette dénomination dans son *Genera plantarum;* quelques botanistes la placent aujourd'hui parmi les *Hydrangea*.

Les amis de Commerson lui avaient quelquefois reproché son indifférence à publier différents ouvrages qui lui auraient fait honneur, et surtout à envoyer de l'île de France ses principales observations. Mais son

10.

ardeur à rechercher, à observer, à rassembler toujours des choses nouvelles, l'étendue immense de ses
projets et de ses vues, ne lui eussent pas laissé le
loisir de se livrer à un travail d'ensemble. D'ailleurs,
pour compléter ses travaux et ses écrits, le temps ne
lui manquait pas seul : l'argent et les secours lui faisaient quelquefois défaut; il s'en excusait en écrivant
à l'un de ses amis (25 février 1769) :

« Quand vous verrez mes manuscrits, vous doute-
« rez que j'aie pu donner aucun soin à mes collec-
« tions, tandis que, si vous aviez vu mes collections
« les premières, malgré tout ce que j'ai perdu, vous
« auriez pu craindre que le temps m'ait manqué
« pour les dépouiller. Mais aussi il est notoire que,
« sur les vingt-quatre heures de la journée, j'en ai
« toujours employé utilement dix-huit.....

« ... Je rapporte déjà de mon voyage autour du
« monde, une fois plus de plantes que Tournefort
« n'en cueillit dans son voyage au Levant. Ma collec-
« tion seule de fougères et de gramens surpasse celle
« de Scheuschzer et de Plumier. J'ai enrichi en pro-
« portion toutes les autres parties de l'histoire natu-
« relle, sans compter les nouvelles récoltes que je
« vais faire dans cette île, dans celles de Bourbon
« et de Madagascar, etc. (23). »

Placer au milieu de tant de richesses, de tant de
choses curieuses et nouvelles, un naturaliste passionné, insatiable, un explorateur aussi infatigable
que téméraire, c'était mettre à la plus rude épreuve
son zèle et ses forces. Aussi ne pouvait-il se modérer,

et, en présence de tant de merveilles qu'il eût voulu recueillir toutes à la fois, faisait-il résolûment le sacrifice de son repos, de sa santé et même de sa vie. On a vu son enthousiasme au moment où il parcourait Madagascar; je trouve encore ceci dans ses notes manuscrites : « Un voyageur disait au roi de « Portugal, en parlant de l'île de Ceylan, que les « mers qui l'environnaient étaient semées de perles, « que les bois étaient de cannelle, les forêts d'ébène, « les montagnes couvertes de rubis, les cavernes « pleines de cristal; cette description est exagérée, « sans doute, mais ce n'en est pas moins la plus belle « île du monde, et on peut en dire autant de Mada- « gascar!... »

Personne, en effet, n'avait encore poussé aussi loin la curiosité savante, secondée par un courage aussi persévérant. Personne jusqu'à lui n'avait enrichi la science d'un aussi grand nombre d'objets précieux et nouveaux; ses dessins étaient les plus beaux et les plus exacts, ses descriptions les plus lucides que l'histoire naturelle eût encore recueillis. Les trente-deux caisses contenant ses manuscrits et ses collections, qui parvinrent après sa mort, en 1774, au Jardin du Roi, furent aussitôt l'objet de l'avide exploration de la plupart des naturalistes de l'époque ; chaque savant, dans sa spécialité, se mit à l'œuvre et fouilla, sans beaucoup de scrupules peut-être, dans un trésor dont le véritable propriétaire ne pouvait plus profiter pour sa propre gloire. C'est ce qui explique comment personne ne se chargea dans le temps de dresser un catalogue complet de toutes ces richesses, et bien que, depuis lors, tous ces naturalistes lui aient rendu une solennelle justice, comment ce travail est devenu tout à fait impossible aujourd'hui. A ce propos, que l'on me permette de rappeler une allégorie orientale qui me semble tout à fait applicable au sujet. « Un jeune prince, dit la légende, à force de labeur, de persévérance et de courage, parvint à saisir la noix précieuse que portait la plus haute branche de l'arbre de la science. Il l'ouvre : toutes sortes de merveilles s'en échappent. Ceux qui, n'osant ou ne pouvant grimper, se sont arrêtés au pied de l'arbre, s'élancent en foule sur cette proie, s'en emparent et, de la noix mystérieuse et féconde, il ne reste aux mains du véritable et hardi conquérant que les deux coquilles vides. »

Commerson avait sans doute le pressentiment de ce qui pourrait lui arriver à cet égard, car voici ce qu'il écrivait à Lemonnier en lui envoyant de l'île de France un paquet de plantes et de graines : « J'ai « seulement une prière à vous faire, c'est de me con- « server la priorité de date pour les choses vraiment « nouvelles que vous communiquerez à d'autres. « Entre vos mains, je connais toute la sûreté du « dépôt ; mais, permettez-moi de vous l'observer, il « est dans la république des lettres, comme dans les « ruches à miel, des bourdons lourds et oisifs qui ne « vivent qu'aux dépens des abeilles actives et indus- « trieuses. J'en ai déjà senti plusieurs fois la dent « famélique et perfide.... (24) »

Commerson, dit Lalande, était d'une taille moyenne, mais avantageuse; il avait les yeux noirs et grands, le nez aquilin; sa complexion était délicate, sèche, sanguine et très-vive. Il était sobre, mais trop peu réservé sur d'autres points. Sa société était pleine d'agrément, car il avait beaucoup d'érudition et de mémoire. Il n'aimait pas le jeu, si ce n'est le jeu d'échecs; il fuyait la société et les spectacles, parce qu'il n'y voyait que du temps à perdre. Il ne prenait intérêt qu'à ce qui pouvait l'instruire ou servir à l'instruction des autres. Il aurait voulu rendre botanistes tous ceux qui l'approchaient. Sa conversation était vive, énergique, remplie de saillies, de causticité et de hardiesse; aussi se faisait-il assez d'ennemis, quoiqu'il fût d'ailleurs plein de franchise et de générosité. Son caractère était violent, impétueux, extrême en tout. Les obstacles ne servaient qu'à exciter son courage. « La gloire, disait-il, comme la fortune, veulent des gens tenaces et hardis. »

Il était très-versé dans la littérature. Il parlait, il écrivait fort bien le latin et aimait particulièrement à citer Ovide. Son style est concis, clair, spirituel, quelquefois élevé et même poétique, comme sa correspondance en donne des preuves fréquentes. Il disait souvent qu'il ne croyait pas à la médecine. Il était pourtant fort lié avec plusieurs médecins dont il faisait le plus grand cas. Lui-même avait exercé cet art pendant plusieurs années, et sa pratique, dit-on, était des plus heureuses.

Commerson avait laissé en France d'excellents

amis. Il leur écrivait assez régulièrement dans les
loisirs des traversées et des relâches de son long
voyage. J'ai été assez heureux pour recueillir de
nombreux fragments de cette correspondance, qui
est des plus intéressantes à divers points de vue. Je
me félicite d'avoir pu rassembler ces précieux documents afin de faire mieux connaître et apprécier
l'un des plus glorieux martyrs de la science, l'un des
savants à qui l'histoire de la nature doit le plus grand
nombre de découvertes, l'un des hommes rares et
généreux qui, dans leur culte exclusif pour le vrai savoir, se dévouent corps et biens à ses développements,
et dédaignent sans arrière-pensée tout ce qui ne saurait concourir au noble but qu'ils se sont proposé.

Le zèle que peut inspirer l'amour de la nature, le
courage, l'abnégation qu'exigent ces difficiles recherches, les satisfactions ineffables qu'elles procu-
rent, l'honneur d'avoir conçu et accompli un vaste
dessein, tels sont sans doute les mobiles de cette
belle étude et les dédommagements presque certains
qui y sont attachés. Mais un prix bien supérieur à
mes yeux, ce sont les souvenirs et la reconnaissance
de la postérité. Or, après la statue qui fait revivre les
traits du savant comme ceux du héros, je ne vois rien
de plus propre à récompenser de si nobles efforts que
l'intérêt que prennent tous les hommes d'intelligence
et de savoir au récit des maux éprouvés, des périls
encourus par d'autres hommes qui, sans en recueillir
la gloire, ont sacrifié jusqu'à leur vie au triomphe de
la science et de la vérité.

NOTES

(1) Georges-Marie Commerson, père du naturaliste, était châtelain de la seigneurie de Romans, à une lieue de Châtillon. Cette circonstance justifierait, jusqu'à un certain point, la particule que quelques personnes plaçaient devant son nom, Bougainville entre autres, mais que Commerson lui-même ne prit jamais.

(2) C'est à Cluny que Commerson se lia d'amitié avec M. Vachier, depuis docteur en médecine et qui resta toujours son meilleur ami. M. Vachier avait conservé beaucoup de lettres et de manuscrits de Commerson. M. Ochier, son parent, aussi docteur médecin à Cluny, a donné plusieurs manuscrits et autographes à l'académie de Mâcon, entre autres, l'abrégé du grand ouvrage du comte de Marsigli sur les poissons du Danube, et plus tard, la description de l'île de Taïti, adressée par Commerson à son ami, le docteur Dumolin, de Cluny.

(3) Avec Sauvages surtout, alors professeur de botanique, qui lui avait fait défendre l'entrée du jardin. Il en conçut contre ce professeur un ressentiment qui se montre assez souvent dans ses manuscrits. Il ne manquait jamais l'occasion de le réfuter dans ses leçons ou dans ses livres et il notait avec soin toutes les fautes qui s'étaient glissées dans ses écrits sur la botanique. On trouve la trace de ce ressentiment dans plusieurs de ses lettres, notamment dans sa lettre à L. Gérard, du 15 décembre 1757.

(4) A la même époque, il alla voir Voltaire, à sa campagne des *Délices*, près de Genève. Celui-ci lui offrit de le prendre pour secrétaire, avec vingt louis de traitement. On pourra voir, dans sa lettre à M. Bernard (15 décembre 1757), les motifs de son refus.

(5) MM. Bernard, conseiller à Bourg, Latourette et Rosier, à Lyon, de Béost, à Dijon, etc.

(6) Ce fils, Anne-François-Archambaud Commerson, fut élevé par son oncle maternel, curé et prévôt de Toulon-sur-Arroux ; après avoir exercé quelques fonctions publiques, il devint maire de Toulon, et mourut en 1834. Sa mère était fille de Jean Beau, notaire royal à Genouilly en Charolais et de Françoise Bertherand.

(7) Il regardait ce *Projet de recherches* comme pouvant aussi servir de réponse à ceux de ses parents ou de ses amis qui, en cas de malheur, auraient pu dire : *Qu'allait-il faire aux terres australes ?*

(8) Il partit de Rochefort, au commencement de février 1767, sur la flûte *l'Etoile.*

(9) Voir la Correspondance (*loco citato*).

(10) Peu content des systèmes qu'jl avait trouvés établis avant lui, il s'en forma un entièrement nouveau. Il voulait même préparer plusieurs herbiers uniformes et les plus complets possibles qui seraient déposés dans les principales villes de l'Europe, pour que les élèves en botanique, ayant partout sous les yeux les mêmes plantes, ne fussent plus exposés à se tromper sur la synonymie.

« On ne sera pas étonné, écrivait-il à ce sujet à Crassous, de
« trouver dans mes herbiers les mêmes échantillons des mêmes
« espèces de plantes si fort répétés, quand on saura que mon
« dessein a été, en les multipliant, de me procurer les moyens
« de faire plusieurs herbiers correspondant les uns aux autres
« sous les mêmes numéros, pour les déposer dans les principales
« Académies royales et impériales de l'Europe, et cela autant
« pour perpétuer la mémoire de notre voyage périsphérique,
« que pour laisser d'un bout de l'Europe à l'autre des objets de
« comparaison qui contribueraient, peut-être plus que tous les
« ouvrages que l'on a faits jusqu'à ce jour, à perfectionner la bo-
« tanique et à instruire les commençants. Il est quelquefois si
« difficile de concilier les auteurs les uns avec les autres, soit
« par la faute des planches, soit par l'inexactitude des descrip-
« tions, que cet obstacle est capable de rebuter les plus zélés.
« Ajoutez à cela la surcharge immense des différents noms im-
« posés par les différents botanistes aux mêmes plantes, par l'er-
« reur où l'on a été jusqu'à présent de croire pouvoir trans-

« mettre leurs caractères spécifiques avec leurs nomenclatures,
« comme si l'on pourra jamais obtenir les caractères qu'on ne
« connaisse toutes les espèces existantes d'un même genre, pour
« les pouvoir comparer ensemble, en leur donnant enfin des ca-
« ractères exclusifs. Persuadé, par ma propre expérience et par
« les découvertes que j'ai faites de nouvelles espèces et de nou-
« veaux genres, que ce travail est le même que celui de rouler le
« rocher de Sisyphe, je me suis attaché depuis longtemps à tra-
« vailler à une réforme entière des trois règnes de la nature (le
« végétal et l'animal surtout), et j'ai tâché d'approprier à chaque
« espèce, soit de plantes, soit de quadrupède, oiseau, poisson, etc.,
« etc., un nom d'espèce plus fixe encore et plus déterminé que
« celui du genre même, afin que, quelque ampliation ou cor-
« rection que souffre son signalement fait pour rester dans le
« portefeuille, la mémoire ne soit invariablement chargée que
« d'un nom simple, soit pour le genre, soit pour l'espèce. Si je
« suis obligé, en proposant mon système, de réformer les phrases
« des naturalistes qui m'ont précédé, d'autres, par la suite, en
« feront de même des miennes. *Dies diem docet.* L'histoire na-
« turelle est encore dans son berceau. Je la compare à un grand
« navire neuf qu'on va lancer à l'eau ; il est question de lui ap-
« pareiller les voiles, déjà quelques-unes sont mises ; si j'en ai
« ajouté quelque autre, j'en ai assez fait ; attachera la dernière, et
« prendra le gouvernail qui pourra. Ainsi donc, animé des mo-
« tifs que je viens d'exposer, j'ai cru que rien ne serait plus utile
« que plusieurs herbiers faits par la même personne qui aurait beau-
« coup vu, beaucoup comparé, et qui, d'après tous ces avantages
« et celui de la collection la plus riche qui ait jamais existé, aurait
« imposé à ces mêmes plantes des noms et des numéros invaria-
« bles. Ces différents répertoires étant admis dans les capitales de
« l'Europe, chacun pourra y voir de quelle plante on veut parler
« sous tel nom. Un ouvrage général, fait sur les mêmes herbiers,
« serait une clef à la portée de tout le monde, et un moyen de
« s'entendre sans quiproquo. Les commençants seraient dé-
« chargés du travail éternel de faire des herbiers, qui leur con-
« sument un temps infini, et qui néanmoins restent toujours
« bornés et très-imparfaits. Dans chacune des villes où l'on aurait
« déposé un de ces herbiers, quelque jeune botaniste serait chargé
« d'en faire la démonstration à certains jours de la semaine. Moi-
« même je prétends créer une fondation à ce sujet et laisser au

11

« moins 1000 livres de gages au phytothécaire que j'établirais
« à Paris, sous les conditions que je détaillerai en temps et
« lieu, etc. »

Son herbier particulier était en effet le plus considérable connu.
Ayant écrit à Haller qu'il avait recueilli 30,000 plantes, celui-ci
lui répondit qu'il voulait dire sans doute 30,000 échantillons. Il
desséchait des branches entières d'arbustes et d'arbres avec les
fleurs et les fruits.

Voici les noms des villes auxquelles il destinait un duplicata de
ses herbiers. Elles sont au nombre de vingt : Paris, Londres,
Amsterdam ou Leyde, Vienne, Rome, Madrid, Saint-Péters-
bourg, Upsal ou Stockholm, Bâle, Turin, Genève, Venise, Montpellier, Copenhague, Gênes, Bologne, Florence, Berne, Leipsick
et Berlin.

(11) Un éminent zoologiste m'a assuré que le chat n'en était pas
moins le type le plus achevé, le plus complet de la race féline, et
que, d'après l'étude anatomique si approfondie qu'en a faite
M. Strauss, il représentait avec une fidélité parfaite tout l'ensemble des caractères que l'on remarque parfois séparés dans
les grands animaux de cette famille. Il s'est même servi, pour
me convaincre, d'une comparaison qui m'a paru aussi ingénieuse
que saisissante. « Le Chat, me disait M. Valenciennes, est au
Léopard, au Lion, au Tigre, à la Panthère, ce que nos cartes de
visite photographiées sont à une statue. Les détails en sont plus
fins, plus réduits, mais infiniment plus vrais et plus exacts. »

(12) Buffon, qui n'est rien moins que plaisant, s'est pourtant
égayé sur les classifications botaniques. Pour rendre justice à
Tournefort, il s'est un peu moqué du système de Linnée, fondé
sur le nombre des étamines. « Comme les caractères des genres,
« dit-il, sont pris sur des parties extrêmement petites, il faut aller,
« le microscope à la main, pour reconnaitre un arbre ou une
« plante ; la grandeur, la figure, le port extérieur, les feuilles,
« toutes les parties apparentes ne servent plus à rien ; il n'y a
« que les étamines, et si l'on ne peut pas voir les étamines, on
« ne sait rien, on n'a rien vu. Ce grand arbre que vous apercevez
« n'est peut-être qu'une pimprenelle ; il faut compter ses éta-
« mines pour savoir ce que c'est, et comme ses étamines sont
« souvent si petites qu'elles échappent à l'œil nu ou à la loupe,

« il faut un microscope ; mais malheureusement encore pour le
« système, il y a des plantes qui n'ont point d'étamines, il y a
« des plantes dont le nombre des étamines varie, et voilà la mé-
« thode en défaut comme les autres, malgré la loupe et le mi-
« croscope. » (Premier discours, t. 1, p. 10, édition Flourens.)

(13) « C'est là, écrit-il au ministre de la marine, que j'eus la
« satisfaction d'annoncer et de faire connaître aux habitants de
« l'île Bourbon, qu'entre autres richesses végétales que possédait
« leur territoire, ils foulaient aux pieds le *Galanga*, l'*Acorus*, la
« *Squine*, le *Cubèbe*, la *Gomme élémi*, le *Pareira brava*, etc.,
« toutes drogues officinales qu'on leur renvoie d'Europe, tou-
« jours pour le moins surannées, après les avoir exportées ori-
« ginairement de l'Inde, de la Chine et du Brésil. »

(14) Lalande, *Éloge de Commerson.*

(15) Commerson n'est pas le seul savant que les honneurs académiques aient été chercher jusque sur le théâtre de leurs découvertes lointaines. Joseph de Jussieu avait été nommé adjoint
de l'Académie des sciences en 1743, pendant son long séjour dans
l'Amérique méridionale. Plus près de nous, M. Gaudichaud, pharmacien de la marine, fut élu membre titulaire, en 1837, pendant
son voyage au Brésil, sur le navire *la Bonite.*

(16) Commerson n'est guère connu que comme botaniste et
comme voyageur. Il s'était pourtant occupé avec succès de toutes
les branches de l'histoire naturelle. Son *Histoire des poissons de
la Méditerranée* est fort appréciée des zoologistes. En 1763, un
libraire de Lyon, M. Duplain le jeune, lui avait proposé de la
publier en deux volumes in-4°. « Il ne lui restait qu'à transcrire,
dit Lalande (*Éloge*, page 6), et quelques synonymes à y ajouter ;
il lui manquait aussi les Ichthyologies d'Aldrovande, de Wil-
loughby et de Belon, qu'il n'avait jamais vues ; mais il était occupé dans ce temps-là à se procurer des livres d'histoire naturelle
qu'il faisait chercher de toutes parts et qui lui manquaient encore,
parce qu'il avait plus étudié la nature que les auteurs. Cet ouvrage devait être accompagné des plus belles figures qu'il voulait
faire dessiner d'après les originaux, sur les côtes de la Méditerranée, avec un dictionnaire et une bibliographie qui contien-
drait une notice et un jugement raisonné sur tous les auteurs
qui ont écrit sur cette matière, tels que Aldrovande, Gesner, Wil-

loughby, Belon, Catesby, Marsigli, Gronovius, Séba, Rumphius, Petiver, Merret, Sibbald, Schwenkfeld. « Je vais moi-même. « écrivait-il au libraire, parcourir toutes les côtes du golfe de « Lyon, depuis l'extrémité du Roussillon jusqu'à celle de la Pro-« vence, sans oublier une bonne station dans l'île de Minorque ; « je sais tous ces pays-là par cœur ; je connais les voies les plus « sûres pour réussir. Je vous ferai parvenir aussitôt les poissons « pour les faire dessiner sur le frais ; par là nous aurons un corps « de figures originales et uniques dans ce genre, qui plairont « même aux naturalistes qui proscrivent les figures et ne veulent « que des descriptions. »

M. Poivre, depuis intendant de l'île de France, habitait alors sa campagne de la Fréta, près de Lyon ; il offrit de faire ces des-sins lui-même, et il en était fort capable ; malheureusement, une maladie que Commerson éprouva, la même année, et, l'année suivante, les préparatifs de son voyage à Paris suspendirent cette publication.

Plus tard, M. de Lacépède, continuateur de Buffon, se servit des manuscrits et des dessins rapportés par Commerson de son voyage autour du monde, et transcrivit dans son *Histoire des pois-sons* les phrases latines de ce grand naturaliste. MM. Duméril et Valenciennes mirent en ordre tous ces matériaux et y ajoutèrent tous les renseignements acquis depuis cette époque.

M. Ochier, de Cluny, a offert à l'Académie de Mâcon un ma-nuscrit autographe de Commerson, ouvrage de sa jeunesse, qui contient l'abrégé du grand travail du comte de Marsigli sur les poissons du Danube.

(17) Celle que nous avons reproduite dans l'*Appendice* à cette notice fut adressée au docteur Dumolin, de Cluny ; l'Académie de Mâcon l'a publiée dans le deuxième volume de ses *Annales*, p. 329 et suiv., 1857. La même relation, qu'il avait adressée à Lalande, fut insérée dans le *Mercure de France* de novembre 1769.

(18) Voici ce qu'on lit à ce sujet dans le *Voyage autour du monde* de Bougainville :

« Tandis que nous étions entre les grandes Cyclades, quelques « affaires m'avaient appelé à bord de l'*Étoile*, et j'eus occasion de « vérifier un fait assez singulier. Depuis quelque temps il courait « un bruit dans les deux navires que le domestique de M. de Com-« merson, nommé Baré, était une femme. Sa structure, le son de

« sa voix, son menton sans barbe, son attention scrupuleuse à ne
« jamais changer de linge ni faire ses nécessités devant qui que ce
« fût, plusieurs autres indices avaient fait naître et accréditaient
« le soupçon. Cependant comment reconnaître une femme dans
« cet infatigable Baré, botaniste déjà fort exercé, que nous avions
« vu suivre son maître dans toutes ses herborisations, au milieu des
« neiges et sur les monts glacés du détroit de Magellan, et porter
« même dans ces marches pénibles les provisions de bouche, les
« armes et les cahiers de plantes avec un courage et une force qui
« lui avaient mérité du naturaliste le surnom de sa bête de
« somme? Il fallait qu'une scène qui se passa à Taïti changeât le
« soupçon en certitude. M. de Commerson y descendit pour her-
« boriser; à peine Baré, qui le suivait avec les cahiers sous son
« bras, eut mis pied à terre, que les Taïtiens l'entourent, crient
« que c'est une femme, et veulent lui faire les honneurs de l'île.
« Le chevalier de Bournand, qui était de garde à terre, fut obligé
« de venir à son secours et de l'escorter jusqu'au bateau. Depuis
« ce temps il était difficile que les matelots n'alarmassent quel-
« quefois sa pudeur. Quand je fus à bord de l'*Étoile*, Baré, les
« yeux baignés de larmes, m'avoua qu'elle était fille : elle me dit
« qu'à Rochefort, elle avait trompé son maître en se présentant
« sous des habits d'homme, au moment même de son embarque-
« ment; qu'elle avait déjà servi comme laquais un Genevois à
« Paris, que, née en Bourgogne et orpheline, la perte d'un procès
« l'avait réduite dans la misère, et lui avait fait prendre le parti
« de déguiser son sexe; qu'au reste elle savait en s'embarquant
« qu'il s'agissait de faire le tour du monde, et que ce voyage
« avait piqué sa curiosité. Elle sera la première, et je lui dois la
« justice qu'elle s'est toujours conduite à bord avec la plus scru-
« puleuse sagesse. Elle n'est ni laide ni jolie, et n'a pas plus de
« vingt-six à vingt-sept ans. Il faut convenir que si ces deux vais-
« seaux eussent fait naufrage sur quelque île déserte de ce vaste
« océan, la chance eût été fort singulière pour Baré. » (*Voyage
autour du monde*, par Bougainville, t. II, p. 156-159.)

Cette femme a été désignée sous plusieurs noms : Jeanne Baré,
Baret, madame Barre, de Barre; Commerson, dans son testament,
la nomme Jeanne Baret, dite de Bonne foi. Elle était chez lui depuis le mois de septembre 1764. Dans le testament qu'elle fit elle-
même à Châtillon-lez-Dombes, en 1775, elle prend les noms de
Jeanne Mercedier, veuve d'Antoine Barnier, dite de Barre.

Ces détails m'ont été fournis par M. J.-B. Jauffred, pharmacien à Châtillon-lez-Dombes, membre du jury médical de l'Ain, petit-neveu par sa mère de Philibert Commerson.

Que ce soit la curiosité ou tout autre sentiment qui ait entraîné cette femme sur les pas du naturaliste, il lui fallait un courage et une force d'âme assez rares pour accomplir un pareil dessein. C'est elle qui ferma les yeux de Commerson à l'île de France, où, après sa mort, elle épousa un soldat. Rentrée en Europe, elle vint finir ses jours à Châtillon et, par souvenir et vénération pour son ancien maître, elle laissa tout ce qu'elle possédait aux héritiers naturels du célèbre botaniste. Les termes de la dédicace que lui fit Commerson d'une plante, sous le nom de *Baretia*, permettent de croire que sa vertu égalait son courage et sa résolution. Cette plante présentait des caractères sexuels assez douteux. Voici cette dédicace :

« ... Hæc planta vestitu seu foliis sic illudens insignita est no-
« minibus viraginis istius quæ, mutatis in viriles vestibus et
« mente fœmininis, totum orbem, curiositatis causâ, nobiscum
« etiam insciis, terrâ marique ausa est emetiri, totiesque vesti-
« gia illust. Principis Nassauvii et nostra, agili pede secuta per
« altissimas freti Magellanici alpes profundissimasque insularum
« Australium sylvas; Dianæ instar pharetrata, Minervæ instar
« sagax et austera, ferarum hominumque insidias, non sine plu-
« rimo vitæ et pudicitiæ periculo, sospes et integra, afflante pros-
« pero numine quodam, evasit; sui sexûs prima quæ integrum
« terraquei globi circulum absolverit, emensis plus quam quinde-
« cim leucarum millibus. Tot huic heroidi debemus plantas primum
« lectas, tot industriâ dessiccatas, tantas insectorum conchylio-
« rumque collectiones, ut mihi et aliis rerum naturalium æsti-
« matoribus nefas sit summos floræ honores ei non rependere. »

(19) M. Véron, jeune et habile astronome, qui faisait partie de l'expédition, mourut dans le cours du voyage, à Timor, en 1770, à peine âgé de trente-quatre ans. Commerson, qui l'estimait beaucoup, écrivait à Lalande à cette occasion :

« Mon pauvre ami et compagnon de voyage, pour la partie as-
« tronomique, M. Véron, est mort plein de mérite et de tra-
« vaux ;

« Sic vos non vobis cernitis astra   }
.... curitis arva   } Sophi

« Une fleur en étoile, qui ne fait que se montrer pendant quel-
« ques heures, et qui, sur un fond noirâtre, est toute parsemée
« de larmes, a été consacrée pour porter à jamais le deuil de ce
« pauvre garçon, sous le nom de *Veronia tristiflora!* »

(20) Voici en quels termes il exprimait son amitié pour Crassous,
en lui dédiant la plante qu'il a nommée *Crassuvia* (cette plante
avait été décrite par Linnée sous le nom de *Cotyledon laciniata*.
Jussieu lui a rendu son premier nom).

« Rationes quæ me induxerunt ad constituendum sui juris
« genus, ex priori descriptione satis patent ; adde quod volupe
« fuit huic plantæ adscribere nomen aliud convenientissimum,
« amici Monspelliensis dum olim gauderem, D. Petri Stephani
« Crassous, juri et medicinæ consulti, in litteris tum antiquis,
« tum nuperis versatissimi, nec in scientiis naturalibus extranei,
« qui sæpe sæpius nobiscum per agros Monspellienses, herbori-
« sandi gratià, discurrendo, laboris et itineris tædium fallere so-
« lebat inexhaustis colloquiorum salibus et lenociniis. Veteris
« itaque sodalitii hic sit commemoratio simul et amicitiæ distan-
« tiæ locorum interruptæ redintegratio. »

(21) Il dédia aussi une plante très-épineuse, sous le nom de
Colletia omnispina, à Philibert *Collet*, son compatriote, qui avait
critiqué amèrement et sans modération la méthode de Tournefort, après avoir lui-même proposé une méthode assez bizarre,
fondée sur la forme et la situation des feuilles. Voici les termes
de cette dédicace :

« Cum autem *Collet* vir fuerit sermone acris, vindictæ ardens,
« calamo polemico mordax, plantam ipsi concessimus spinosis-
« simam et ex omni parte pungentem ; is est idem qui methodum
« Tournefortianam novissimà luce fulgentem impugnavit, litteris
« quibusdam raris sed incelebribus tanti enim auctoris gloriam
« obscuratus. »

Lamarck a conservé à la même plante le nom spécifique de
Spinosa, et Ventenat celui de *Horrida*.

(22) Sonnerat avait donné le nom de *Commersonia* au *Butonia*
de Rumph, de la famille des Myrtées, que Jussieu avait nommé
Polycardia. Forster avait aussi donné le même nom au *Restiaria*
de Rumph, arbre de la famille des Tiliacées, observé à Otaïti et
aux Moluques.

En ichthyologie, on a nommé *Commersoniens* plusieurs poissons : un chironète, un able, un exocet, un bagre, un turbot, un stoléphore, un labre, un scombre, et plusieurs autres, dont une espèce porte le nom de *Commersonii*, en mémoire du célèbre et intrépide voyageur.

(23) Commerson avait recueilli des matériaux immenses. L'herbier qu'il légua au Jardin du Roi, par son testament en date de 1766, comprenait déjà 200 volumes in-folio. On a vu qu'après sa mort le ministre fit venir de l'île de France les collections et les manuscrits qu'il y avait laissés. Trente-deux caisses arrivèrent en effet en 1774. Malheureusement, toutes ces richesses furent disséminées et intercalées dans les collections générales. Ce qu'il en reste aujourd'hui au Muséum consiste : 1° en plantes assez nombreuses, en fragments de zoologie, d'ichthyologie ; 2° en dessins de plantes et de poissons ; 3° en manuscrits.

Les plantes récoltées, desséchées, nommées et décrites par Commerson ne forment pas un herbier spécial. Elles ont été distribuées à diverses époques dans l'herbier général du Muséum ; mais elles portent toutes les étiquettes et la signature de Commerson.

Les dessins, au nombre de 1,500 environ, sont contenus dans cinq portefeuilles, dont trois de botanique et deux de zoologie. Ils portent tous sa signature ou celle de Jossigny. Ces dessins à la plume ou au crayon, réunissent tous les détails de chaque plante et sont, avec ceux de Plumier, les plus beaux que possède le Muséum de Paris.

Plusieurs autres cahiers et portefeuilles contiennent des manuscrits incomplets, souvent de simples notes en forme d brouillons, destinées à être revues et mises au net. Trois de ces cahiers se rapportent à la botanique et deux autres aux poissons, aux oiseaux et aux mammifères.

La Bibliothèque conserve en outre un volume complet sur les plantes de Bourbon. Il est intitulé : *Insularum borbonicarum florilegium* ; in-folio, ainsi qu'un cahier ayant pour titre : *Catalogue sommaire* des plantes communes aux îles de France et de Bourbon, déjà comprises dans les observations faites à l'île de France, avec cette épigraphe :

Quæ regio in terris nostri non plena laboris ?

Les notes qui y sont contenues ont principalement pour objet d'en déterminer l'*habitat*.

Enfin on y trouve encore un volume in-folio, incomplet, contenant des notes extraites de divers ouvrages, relatives à l'histoire naturelle, tirées de différents auteurs, principalement des *Lettres édifiantes* des missionnaires ; plus, deux volumes in-folio, incomplets aussi, contenant les notes recueillies jour par jour par Commerson durant son voyage. Malheureusement, ces notes n'ont pas été continuées. Chacun de ces volumes ne renferme pas plus de trente à quarante pages écrites ; quelques-unes de ces notes sont très-piquantes et spirituelles.

L'herbier de Lemonnier contenait environ 5,000 plantes provenant du voyage de Commerson. Ces plantes figurent encore dans l'herbier de Lemonnier qui appartient à M. Delessert.

C'est à Commerson que l'on doit le *Cheirogale* (*Cheirogaleus*), genre nocturne de la famille des Lémuridés, qu'il observa à Madagascar. Cet animal se trouve figuré dans ses portefeuilles conservés au Muséum de Paris, et fut nommé par Étienne Geoffroy Saint-Hilaire (de χείρ, main, et γαλῆ, chat, main de chat), qui en fit insérer plusieurs figures dans les *Annales du Muséum*.

(24) « Commerson, dit Cuvier, était un homme d'une activité infatigable et de la science la plus profonde. S'il eût publié lui-même le recueil de ses observations, il tiendrait un des premiers rangs parmi les naturalistes. Malheureusement, il est mort avant d'avoir pu mettre la dernière main à la rédaction de ses écrits, et ceux à qui ses manuscrits et son herbier ont été confiés les ont négligés d'une manière coupable. » (Cuvier, *Histoire des sciences naturelles*, t. V, p. 93-95.)

TESTAMENT SINGULIER

DE M. COMMERSON

DOCTEUR EN MÉDECINE, MÉDECIN-BOTANISTE ET NATURALISTE DU ROI.

FAIT LE 14 ET LE 15 DÉCEMBRE 1766 (1).

Je, Philibert Commerson, docteur en médecine, médecin-botaniste et naturaliste du roi, soussigné, jouissant en santé de tous mes sens, esprit, mémoire et entendement, ai de mon plein gré et sans aucune suggestion fait et écrit de ma propre main les dispositions de dernière volonté, que je veux être exécutées comme testamentaires, si la mort naturelle ou des accidents funestes me préviennent avant que j'ai (*sic*) pu leur donner une autre forme plus étendue.

1° Je supplie l'auteur de mon existence de vouloir bien reprendre dans son sein cette partie la plus noble de moi-même qu'il a daigné animer d'un souffle d'immortalité. Quant à l'autre qui est toute corruptible, je veux qu'elle soit rendue aux éléments dont elle est formée, et dans cette intention j'or-

(1) Vu au greffe des insinuations du Châtelet de Paris, ce 1er septembre 1773.

donne, si je meurs dans des lieux où elle ne puisse
servir à rien, qu'elle soit ensevelie en terre ou sous les
eaux avec le moins de cérémonie que faire se pourra,
quarante-huit heures après mon décès, dans une
vieille et simple serpillière et sans cercueil : mais, au
cas où je viendrais à décéder dans une ville où il y a
des écoles de médecine ou de chirurgie, je destine
mon cadavre à être porté au plus prochain amphi-
théâtre d'anatomie, pour être pareillement, après
deux fois vingt-quatre heures d'intervalle, disséqué
pour l'instruction publique, priant M. le démonstrateur d'anatomie y préposé d'en faire un squelette
artificiel qui puisse déposer perpétuellement au
public du désir ardent que j'ai eu toute ma vie de
lui être utile : heureux si je puis avant la fin de mes
jours remplir ce vœu dans toute l'étendue sous laquelle je l'ai conçu. Enfin, dans la supposition où
mon cadavre serait ainsi employé, j'en réserve seulement le cœur pour recevoir l'honneur de la sépulture, qu'on voudra bien lui faire procurer dans l'é-
glise paroissiale de Toulon-sur-Arroux, près Autun,
dans le même lieu où dame Antoinette-Vivante Beau,
ma défunte et toujours chère épouse, a été inhumée,
en 1762, c'est-à-dire au côté gauche du chœur, contre le mur de la sacristie de ladite église. Il suffira
à cet effet d'enfermer mon cœur dans un marbre
funéraire de deux pieds en quarré, portant cet inscription : UNITIS ETIAM IN CINERE CONJUGIBUS, N.N., etc.
Chargeant, s'il lui plaît, M. le démonstrateur d'anatomie qui aura reçu et disséqué mon cadavre de
l'exécution de cette clause de mon testament, pour
laquelle il lui sera incessamment compté la somme

de 300 liv. qui serviront tant à l'achat qu'au trans-
port du marbre susdit, le priant en outre d'accepter
pour lui-même la montre d'or et l'épée à poignée
d'argent que je porte habituellement, ou à son choix
300 liv. d'honoraires.

2° Je fonde à perpétuité un prix de morale qui
sera appelé Prix de vertu, et qui consistera dans
une médaille de 200 liv. portant pour légende Virtutis practicæ præmium, et sur le revers Vovit immeritus P. C. Laquelle médaille sera délivrée tous les
ans, au premier jour de janvier, à quiconque de
quelque condition, sexe, âge, et province du royaume
qu'il puisse être, qui, dans le cours de l'année précédente, aura fait sans pouvoir être soupçonné d'ambition, de vanité, ou d'hypocrisie, la meilleure action connue dans l'ordre moral et politique, telle par
exemple qu'un généreux sacrifice de ses intérêts
personnels, vis-à-vis d'un malheureux, la libération
d'un prisonnier opprimé pour quelques dettes considérables, mais désastreuses, le relèvement de quelques honnêtes familles ruinées, surtout à la campagne, la dotation de quelque orphelin de l'un et de
l'autre sexe, l'établissement de quelque banque où
l'on prêterait aux nécessiteux sans gages ni intérêts,
la construction d'un port dans un endroit nécessaire,
mais échappé à la vigilance du gouvernement, enfin
pour tout acte extraordinaire de piété filiale, d'u-
nion fraternelle, de fidélité conjugale, d'amour honnête, d'attachement domestique, de réconciliation,
de reconnaissance, d'amitié, de secours à son prochain, de courage dans les périls publics, etc.

A ces causes, j'affecte à perpétuité le fonds et re-

venu de deux blanchisseries contiguës l'une à l'autre
située sur la rivière de Chalaronne, près Châtillon-
lès-Dombes, lesquels fonds ci-dessus doivent m'appartenir en toute propriété après le décès de mes
père et mère, ainsi que le reste de leur succession
dont je suis créé héritier contractuel par acte reçu
par Jacquemin notaire, n'entendant cependant
pas que l'exercice de la susdite fondation ait lieu
pendant la jouissance viagère de mesdits père et
mère, à supposer mon décès, ainsi que je le sou-
haite, précéder le leur, accordant même à mon fils
et héritier ci-après nommé et institué, la liberté de
jouir pendant tel temps de sa vie qu'il voudra des
fonds et revenus ci-dessus hypothéqués, si, ce que je
ne prévois pourtant pas, quelque espèce de nécessité lui en faisait une loi ; l'invitant en même
temps de ne point abuser de cette clause gracieuse
de mon testament, et de mériter au contraire lui-
même le premier prix de la fondation susdite, en
consentant généreusement, sitôt sa majorité acquise,
à l'accomplissement de ladite fondation, que nous
l'exhortons même de tout notre pouvoir de doubler
par un accessit, si l'état de ses facultés, comme il y
a apparence, le lui permet un jour ; bien entendu
que, pour satisfaire aux droits et accessoires de la
fondation dont il s'agit, il y sera employé les premiers revenus libres des fonds ci-dessus énoncés ; déclarant en tant que de besoin, qu'ils valent présentement 4,000 livres, étant amodiés annuellement autour de 200 livres. Prévoyant aussi que le prix pourrait être adjugé souvent à gens auxquels il convien-
drait autant de donner des secours pécuniaires que

des récompenses honorifiques, il sera laissé à leur
choix de recevoir la médaille en métal d'or ou seulement d'argent, avec la plus-value d'icelle en espèces
numéraires courantes, dans cette' dernière alter-
native. Ceux enfin qui étant dans l'aisance seront
aussi jugés dignes du prix, seront invités et admis à
préférer aussi la médaille en argent, pour le reste
être appliqué à une bonne œuvre qu'il leur sera loi-
sible de désigner eux-mêmes.

Pour conférer à cette fondation toute l'autorité et
l'authenticité possibles, ainsi que pour en assurer
l'exercice le plus juste et le plus éclairé, je supplie
très-humblement nos seigneurs du parlement de Paris
de vouloir bien en être les protecteurs, et s'il m'est
permis de me servir du terme, lès exécuteurs, désirant à cet effet, sauf leur meilleur avis, que chaque
année, dans la dernière grande audience du mois de
décembre, il soit référé par tous ceux qui y seront
présents des actions venues à leur connaissance qui
pourraient mériter le prix fondé, pour qu'il plaise
enfin à nos seigneurs l'adjuger à quiconque ils auront connu, par ce moyen ou par tout autre, en être
le plus digne.

Qu'il me soit permis de placer aux pieds des illustres magistrats qui exercent l'auguste fonction de
rendre la justice, cet encouragement public à la
vertu dont ils sont les premiers modèles.

3° Je lègue au cabinet des estampes du roi toutes
mes collections botaniques, consistant en plus de
200 volumes in-folio qui comprennent les herbiers,
les recherches de plusieurs botanistes de nom, et
les miennes propres, c'est-à-dire la dépouille de

plusieurs jardins académiques, les suites les plus
complètes de tout le royaume, des Alpes, des Pyrénées, des montagnes de Suisse, de Savoie, du
Dauphiné, des Cévennes, du Gévaudan, de l'Auver-
gne, du Languedoc, de la Provence et des côtes ma-
ritimes, même un détachement de la fameuse collection de Tournefort au Levant, laquelle Tournefort
avait accordée à un de ses amis, médecin à Gannat
en Bourbonnais, enfin l'herbier fameux de Danti
d'Isnard, qui fait partie de la collection susdite, tous
lesquels herbiers seront livrés à ladite bibliothèque
avec leurs portefeuilles et cartables que l'on con-
seille de renouveler pour la plupart, à cause de leur
vétusté, ajoutant à ce legs la très-humble prière de
permettre un jour à mon fils héritier ci-après
nommé, s'il se trouve du goût et des talents pour
l'histoire naturelle, d'être le démonstrateur public
desdites collections à ladite bibliothèque, sous tels
gages et condition qu'il plaira à S. M. de le gratifier,
ou si cette grâce lui est refusée, de lui permettre de
retirer pour son profit les doubles échantillons qui
se trouvent partout dans lesdits herbiers et collections
botaniques; et comme lesdites collections ne sont
pas toutes en ordre, je lègue une somme de 600
livres une fois payée à tout botaniste de nom qui
voudra bien y mettre la main, désignant spécialement MM. Adanson ou Gérard, auteurs du *Gall.
Provincialis*, s'ils veulent bien l'un ou l'autre en
prendre la peine, ce dernier surtout, qui est mon
ami particulier, s'il se trouve alors à Paris, le grati-
fiant, outre le legs ci-dessus, de l'histoire naturelle
de M. de Buffon, en 14 volumes in-4° brochés, tels

que je les ai, pour le faire ressouvenir de moi,

4° Je réserve spécialement tous les manuscrits qui suivent et qui sont annexés à ladite collection pour mondit fils héritier ci-après nommé, afin qu'il puisse les dépouiller ou faire dépouiller de ce qu'il peut y avoir d'utile, et leur donner l'ordre que je n'ai pas encore eu le temps de leur donner moi-même. Il en sera de même des autres manuscrits qu'on trouvera dans mes papiers sur les autres parties de l'histoire naturelle, insectologie, ornithologie, ichthyologie surtout, concernant la mer Méditerranée, sur les poissons de laquelle j'ai fait beaucoup de recherches, lors de la collection ichthyologique que je fis sur les côtes pour une puissance du Nord.

5° Je lègue à mes père et mère, M. George-Marie Commerson, notaire royal à Châtillon-lès-Dombes, et Jeanne-Marie Mazuyer, son épouse, tous arrérages de rentes, etc., etc., etc.

6° Je lègue à d° Marie-Catherine Commerson, femme Meurier, ma sœur aînée, tout ce que ledit sieur Meurier, son mari, peut me devoir dans le for intérieur de la conscience, etc., etc. J'entends aussi que M. Georges-Marie Commerson, mon frère, chanoine, ne soit point recherché ni inquiété pour les sommes qu'il a diverties à son usage pendant la régie de mes affaires, etc.

7° Je donne à mon excellent ami Clériade Vachier, docteur en médecine des facultés de Paris et Montpellier, demeurant à Paris, rue du Mail, toute ma bibliothèque, comme un gage léger à la vérité, mais cordial, de l'attachement et de l'estime inviolable que j'ai toujours eue pour lui, déclarant pour valider en tant que de besoin le présent legs, qu'il est moins de pure libéralité que de reconnaissance pour une infinité de services essentiels qu'il m'a rendus et de beaucoup d'obligations réelles qu'il ne m'a jamais permis de reconnaître jusqu'à ce jour ; et sans déroger au présent legs, je déclare lui devoir d'ailleurs par cédules de seing privé quelques sommes que j'entends bien lui être payées par moi ou mon héritier ci-après nommé sur le rapport desd. cédules ; priant au surplus ledit Sr Vachier de vouloir bien être mon exécuteur testamentaire pour la partie de mon testament qui pourrait requérir des soins à Paris, et finalement de vouloir bien accorder à mon fils la même bienveillance qu'il a toujours eue pour le père.

8° Je lègue à Jeanne Baret, dite de Bonnefoi, ma gouvernante, la somme de 600 liv. une fois payée, et ce, sans déroger aux gages que je lui dois depuis le 6 septembre 1764 à raison de 100 liv. par an, déclarant au surplus que tous linges de lit et de table, toutes nipes et habits de femme que je puis avoir dans mon appartement lui appartiennent en propre, ainsi que tous les autres meubles meublants, tels que lits, chaises, tables, commodes, à l'exception seulement des herbiers et livres ci-dessus spécifiés, et de ma dépouille propre, voulant que les susdits meubles lui soient délivrés après ma mort, même qu'elle jouisse une année encore après icelle de l'appartement que j'occuperai pour lors, et dont le loyer sera entretenu à cet effet, quand ce ne serait que pour lui donner le temps de mettre en ordre la collection d'histoire naturelle qui doit être portée au cabinet des estampes du roi, ainsi que sus est dit.

9° Finalement je nomme et institue pour mon légataire universel et héritier mon fils unique et bienaimé Anne-François-Archambaut Commerson, provenu de mon union avec ladite dame défunte, Antoinette-Vivante Beau, ma chère et légitime épouse, auquel fils je veux que la généralité de mes biens, noms, raisons, actions et droits généralement quelconques appartiennent quelque part qu'ils se trouvent, à la charge des legs et fondations et dettes cidessus énoncées et autres héréditaires et de droit, et comme il peut arriver que je meure avant que mon fils ait atteint l'âge fixé par les lois pour la régie de ses biens, je nomme pour son tuteur la personne de son oncle maternel M. François Beau, licencié en théologie, curé, prévôt de la ville de Toulon-sur-Arroux, entre les mains duquel mondit enfant se trouve présentement, et je supplie, le cas échéant, MM. les officiers de justice de confirmer la présente nomination à l'exclusion de tous autres parents paternels et maternels, et ce pour de très-fortes raisons de convenance à moi connues, qui au reste ne préjudicient point aux sentiments de respect et d'estime que j'ai pour tous les autres parents non préférés.

Je déclare ne devoir rien à Paris en dettes criardes, n'ayant jamais rien pris à la taille ou emprunt. Si d'ailleurs il se trouve quelques dettes contractées par acte public ou seulement par écrit chirographaire dûment reconnues, on y fera honneur ; quant aux hypothécaires de la famille, je déclare qu'elles sont toutes déléguées dans le contrat de vente ci-dessus rappelé, dont je n'entends pourtant ratifier les clauses qui sont intruses contre la teneur de ma procuration, si ce n'est à l'égard des rentes viagères à mes père et mère, et des sommes par eux reçues ou par mon frère le chanoine.

Fait et passé à Paris, le 14 décembre 1766, à la veille d'un voyage entrepris par ordre du roi aux terres Australes, où je vais accompagner M. de Bougainville en qualité de médecin-botaniste de Sa Majesté, pour y faire des observations sur les trois règnes de la nature, dans tous les pays où cet officier me conduira, ainsi Dieu me soit en aide !

Signé Commerson,

D. M. Botaniste naturaliste du Roi.

P. S. Je déclare à la veille de mon départ susdit, que j'emporte et que j'embarque avec moi des effets en nature ou argent pour la valeur de 10 à 12,000 livres à peu près, à raison desquelles il faudra faire les recherches convenables, si je viens à mourir dans ladite expédition. Je déclare aussi que je ne laisse aucun argent dans mon appartement chez M. le Gendre, faubourg St.-Victor, rue des Boulangers, à Paris, et que c'est M. Vachier, mon susdit ami, que j'ai chargé de veiller à tout, entendant au surplus que ladite Baret, ma gouvernante, y reste avec ses gages ordinaires. Je déclare de plus devoir à mon ami susdit M. Vachier la somme de 1,200 livres qu'il m'a fait compter à l'heure de mon départ pour Ro-

chefort, sans que j'aie pu lui en passer d'autre reconnaissance que celle-ci, qui ne déroge point à tous
autres billets antérieurs.

Fait à Paris, le 15 septembre 1766.

Signé COMMERSON.

Ce testament a été déposé pour minute à Mᵉ Rey-
nault, notaire à Paris, par Mᵉ Jean-Baptiste-Joseph
Thierry, commissaire au Châtelet de Paris, à la ré-
quisition de Mᵉ Vachier, par acte du 30 août 1773 (1).

(1) Je dois la communication de cette pièce intéressante à l'o-
bligeance de M. le docteur Lemercier, sous-bibliothécaire au muséum de Paris. Sa teneur et les termes dans lesquels elle est
écrite annonceraient qu'avant d'aller à Montpellier, Commerson
se serait essayé au notariat dans l'étude de son père.

JOSEPH DOMBEY (1).

Et pius est patriæ facta referre labor.
(OVID., *Trist.*, II.)

Une de nos plus jolies villes de la France centrale, moins importante par l'étendue de sa population que par l'excellence des produits de son territoire, et dont la célébrité est désormais impérissable, parce qu'elle a donné naissance à un grand poëte, Mâcon vient d'inscrire sur l'une de ses rues le nom d'un naturaliste dont elle s'honore aussi d'avoir été le berceau. Ce nom est celui de JOSEPH DOMBEY, d'un savant un peu ignoré aujourd'hui, bien qu'il ait droit à une assez large part dans notre gloire scientifique, bien qu'il figure dignement parmi ces hommes résolus qui, emportés par leur zèle pour la science, sacrifient à cette noble passion leur repos, leur fortune, leur vie, et à la mémoire desquels la science à son tour doit de solennels témoignages de sympathie et de gratitude.

Joseph Dombey, né à Mâcon le 22 février 1742,

(1) Notice lue le 10 novembre 1858, à la séance de rentrée de l'École supérieure de pharmacie, et de la Société de pharmacie de Paris.

était fils d'un confiseur. Son père, en raison des succès que l'enfant avait obtenus dans ses premières
études, voulut le diriger vers une profession plus
scientifique et le destina d'abord à la pharmacie.
Plus tard, entraîné par l'exemple et les conseils de
Commerson, son compatriote et son parent, le jeune
homme se détermina à étudier la médecine. Il alla à
Montpellier, où les avis de Gouan, l'ami de Linnée, et
de son collaborateur Cusson ne tardèrent pas à tourner ses idées vers la botanique. Il poursuivit néanmoins ses études médicales, et, après avoir été reçu
docteur, en 1768, il revint immédiatement dans sa
famille.

Dombey n'avait pas les qualités indispensables pour
exercer la médecine pratique dans une ville de province, ou plutôt il en avait d'autres qui l'appelaient à
figurer sur un théâtre plus vaste et plus glorieux.
Vif, ardent, aimant le plaisir presque autant que la
science; généreux, imprévoyant, d'une nature aventureuse, il aimait naturellement les voyages, et, cette
curiosité, ce besoin de connaître sur lesquels se fonde
le goût de l'histoire naturelle, ne devaient pas le laisser longtemps languir dans le repos, au sein de sa ville
natale. Confiant et désintéressé, il aimait la dépense,
mais il savait aussi, dans l'occasion, vivre frugalement
et s'imposer des privations sévères. Son commerce
était doux et facile, mais, ferme et brave en même
temps, il avait la fierté de l'homme qui se respecte et
qui a la conscience de sa valeur.

Il faisait de fréquentes excursions en Suisse, en

Savoie, dans les Pyrénées, sur le littoral méditerra-
néen, et il en rapportait toujours de nombreux échantillons de plantes peu connues. Aussi, lorsqu'il vint
à Paris pour la première fois, en 1772, put-il offrir à
Bernard de Jussieu un très-bel herbier des Pyrénées,
qui lui valut l'amitié du savant professeur. Il se lia en
même temps avec Lemonnier, avec Thouin, avec
Claude Richard, et même avec Jean-Jacques Rousseau, alors voué exclusivement à l'étude de la botanique, et qui apprécia dès l'abord le caractère de franchise et d'honnêteté du jeune Bourguignon.

En 1775, le contrôleur général Turgot ayant désiré
envoyer au Pérou un botaniste, dans la pensée de naturaliser en France quelques plantes des contrées
tropicales, Dombey lui fut désigné par Jussieu et par
Condorcet, comme réunissant toutes les qualités nécessaires pour une pareille mission. Il parcourait
alors la Suisse où il avait été faire la connaissance de
Haller, après avoir visité les Ardennes, les Vosges et
la Forêt-Noire. C'est dans une de ces courses qu'il
rencontra Gilibert qui avait voulu faire le même pèle-
rinage avant de partir pour la Pologne, où il venait
d'être appelé par le roi Stanislas.

Gilibert a consigné dans une intéressante notice les
détails de cette entrevue. Ils ne se connaissaient ni
l'un ni l'autre, mais ils se devinèrent simultanément
et furent bientôt liés en nommant le botaniste Gouan,
leur ami commun. Les mêmes goûts, la même ardeur
scientifique allaient conduire les deux jeunes gens à
deux points opposés du globe. Réussiraient-ils dans

leurs vues, se retrouveraient-ils un jour ? c'est l'espoir
qu'ils emportèrent en se séparant, et, à cette occasion, Gilibert se livre à quelques réflexions aussi justes
que touchantes :

« L'étude de l'histoire naturelle, dit-il, produit ra-
« rement chez ceux qui s'y livrent ces jalousies trop
« fréquentes parmi les hommes qui cultivent d'au-
« tres branches de nos connaissances. Les natura-
« listes ont formé de tout temps comme une société
« fondée sur le sentiment d'une véritable amitié ; soit
« que le besoin des communications scientifiques les
« rapproche, soit que l'étude des objets naturels
« adoucisse les mauvais penchants, on les a rarement
« vus se haïr ou se craindre et presque tous se sont
« aimés avec tendresse. Aussi, en embrassant Dom-
« bey, ne fis-je que me livrer aux épanchements
« spontanés de mon cœur. Quel intérêt ne devait pas
« m'inspirer un jeune homme doux, honnête, plein
« d'énergie, qui allait exposer sa vie pour la science
« dans un voyage si périlleux ! Peut-être ma position
« lui inspira-t-elle les mêmes sentiments ; aussi
« notre séparation nous causa-t-elle autant de tris-
« tesse que notre entrevue nous avait donné de joie,
« et nous quittâmes-nous en versant tous deux des
« larmes sincères..... »

On eut quelque peine à retrouver Dombey dans les
Alpes ; Thouin lui avait écrit dans différentes villes ;
une de ses lettres lui parvint enfin à Saint-Claude,
dans le Jura, et quelques jours après le jeune savant
se présentait chez Turgot qui lui remit sa commis-

sion. Toutefois, il fallait obtenir l'assentiment du
gouvernement espagnol et la négociation dura près
d'un an. Dombey profita de ces délais pour se préparer au voyage, pour en arrêter le plan, et aussi
pour acquérir des notions étendues sur les autres
parties de l'histoire naturelle qui lui étaient moins familières. Enfin, il partit, et, au commencement de
novembre 1776, il arrivait à Madrid.

Là, de nouvelles difficultés l'arrêtaient encore.
M. de Galvez, ministre des Indes, s'associant à la
pensée de Turgot, voulut réunir à Dombey deux naturalistes espagnols. Son choix tomba sur deux hommes que ce voyage a rendus justement célèbres :
Ruiz et Pavon, tous deux élèves d'Ortéga, et il leur
adjoignit deux dessinateurs. Ces dispositions entraî-
nèrent de nouveaux délais. On ne s'embarqua qu'à la
fin d'octobre 1777, et le 7 avril suivant on arrivait au
port de Callao.

On peut comprendre l'émotion, l'enthousiasme de
Dombey, à la vue de ces rives étranges, de cette nature si nouvelle pour ses yeux, à l'aspect des Cordillères si supérieures aux cimes les plus élevées de nos
Alpes, et de ce royaume des Incas dont la destinée
avait tant occupé la vieille Europe. Dès le lendemain,
il arrivait à Lima et se préparait avec une joie de naturaliste, c'est tout dire, à entreprendre ses explorations. Mais, pour cette contrée, les premiers jours de
notre printemps sont déjà la fin de l'été. La végétation était aride, desséchée, il fallut recueillir les
graines, non sur les arbres et sur les plantes, mais sur

le sable où le vent et les fourmis les avaient amassées. Dombey commença à faire dessiner quelques genres, puis, avec ses compagnons, il remonta les côtes dans la direction de Quito, à travers des dangers imprévus et de toute nature. Une bande de nègres fugitifs étant venue leur barrer le passage, chacun de nos savants dut bravement payer de sa personne. Après un véritable combat, un nègre resta mort et trois autres furent faits prisonniers. C'était un premier épisode de leurs courses aventureuses, un premier témoignage de leur courage et de leur résolution.

Dombey recueillit, en même temps qu'un grand nombre de plantes nouvelles, plusieurs objets de curiosité, entre autres des vases trouvés dans d'anciens tombeaux et un habillement complet des Incas. Cependant une circonstance commença à l'inquiéter. Il ne savait pas dessiner, et les dessinateurs de l'expédition lui refusèrent les copies des plantes qu'il avait découvertes. Il lui fallut donc se contenter de recueillir des échantillons en grand nombre. De retour à Lima et sachant qu'un vaisseau allait partir pour Cadix, il prépara deux herbiers, l'un pour la France et l'autre pour le roi d'Espagne. Il joignit au premier les objets curieux qu'il avait achetés, un paquet de graines de *Chenopodium quinoa*, dont les feuilles servent au Pérou à la nourriture du peuple, et 38 livres de platine, alors nouvellement découvert et destiné au Jardin du Roi.

Au printemps suivant, il alla faire l'analyse des eaux minérales de Ceuchin, puis, traversant les Cor-

dillères, il suivit les affluents du fleuve des Amazones,
il s'établit quelque temps à Tarma et plus tard à
Huanuco, où s'arrêtent les possessions espagnoles.
Au delà de cette limite se trouvent de vastes forêts
où croît abondamment le qu'nquina. Il voulut reconnaître l'étendue de ses richesses et s'assurer de l'i-
dentité des espèces de cet arbre avec celles du district
de Loxa. Ce projet devint l'objet d'une nouvelle
expédition pour laquelle, outre ses compagnons, il
fallut s'adjoindre des domestiques, des guides du
pays et des mules chargées de provisions. A peine entrés dans ces forêts épaisses et presque impénétra-
bles, ils apprirent qu'un parti de sauvages, au nombre de deux cents, se disposait à les attaquer. Il fallut
s'enfuir à travers mille dangers et regagner précipi-
tamment Huanuco. Peu de jours après, Dombey revenait à Lima pour chercher des secours et surtout
de l'argent, car il en fallait beaucoup pour protéger
ses collections et subvenir à tous ses frais.

Notre jeune savant n'avait jamais songé à tirer le
moindre parti pour sa propre fortune de la mission
qu'il avait reçue. Ses appointements n'étaient que de
mille écus, tandis que ceux de chacun de ses compagnons étaient de 10,000 livres. Il avait dépensé tout
ce qu'il possédait et même contracté quelques dettes,
au moment de son départ, pour se pourvoir de livres
et d'instruments. Plus tard son traitement fut doublé,
et M. Necker lui fit donner une gratification assez
forte, mais ces diverses expéditions avaient été très-
dispendieuses, ainsi que l'emballage de ses premiers

envois. Cependant, il avait suffi à tout, et il avait
même prêté 8,000 livres à ses compagnons de voyage.
Il faut donc expliquer d'où lui venaient toutes ses
ressources.

A côté des soins constants qu'il donnait à ses recherches, son activité infatigable lui laissait encore
quelques loisirs, et lui permettait d'exercer la médecine d'une manière assez fructueuse. A Lima, où l'or
est abondant et le luxe excessif, le jeu est le principal
emploi de la vie. Les Péruviens s'y livrent avec en-
traînement, mais avec une certaine indifférence pour
le gain. Dombey, naturaliste éminent pour quelques
gens éclairés, médecin habile pour les familles riches, mais surtout pour les indigents, était recherché dans le monde comme un homme aimable, spirituel et d'un commerce charmant. Il était libéral,
beau joueur et heureux au jeu. Il s'était fait d'ailleurs
de nombreux amis qui lui prêtèrent des sommes considérables qu'il ne devait rembourser qu'à son retour
en France. Hâtons-nous d'ajouter qu'il en usait avec
discrétion, et, que loin de faire des économies, il abandonnait volontiers aux malheureux tout ce qui dépas-
sait ses besoins personnels.

Après avoir emballé soigneusement ses riches collections, Dombey retourna à Huanuco, pour y rejoindre ses compagnons. Les circonstances politiques
étaient graves. Une sorte de révolution se préparait
sous l'influence de l'Indien Tapac-Maro qui, se disant
le descendant des Incas, avait entraîné à la révolte
une partie des provinces, et s'était mis à la tête d'un

parti formidable. Cette guerre, qui avait déjà fait répandre beaucoup de sang, faisait craindre que le Pérou ne finît par échapper à la domination espagnole.

En arrivant dans la ville d'Huanuco, il la trouva plongée dans la stupeur et dans une profonde détresse. On manquait de vivres, d'argent, et l'ennemi était aux portes. Dombey se présente au conseil de la ville ; il lui offre une somme de 1,000 piastres et vingt charges de grains. Il propose en outre de lever deux régiments à ses frais et de se mettre à leur tête pour marcher contre les rebelles. On l'écoute avec surprise, avec admiration ; excités par tant de générosité et de dévouement, les habitants et l'armée reprennent courage ; on refuse les offres du naturaliste ; le conseil se charge des frais nécessaires, les troupes font leur devoir, et le pays est délivré d'une guerre qui avait déjà coûté plus de cent mille hommes. Dombey, ne voulant pas reprendre ses dons, abandonne à l'hôpital de Saint-Jean-de-Dieu les 1,000 piastres qu'il avait offertes.

Cet acte éclatant devint la source de la jalousie du vice-roi, qui, dans cette circonstance, n'avait pris aucune mesure pour arrêter le cours des événements. La révolte une fois apaisée, Dombey se servit de son influence pour modérer l'animosité des vainqueurs, et il y réussit.

A son départ, il fut accompagné des bénédictions du peuple et remercié officiellement par les autorités du pays. Revenu à Lima, il apprend que le vaisseau

13.

chargé de ses envois a été pris par les Anglais, et que
les collections, ainsi que les objets d'art, ont été ache-
tées à Lisbonne pour le compte du gouvernement
espagnol. On s'était contenté d'envoyer à Paris les
doubles des plantes sèches et des graines. Dombey,
indigné d'un pareil procédé, n'hésite pas à s'en plaindre au vice-roi. Celui-ci répond que le roi d'Espagne
a trouvé fort étrange que l'herbier qui lui était destiné fût moins considérable que celui destiné à la
France. — « Le ministre de France, répliqua Dombey,
« aurait pu également se plaindre de ce que les Es-
« pagnols ne lui ont pas envoyé une copie de nos
« dessins et un double des échantillons que nous
« avons recueillis. — Mais, Monsieur, les Espagnols
« ne doivent rien à la France. — Et que dois-je à
« l'Espagne, Monseigneur ? Vous pouvez répondre
« que puisqu'on exige, je n'enverrai plus rien. »
Le ministre, loin d'être blessé de ce langage, comprit
la juste susceptibilité du naturaliste et obtint facilement de Dombey qu'il continuerait ses recherches et
ses envois.

Cependant les fatigues et l'ardeur du climat avaient
altéré sa santé. Il désirait revenir en France, mais il
ne voulait pas quitter l'Amérique sans avoir visité le
Chili, qui, situé dans des conditions climatériques
assez analogues à celles de l'Europe centrale, devait
contenir beaucoup de plantes propres à l'acclimatation. Il laissa à Lima les caisses qu'il destinait à la
France, et se prépara à partir. Mais l'argent lui manquait pour cette nouvelle entreprise. Des amis dé-

voués lui offrirent des secours, des recommandations
et lui prêtèrent 50,000 livres. Il arriva à la Conception
au commencement de 1782.

Une maladie épidémique ravageait alors cette
ville. Chacun fuyait ou s'isolait, et les malades manquaient de secours. Dombey oublia un moment le
principal objet de son voyage et se souvint qu'il était
médecin. Il se jette résolûment au milieu du foyer de
la contagion, il se dévoue avec courage, il porte partout des conseils et des soins. Il distribue à ses frais
des aliments, des remèdes, des garde-malades. Peu
à peu la confiance renaît, l'espoir se ranime et l'épidémie finit par s'arrêter. Dombey, regardé comme un
sauveur, reçoit des remercîments publics au nom du
pays, on lui offre la place de médecin de la ville, avec
10,000 livres de traitement. L'évêque de la Conception lui propose d'épouser une jeune personne, riche
et belle, que son mérite a subjuguée. Dombey refuse
tout, parce qu'il veut aller offrir lui-même à sa patrie
les collections qu'il a acquises au prix de tant d'efforts.
Il part pour Santiago, après avoir rempli vingt caisses
de plantes, de minéraux et de coquillages, auxquels
il a joint un grand nombre de dessins et de curiosités.

A Santiago, le gouvernement espagnol, instruit des
connaissances variées qui le distinguent, le charge de
rechercher des mines de mercure, celles de Huanca-
Velica ayant été envahies par des éboulements et celles
d'Almaden commençant à s'épuiser. Il va dans les
Cordillères explorer la mine de Coquimbo abandonnée
depuis cinquante ans. Il la fait fouiller, il en lève le

plan, il indique les moyens de l'exploiter avec avantage ; il en découvre une autre de deux lieues d'é-
tendue, ainsi qu'une nouvelle mine d'or, et il adresse
sur ce sujet un mémoire à la cour d'Espagne. Il fait,
toujours à ses frais, l'analyse des eaux minérales de
Caxatumbo. Ces excursions lui avaient coûté 15,000 livres dont on lui offrit le remboursement ; Dombey,
toujours grand et libéral, ne voulut rien recevoir.
« Je n'ai de comptes à rendre, répondit-il avec di-
« gnité, qu'au gouvernement qui m'a envoyé près de
« vous. »

De retour à Lima, il se préparait à venir en Europe.
Mais l'éclat de ses talents avait excité l'envie, on l'a-
vait calomnié sourdement, on avait même osé l'accuser d'intelligences avec les Anglais. Lorsqu'il alla
prendre congé du visiteur général, celui-ci le reçut
avec hauteur et lui fit des insinuations injurieuses. —
« Si j'étais un simple voyageur, lui dit Dombey avec
« calme, je ne souffrirais pas de pareilles insultes. —
« Et que feriez-vous, monsieur ?—Je vous aurais déjà
« percé le cœur... Mais comme c'est au roi de France,
« que je vais instruire de vos procédés, à m'obtenir
« justice, je dois rester tranquille. » A ces mots, il
sortit, mais le visiteur général le fit rappeler et s'empressa de lui faire des excuses, en présence de tous
ses compagnons.

A peine eut-il mis en ordre et emballé avec soin
toutes ses collections, qu'il tomba gravement malade,
au point de perdre un moment l'espérance de revoir
sa patrie. Toutefois, grâce à son excellente constitu-

tion, il se rétablit et s'embarqua aussitôt, emportant avec lui soixante-douze caisses énormes dont l'emballage seul avait coûté 18,000 francs (1). Après une navigation des plus périlleuses et une relâche de quatre mois à Rio-Janeiro, il arriva à Cadix en février 1785. Deux épisodes de cette longue treversée ajouteront encore à l'idée de sa grandeur d'âme et de son désintéressement.

Aux environs du cap Horn, le navire *le Péruvien*, qu'il montait, avait éprouvé de graves avaries ; l'équipage était excédé de fatigues et transi de froid. On avait perdu trente-deux hommes, et il y avait à bord soixante-treize malades. Il fallait pourtant réparer le vaisseau au-dessous de la ligne de flottaison. Les plongeurs hésitaient ; Dombey offre 1,500 livres au premier qui se jettera à la mer ; douze hommes se présentent, le radoub s'exécute, et le navire est remis à flot. — A Rio-Janeiro, le vice-roi, instruit par la renommée de ses talents et de son courage, l'accueille avec de grands honneurs et lui offre une magnifique collection d'oiseaux, d'insectes et de papillons du Brésil ; notre naturaliste accepte le présent, et donne 1,000 livres de gratification à l'employé chargé de le lui remettre. La science n'est pas souvent représentée par de pareils grands seigneurs.

De cruels chagrins l'attendaient à son retour en Europe. Ses compagnons étaient restés au Pérou, mais les collections espagnoles accompagnaient les siennes. Les deux vaisseaux chargés de toutes ces richesses furent séparés par la tempête. Les caisses que

portait le *Péruvien* appartenaient toutes à la France, et
Dombey espérait qu'elles seraient affranchies de toute
visite à la douane espagnole. Il n'en fut rien : on ouvrit les caisses, on les fouilla sans précautions, et la
plupart des objets qu'elles renfermaient furent en-
dommagés. Pour réparer les pertes des collections
destinées à l'Espagne, on demanda à Dombey la moitié des siennes (2). Il s'y refusa. On écrivit à Paris,
et des motifs sérieux ne permettant pas de résister, il
fallut céder à cette exigence. Mais les persécutions ne
devaient pas s'arrêter là. On prit une copie des descriptions et des notes qu'il avait jointes à son herbier ;
on le priva des échantillons qui lui appartenaient personnellement et même des plantes qu'il avait dédiées
à ses amis. Il fut surveillé, traité sans aucun ménagement ; on tenta même de l'empoisonner, et un
homme, que l'on prit sans doute pour lui, fut assassiné à sa porte. On ne consentit à le laisser partir
avec sa demi-collection qu'après qu'il se fut engagé
sur l'honneur à ne rien publier avant le retour de ses
compagnons de voyage. Enfin, lassé de tant de vexa-
tions, il s'embarqua secrètement pour le Havre et
arriva à Paris.

Buffon, étonné de tant de zèle, touché de tant d'in-
fortunes, lui fit accorder une indemnité de 20,000
écus et une pension de 6.000 livres (3). Dombey paya
toutes ses dettes et divisa sa pension en trois parts :
l'une fut destinée à sa famille, la seconde à ses amis
malheureux et il garda la troisième pour lui-même
et pour les indigents. Buffon voulait aussi qu'il pu-

bliât immédiatement ses découvertes; mais Dombey
s'y refusa, regardant sa promesse comme sacrée, bien
qu'elle lui eût été arrachée par la violence. Le découra-
gement d'ailleurs s'était emparé de lui. Ses caisses
étant arrivées au Jardin du Roi, Lhéritier fut chargé de
décrire et de faire graver les plantes nouvelles. Le ministère espagnol, informé de ce projet, fit de vives ré-
clamations. Lhéritier, qui habitait Versailles, ayant
appris que l'ordre était donné de lui retirer l'herbier
de Dombey, s'empressa de venir à Paris. Aidé de sa
femme, de Broussonnet et de Redouté, on passa la
nuit à emballer l'herbier en toute hâte, et dès le matin Lhéritier partait en poste avec son trésor pour
Calais et l'Angleterre. Cet ardent botaniste passa
quinze mois à Londres, entouré de copistes, de dessinateurs, de graveurs; Redouté alla le seconder, et ils
réussirent, sinon à terminer la flore du Pérou, du
moins à mettre en ordre les manuscrits et à faire graver les planches principales. Lorsque Lhéritier revint
en France, la révolution avait éclaté, il avait perdu
sa fortune, son modeste emploi, et l'ouvrage resta
inachevé.

Buffon était mort en 1788. Ruiz et Pavon, de retour
en Europe la même année, commencèrent la publication de leur voyage. Quoique Dombey eût les droits
les plus évidents à en être reconnu comme l'un des
collaborateurs, son nom ne parut point sur le titre
de l'ouvrage. Abreuvé d'amertumes, il cessa tout
à coup de s'occuper de sciences; il rompit toute
communication avec les savants. Il distribua ses li-

vres et ses collections à ses amis ; il sembla prendre
en dégoût sa passion jusque-là favorite. Malgré les
sollicitations de Jussieu et de Daubenton, il refusa de
se présenter à l'Académie à la place de Guettard qui
venait de mourir ; il n'écouta pas davantage les propositions de l'ambassadeur de Russie, qui lui offrait,
au nom de l'impératrice, 100,000 francs des doubles
qui lui restaient. Enfin, il repoussa les offres de
M. de Galvez, qui voulait l'indemniser largement de
ses peines et de ses sacrifices. « Singulier homme,
« avait dit Louis XVI, qui refuse des largesses si bien
« méritées, quand je suis accablé de demandes par
« tant de gens à qui je ne dois rien ! » Il n'avait plus
d'autre désir que celui de se retirer dans une solitude
du Jura, chez un ancien cultivateur qu'il avait connu
dans sa jeunesse. Toutefois, après un voyage dans les
Alpes dauphinoises, il finit par se fixer à Lyon (1786),
auprès de quelques amis chez lesquels il vivait en mi-
santhrope. Il y avait, en effet, plus d'un motif de mi-
santhropie dans cette suite de malheurs et d'injustices, après une vie toute d'études, de travaux et
d'abnégation. Enfermé dans cette ville pendant le
siége de 1793, il y trouva pourtant plus d'une fois l'occasion d'exercer ses talents, son zèle et ses instincts
de générosité. Après cette affreuse crise, il désira
quitter la France et retourner en Amérique. Sur la
proposition du représentant Grégoire, on l'envoya
présenter aux États-Unis l'étalon des nouvelles mesures, et on le chargea de diverses recherches relatives à la science, au commerce et à la géographie.

A la fin de la même année, il partit du Havre. Environ un mois après, une tempête le forçait de débarquer à la Pointe-à-Pitre. La Guadeloupe était alors en proie à toute l'effervescence révolutionnaire. Le gouverneur fit appeler Dombey, qui ne jugea pas à propos de se rendre à ses ordres et se disposait à partir pour Philadelphie. Pendant la nuit il fut arrêté et mis en prison. Les habitants en armes vinrent demander sa mise en liberté. Il fut relâché, et son premier soin fut de s'opposer à tout acte de violence. Un accident le fit tomber dans la rivière Salée; on le sauva; mais l'émotion, la fatigue et les suites de sa chute lui occasionnèrent une grave maladie. A peine revenu à la santé, il alla de lui-même chez le gouverneur qui, rendant justice à ses bonnes intentions, mais craignant de nouveaux troubles, lui enjoignit de partir. Le navire à peine sorti de la rade fut attaqué et pris par les Anglais. Dombey, quoique déguisé en marin espagnol, fut reconnu. On le conduisit dans les prisons de Montserrat, où le chagrin, la misère et les mauvais traitements ne tardèrent pas à le faire périr. La nouvelle de ce cruel événement ne parvint en France que six mois après (octobre 1794).

Si ce rapide récit reproduit fidèlement les agitations de cette noble vie, s'il fait connaître tout ce que le caractère du naturaliste français avait d'élevé, de généreux et d'énergique, il ne suffit pas pour faire apprécier tous les services qu'il rendit à la science. Son herbier, déposé au Muséum, contenait deux mille plantes des contrées équinoxiales, parmi lesquelles

14

figurent plus de soixante genres nouveaux. Il est accompagné d'un manuscrit contenant l'histoire des
plantes du Pérou et du Chili, leur description et leurs
usages. On doit à ce naturaliste un grand nombre de
plantes du plus haut intérêt, parmi lesquelles il nous
suffira de nommer : le *Datura suaveolens* (floripundio),
aux larges campanules blanches, pendantes et parfu-
mées ; l'*Aristotelia maqui*, aux baies rouges, rafraî-
chissantes et alimentaires ; la *Salvia formosa* ou *splen-
dens*, à la tige élevée, aux belles fleurs écarlates ; la
Verbena triphylla, verveine à odeur de citron, charmant arbrisseau, complétement naturalisé en France ;
plusieurs espèces de *Solanum*, d'*Amaryllis*, le *Physalis
prostrata*, le *Begonia octopetala*, et une foule d'autres
plantes ou arbrisseaux qui font aujourd'hui l'orne-
ment des plus beaux jardins de l'Europe (4).

La minéralogie lui doit la découverte du cuivre
muriaté ou sable vert du Pérou, ainsi que de l'eu-
clase, silicate double d'alumine et de glucine, qu'il
rapporta du Brésil. L'École des mines et le Muséum
possèdent un grand nombre d'échantillons précieux
qu'il rapporta, notamment des cristaux de quartz
hyalin prismé, une très-belle émeraude primitive du
Pérou, plusieurs morceaux d'or et d'argent natifs,
de beaux spécimens de platine, de mines de mercure, et des ossements fossiles d'un animal gigantesque incrustés d'argent.

La galerie de zoologie a reçu de lui la moufète du
Chili, plusieurs espèces d'oiseaux du genre Tangara,
quelques poissons nouveaux (5), mais surtout les

magnifiques papillons du Brésil, les plus beaux peut-être de la riche collection du Muséum (6). Enfin, le cabinet des Antiques de la Bibliothèque impériale possède les vases trouvés dans les tombeaux des Incas et plusieurs morceaux d'antiquité ou d'archéologie provenant des anciens Péruviens.

C'est à Dombey que l'on doit la découverte du nitrate de soude ou salpêtre natif du Pérou, ainsi que la curieuse observation de la phosphorescence de la mer, que Lalande inséra dans le *Journal de Physique* (t. XV). C'est le seul document imprimé qui émane directement de lui. Ses manuscrits, que possède aujourd'hui le Muséum, mis en ordre par Lhéritier, mais non publiés, seraient pourtant très-dignes de voir le jour. Ils montreraient la part considérable qu'il a prise à la Flore du Pérou, dont les descriptions sont très-souvent littéralement copiées sur les siennes, et que Dombey eût certainement revendiquées à juste droit, si sa mort n'eût pas précédé la publication de l'ouvrage de Ruiz et Pavon.

Dombey mourut à l'âge de cinquante-deux ans, après avoir parcouru une noble et utile carrière. La science lui doit de remarquables découvertes ; il a enrichi notre sol de nombreuses productions rapportées d'un autre hémisphère, il a fait respecter et bénir le nom français dans les contrées lointaines ; et pourtant sa renommée eut peu de retentissement, parce que les malheurs de l'époque et sa mort prématurée ne lui permirent pas de publier lui-même le résumé de ses travaux. Ce fut un digne émule des Commerson, des Poivre, des Sonnerat, des Dolomieu, des Labillardière, des Dumont-d'Urville, des Jacquemont, savants infatigables qui, dédaigneux d'une fausse gloire, affrontèrent tous les dangers dans l'unique intérêt de la science, parce qu'au-dessus des vaines satisfactions de l'égoïsme ils placèrent l'amour de la vérité, l'étude des choses naturelles, et leur saint enthousiasme pour les splendides merveilles de la création.

Un autre motif, messieurs, m'a porté à rappeler le nom de Joseph Dombey à votre mémoire : c'est qu'il nous appartient par la première direction donnée à ses études, voie modeste qui pour lui allait devenir une brillante carrière. C'est aux sciences médicales et pharmaceutiques, en effet, que l'histoire naturelle, à presque toutes les époques, a dû ses plus heureux, ses plus larges développements. Les diverses connaissances que l'enseignement de la médecine désigne sous le nom de *sciences accessoires*, et qui composent le fond principal des études pharmaceutiques, éveillent souvent chez les jeunes élèves des goûts et des aptitudes qui les attachent tout d'abord et pour la vie, comme par une vocation irrésistible, à la culture des sciences physiques ou naturelles. Il est vrai que dans toute autre classe de la société, dans toute autre profession libérale, ils ne trouveraient pas les mêmes occasions de poursuivre ces études si pleines de charme et qui tiennent un si haut rang dans l'ensemble des connaissances modernes. A ne les considérer qu'à ce point de vue, la médecine et la pharmacie ont rendu et rendent encore à la science d'inappréciables services. C'est parmi elles que se recrutent journellement les chimistes, les physiciens, les naturalistes, c'est-à-dire les hommes qui en avancent la marche, qui en propagent le goût et l'étude, ainsi que ces voyageurs intrépides qui parcourent incessamment toutes les contrées du globe pour recueillir, pour échanger de toutes parts les productions de la nature, afin d'enrichir le commerce, les arts, l'industrie, et activer ainsi les progrès incessants du bien-être général et de la civilisation (7).

14.

NOTES

(1) Les caisses étaient doubles. Quand elles étaient fermées, on découpait des peaux de bœufs en bandes larges et longues, on les faisait tremper dans de l'eau, puis on les étendait avec force sur les caisses et on les clouait. Le cuir, en se desséchant, les resserrait encore et les maintenait plus solidement que ne l'eussent fait les meilleures cordes.

(2) Nous avons sous les yeux la lettre qu'il écrivait à ce sujet de Cadix (31 mai 1785) à M. le comte d'Angiviller, intendant du Jardin du Roi. On y lit les phrases suivantes :

« Depuis le 1ᵉʳ déc. 1784, je voyage à mes frais... Quant au « surplus de mes dépenses, j'ai eu soin d'emprunter en mon nom : « la France ne doit rien et n'est pas responsable. Je me trouverai « toujours assez récompensé, monsieur, par vos bontés, par celles « de l'Académie et par le témoignage de ma conscience. Me « voilà rassuré. »

Cette lettre se termine par ces mots : « Je suis assuré que l'on « ne sera pas fâché de ma persistance à refuser la promesse que « l'on me demande. Au surplus, j'aime mieux être malheureux « en faisant mon devoir que d'acquérir de la fortune en me ren- « dant coupable d'une basse complaisance. »

(3) Cette pension fut réduite à 3,000 livres à l'époque de la ré- volution.

(4) On remarque encore parmi les belles plantes dont il a enri- chi notre flore, les espèces suivantes : *Poa peruviana*, Jacq. — *Alstroemeria salsilla*, L. — *Amaryllis tubiflora, maculata* et *chilensis*, Lhér. — *Illecebrum frutescens*, Lhér., *porrigens*, Jacq. — *Salvia scabiosaefolia*, H. P. — *Hemitomus fruticosus*, Lhér. — *Solanum corymbosum*, Wild. *S. reclinatum*, Lhér. *S. spinna- tifidum*, Lmk. — *Cestrum Parqui*, Lhér. — *Turretia lappacea*, Wild. — *Convolvulus Hermanniæ*, Lhér. — *Lobelia tupa*, L. — *Buphthalmum sericeum*, Lhér. — *Encelia canescens*, Lmk. —

Sie, esbeckia flosculosa, Lhér. — *Spilanthus albus*, Lhér. — *Allionia incarnata*, Lhér. — *Palava malvæfolia*, Cav. — *Malope parviflora*, Lhér. — *Malva scoparia*, Lhér. — *Sida paniculata*, L. *S. ricinoïdes, jatrophoïdes, pterosperma, nudiflora* et *cistiflora*, Lhér. — *Tetragonia cristallina*, Lhér. — *Œnothera rosea*, L. — *Celastrus octogonus*, Lhér. — *Begonia octopetala*, Lhér.

(5) Entre autres un gastrobranche, auquel Lacépède donna le nom de Dombey.

(6) Entre autres celui qui a été nommé par Fabricius : *Papilio laertes*, et une autre espèce voisine de celle qu'on a nommée *Papillon hécube*; plusieurs charançons non moins remarquables, comme le *Curculio imperialis* de Fabricius, le *Curculio fastuosus* et le *sumptuosus* qu'Olivier a décrits.

Cavanilles a donné le nom de *Dombeya* à un genre de la famille des malvacées. L'héritier a vainement voulu donner le même nom à une plante que Dombey avait dédiée à Tourret, sous le nom de *Turretia*, mais à laquelle ce dernier nom est définitivement resté.

(7) Mouton-Fontenille, qui avait beaucoup connu Dombey, en fait le portrait suivant : « Dombey joignait à une taille élevée et « bien prise une physionomie douce, un organe agréable, des « yeux noirs dont on avait peine à soutenir l'éclat, une grande « douceur et une activité extraordinaire de corps et d'esprit... Il « était véridique et d'une grande modestie, il redoutait la « louange, et, souvent arrêté dans sa carrière, il sut tout supporter sans jamais se plaindre. »

J'ai puisé les principaux faits de cette étude : 1° dans la notice historique de Deleuze, insérée dans les *Annales du Muséum*, t. IV, p. 136 ; 2° dans celle de Gilibert (*Mémoires de la Société de santé de Lyon*, an VI, p. 453); 3° dans la notice de Mouton-Fontenille; Lyon, 1810 ; 4° dans la correspondance de Dombey avec Thouin, Jussieu, etc., déposée au Muséum d'histoire naturelle; 5° dans plusieurs lettres autographes de Dombey qui sont en ma possession, ou qui m'ont été confiées par quelques amis.

Je suis heureux d'ajouter que, pour cette notice comme pour plusieurs autres, j'ai trouvé de précieux secours dans le cabinet, mais surtout dans la complaisance et dans l'érudition de M. Lemercier, sous-bibliothécaire au Muséum.

AUDUBON

NATURALISTE AMÉRICAIN.

1780-1851.

I

L'Amérique jusqu'ici n'a pas été très-féconde en
savants. Depuis l'élan que Franklin donna à la
physique, vers la fin du dernier siècle, et celui que
la navigation à vapeur reçut de Fulton, au commencement du siècle actuel, le Nouveau-Monde n'a pas
souvent fait faire à la science de ces pas gigantesques
qui maintiennent à un rang si élevé les peuples du
vieux continent. Aussi ces derniers sont-ils justement fiers d'avoir arraché à la nature la plupart de
ses grands secrets, et d'appuyer sur cette conquête
leurs droits aussi anciens qu'ils sont incontestables
au développement progressif de la civilisation. Un
peuple qui, à peine, a eu le temps de fonder son in-
dépendance, sa nationalité, sa vie intérieure, sa lé-
gislation, n'a pas encore joui d'assez de repos et de
loisir pour se livrer, avec la suite et le calme nécessaires, au culte assidu de la science. Ce n'est pas
la capacité ni l'aptitude qui manquent à cette population intelligente et courageuse, c'est le temps. Mais

le temps pour elle est de l'argent (*Time is money*), et
l'argent est l'objet de ses plus instantes préoccupations. Les Américains voulaient avant tout assurer
leur existence physique; or le commerce, les entreprises hardies devaient y réussir plus vite que
l'étude et la réflexion, mieux que les arts et l'industrie elle-même, qui ne sont que l'application des
fruits de la science au commerce et au bien-être des
individus.

Cependant d'heureuses tentatives se sont déjà
produites dans cette voie, des institutions importantes ont été fondées, quelques académies ont fait
de nobles efforts pour imprimer une vive impulsion
aux études scientifiques. Des hommes pleins de
savoir et de zèle y donnent chaque jour les gages
les plus sérieux à l'avenir des hautes études, et si le
mouvement politique n'entrave pas trop longtemps
ces heureuses tendances, le moment n'est pas éloigné peut-être où ces belles contrées rivaliseront avec
l'ancien monde pour concourir à l'essor de la science
avec la même ardeur et le même succès (1).

L'histoire naturelle a fait en Amérique, il y a dix
ans, une perte considérable, qui a frappé d'un coup
fatal la science et les naturalistes des deux hémisphères : c'est celle d'AUDUBON, ornithologiste de premier ordre, dont le nom et les travaux sont trop peu
connus en France. Cependant ce nom a déjà assez
retenti pour que le moment soit venu de rendre à

(1) On comprend que cet article était écrit avant le commencement de la guerre actuelle.

cette grande mémoire les justes hommages qui lui
sont dus, en répandant la connaissance des faits
nombreux dont il a enrichi la science de la nature.
C'est ce qui va faire l'objet de cette rapide étude
biographique et scientifique.

Jean-Jacques Audubon était né à la Nouvelle-Or-
léans, en 1780. Ses parents étaient Français, d'origine
bretonne. Ses goûts, ses instincts se révélèrent dès
sa plus tendre enfance, et furent secondés par la
tendresse et les encouragements de son père. La
préface de son grand ouvrage (1) contient, sur les
premières années de sa vie, des détails du plus vif
intérêt, présentés avec un charme que nous sommes
bien sûr de faire partager au lecteur, en nous bor-
nant à les traduire littéralement.

« Avant d'avoir des amis, dit-il, les objets de la
nature matérielle frappèrent mon attention et ému-
rent mon cœur. Avant de comprendre les rapports
de l'homme avec son semblable, je connus, je sentis
les rapports de l'homme avec la nature. On me
montrait la fleur, l'arbre, le gazon, et non-seulement
je m'en amusais comme le font les autres enfants,
mais je m'attachais à eux ; ils devenaient mes ca-
marades. Dans ma naïveté, je leur prêtais une vie
supérieure à la mienne, et mon respect, mon affection pour ces choses inanimées, datent d'une époque

(1) ORNITHOLOGICAL BIOGRAPHY, or an Account of the habits of
the birds of United States of America, accompanied by description
of the objects represented in the work, intitled : The birds of
America. Edinburgh, 1831, 5 vol. grand in-8°.

que je puis à peine me rappeler. Cette singularité a
influé, dans tout le cours de ma vie, sur mes idées,
sur mes sentiments. Je bégayais à peine ces premiers mots qui causent tant de joie à une mère, je
pouvais à peine faire quelques pas, que les teintes
diverses du feuillage et la nuance azurée du ciel me
pénétraient d'une joie enfantine; mon intimité commençait à naître avec cette nature que j'ai tant aimée,
et qui m'en a récompensé par tant de vives jouissances; intimité qui ne s'est jamais affaiblie, et qui
ne s'éteindra qu'avec moi-même. Aucun abri ne me
semblait plus sûr et plus agréable que les ombrages
qui recélaient les familles ailées que j'admirais, que
les rocs et les cavernes qui servaient d'asiles aux
mouettes et aux cormorans. Mon père m'accompa-
gnait souvent; il aimait à me procurer des fleurs et
des oiseaux; il me faisait admirer leurs formes, leurs
couleurs, leur beauté. Mon excellent précepteur me
parlait de leurs habitudes, de leurs mœurs, me faisait admirer la variété de leur aspect, selon les saisons; il m'encourageait ainsi, non-seulement à les
étudier, mais à admirer en elles l'œuvre du Créateur.

« Une joie vive et pure, une sorte de volupté
paisible remplit ainsi mes jeunes années. Pendant
des heures entières, mon attention charmée se fixait
sur les œufs brillants et lustrés des oiseaux, sur le
lit de mousse qui renfermait et protégeait leurs
perles chatoyantes, sur les rameaux qui les soutenaient balancés et suspendus sur les roches nues et

battues des vents des rivages atlantiques. Je veillais
avec une sorte d'extase sur le développement qui
suivait le moment de leur naissance. Les uns venaient au monde les yeux ouverts, les autres ne les
ouvraient que plusieurs jours après avoir brisé leur
enveloppe. J'attachais mon esprit et mon âme à ces
phénomènes dont la variété me surprenait toujours ;
j'aimais à observer les progrès lents de quelques
oiseaux vers la perfection de leur être, et à voir certaines espèces, à peine écloses, fuir à tire-d'aile, et
secouer en volant les débris de leur coque trans-
parente.

« Je grandis, et ma passion pour l'histoire naturelle grandit avec moi. Tout ce que je voyais, j'aurais voulu me l'approprier. Plus ambitieux que les
conquérants, je désirais le monde, et mes vœux
n'avaient pas de bornes. Je me révoltais contre la
mort qui dépouillait de ses formes les plus belles et
de ses plus aimables couleurs l'animal et l'oiseau
que j'étais parvenu à saisir.

« J'inventais mille moyens pour combattre ce
monstre, la mort, qui venait rendre tous mes travaux inutiles et détruire les objets de mes affections.
J'essayais de lutter contre elle, mais les constantes
réparations qu'exigeaient mes oiseaux empaillés
prouvaient que la mort était plus forte que moi. Je
fis part de mon chagrin à mon excellent père, qui
voulut m'en consoler en m'apportant un volume de
planches coloriées, où je retrouvai avec bonheur les
images assez exactes des oiseaux qui faisaient mes

délices, et dont les tristes momies décoraient jusque-là les murs de mon petit appartement.

« Ce fut pour moi une vive et ardente joie. Je retrouvais enfin, non, il est vrai, les êtres que j'aimais et dont j'avais fait les compagnons de ma première enfance, mais du moins leur image. Je compris que le moyen de m'approprier la nature, c'était de la copier. Me voilà donc, dessinateur imberbe et inexpérimenté, copiant tout ce qui se présentait à mes yeux, mais, malheureusement, le copiant fort mal.

« Pendant plusieurs années, je fis et refis des oiseaux : ces oiseaux ressemblaient tour à tour à des quadrupèdes ou à des poissons ; je finis par être honteux de voir mes patients efforts n'aboutir qu'à des résultats misérables, car à peine pouvais-je reconnaître moi-même l'oiseau que je venais de dessiner. Mon pinceau, créateur de races inouïes et disproportionnées, me faisait pitié. Loin de me décourager, ce désappointement irrita ma passion. Plus mes oiseaux étaient mal peints, plus les originaux me semblaient admirables. En copiant et recopiant leurs formes, leur plumage et leurs diverses particularités, je continuais, sans le savoir, l'étude la plus minutieuse de l'ornithologie comparée. J'étudiais d'autant mieux les détails de l'organisation des oiseaux, que je cherchais avec plus de patience à les reproduire avec exactitude. Telle était la vivacité de cette passion puérile, mais qui n'a pas diminué avec l'âge, que si l'on m'eût enlevé mes esquisses, je crois que l'on m'eût donné la mort.

15

« Mon père crut découvrir dans ce penchant si
prononcé une aptitude naturelle pour les arts du
dessin. A quinze ans il m'envoya à Paris où j'étu-
diai quelque temps dans l'atelier de David. Je copiai
des nez gigantesques, des bouches colossales, des
têtes de chevaux d'après l'antique, qui lassèrent mon
crayon, et eussent fini par me dégoûter de l'art. Je
m'empressai de revenir à mes forêts natales, et, de
retour en Amérique, je recommençai à me livrer
avec ardeur, mais avec plus de succès, aux études
qui avaient tant de charme pour moi.

« Je reçus alors de mon père un don qui me fut
doublement agréable, et par la valeur même du
cadeau, et par la délicatesse d'une attention qui flat-
tait mes goûts les plus prononcés. Il me fit présent
d'une plantation magnifique située en Pensylvanie,
arrosée par la rivière Schuylkil et traversée par le
ruisseau de Perkyoming. Je me mariai dans ce délicieux séjour, dont les hautes futaies, les champs
onduleux, les collines boisées offrent aux paysagistes
de si pittoresques modèles. Dieu bénit mon union ;
les soins du ménage, la tendresse que je ressentais
pour ma femme et la naissance de deux enfants ne
diminuèrent pas ma passion ornithologique. Mes
amis la désapprouvaient hautement. Mes recherches
et mes études occasionnaient des dépenses assez
considérables que rien ne compensait. Des revers
de fortune m'assaillirent, mais mon enthousiasme
me soutenait, et vingt années d'investigations et
d'observations augmentèrent encore cette flamme

secrète qui m'animait. C'était vers les forêts antiques
du continent américain qu'un invincible attrait me
précipitait. J'entreprenais seul de longs et périlleux
voyages, je battais les bois, je m'égarais dans les solitudes séculaires. Les rives de nos lacs immenses,
nos vastes prairies, les plages de l'Atlantique me
voyaient sans cesse errant dans leurs secrets asiles.
Des années entières s'écoulèrent ainsi.

« Ce n'était pas une vaine pensée de gloire qui me
préoccupait alors ; je ne voulais que jouir de la nature. Enfant, j'avais voulu la posséder tout entière ;
homme fait, les mêmes désirs, la même ivresse rem-
plissaient mon cœur. Je n'avais pas encore l'idée
que mes efforts pussent devenir utiles à mes semblables. Le prince de Musignano (Lucien Bonaparte),
que je rencontrai à Philadelphie, m'engagea vivement à publier mes essais, et changea le cours de
mes idées. C'était le premier encouragement que l'on
me donnait. D'ailleurs Philadelphie et New-York, où
je reçus un excellent accueil, ne m'offraient aucun
moyen pécuniaire de continuer mon entreprise. Je
remontai le large courant de l'Hudson ; ma barque
glissa de nouveau sur ces lacs qui me semblaient des
océans, et je m'enfonçai plus que jamais dans mes
solitudes chéries.

« Le nombre de mes dessins augmentait ; ma collection se complétait ; je commençai à rêver la gloire.
Le burin d'un graveur européen ne pouvait-il pas
éterniser l'œuvre de ma jeunesse, le résultat de ce
labeur continu et de ce zèle persévérant ? Ces chi-

mères caressant mon imagination, je sentis mon
courage redoubler et mon avenir s'agrandir à mes
yeux. Après avoir habité pendant plusieurs années
le village d'Henderson, dans le Kentucky, sur les
rives de l'Ohio, je partis pour Philadelphie. Mes dessins, mon trésor, mon espoir, étaient soigneusement
emballés dans une malle que je fermai et que je con-
fiai à l'un de mes parents, non sans le prier de veiller
avec le plus grand soin sur ce dépôt si précieux
pour moi. Mon absence dura six semaines; aussitôt
après mon retour, je demandai ce qu'était devenue
ma malle. On me l'apporta; je l'ouvris; jugez de
mon désespoir : il n'y avait plus dans la malle que
des lambeaux de papier déchiré, mouillé, presque
en poussière; lit commode et doux, sur lequel reposait toute une couvée de rats de Norwége. Un
couple de ces animaux avait rongé le bois, s'était
introduit dans la boîte et y avait installé sa famille.
Voilà tout ce qui me restait de mes travaux; près de
deux mille habitants de l'air, dessinés et coloriés de
ma main, étaient anéantis. Une ardeur brûlante tra-
versa mon cerveau comme une flèche de feu; tous
mes nerfs ébranlés frémirent : j'eus la fièvre pendant plusieurs semaines. Enfin la force physique et la
force morale se réveillèrent en moi. Je repris mon
fusil, ma gibecière, mes crayons, et je me replongeai
dans mes forêts, comme si rien ne fût arrivé. Me
voilà recommençant tous mes dessins, et charmé
de voir qu'ils réussissaient mieux qu'auparavant. Il
me fallut trois années pour réparer le dommage

causé par les rats de Norwége. Ce furent trois années de bonheur.

« Plus mon catalogue grossissait, plus les lacunes qui s'y trouvaient me causaient de regrets et de chagrins. Je désirais vivement être en état de le compléter. Seul et sans secours, comment mettre fin à une si vaste entreprise ? Je me promis de ne rien négliger de ce que ma bourse, mon temps et mes peines pourraient accomplir. De jour en jour je m'éloignais davantage des lieux habités par les hommes. Au bout de dix-huit mois, ma tâche était remplie ; j'avais exploré toutes les retraites de nos forêts. J'allai visiter ma famille, qui habitait alors la Louisiane, et, emportant avec moi tous les oiseaux du nouveau continent, je fis voile pour le vieux monde. Une heureuse traversée me conduisit en Angleterre. A l'aspect de ces côtes blanchissantes, en face de cette ville opulente dont le patronage pouvait me payer de tant de peines, dont l'indifférence pouvait aussi me laisser languir dans l'indigence et l'oubli, je ne pus m'empêcher de ressentir une terreur et une anxiété profondes. Je songeai à ma situation précaire, à mon isolement dans un pays où je n'avais pas un seul ami, à ce désert peuplé d'hommes inconnus, peut-être hostiles. Je regrettai mes bois, la dépense de ce long voyage ; et mon entreprise, qui m'avait paru aventureuse jusqu'à l'héroïsme, me sembla folle jusqu'à la démence. Dieu soit loué ! A Liverpool, les Roscoé, les Rathbones, les Trail, les Chorley, les Mellie ; à Manchester, les Gregg, les

Lloyd, les Sergeant, les Holme, les Blackwall, les
Bentley m'accueillirent, me soutinrent, et ma gratitude se plaît à leur offrir ici le tribut que leur doit
mon cœur. Édimbourg ne m'a pas offert des pa-
trons moins ardents et moins généreux. » . ... ..

C'est à Édimbourg, en effet, que fut publié ce
splendide ouvrage que Cuvier présenta à l'Institut
« comme le plus magnifique monument que l'art ait
« jamais élevé à la nature. » Les cinq volumes de
texte dont il se compose, sont accompagnés d'un atlas
de 400 planches, d'une dimension extraordinaire,
où les oiseaux d'Amérique sont représentés dans
leur grandeur naturelle, depuis le colibri et le tro-
glodyte, jusqu'au faucon et à l'aigle. Ces dessins sont
entourés de tous les détails qui se rapportent à l'organisation, aux mœurs, aux habitudes des oiseaux
qui y sont reproduits. Le nid, les œufs, le mâle, la
femelle, l'arbre qui leur sert d'abri, les plantes dont
ils se nourrissent, les insectes auxquels ils font la
guerre, chaque objet est placé dans sa position habituelle et représenté dans l'attitude qui lui est fami-
lière.

On les voit en repos, en mouvement, planant dans
les airs, effleurant les ondes ; on suit leur vol ; on
entend presque leur voix dans le bocage. Il en résulte
des scènes pleines d'intérêt et de vérité, tout empreintes de couleur locale, et qui, avec les développements du texte, forment le tableau le plus complet
de la grande famille ornithologique du Nouveau-
Monde. L'ouvrage fut publié aux frais et sous les

auspices de soixante-quinze souscripteurs, nobles
amis de la science, qui s'empressèrent de patroner
cette vaste entreprise. Le prix de chaque souscription était de 1,000 dollars (5,000 francs).

La *Biographie ornithologique* n'est pas seulement
un ouvrage d'histoire naturelle, c'est un tableau aussi
varié qu'attachant des sites et des aspects du continent américain; c'est le fruit d'observations rassem-
blées, pendant tout le cours de sa vie, par un ami
passionné de la nature, qui a apporté dans ses recherches la persévérance du savant, l'intelligence de
l'artiste et le talent de l'écrivain. Audubon vous y as-
socie à son existence nomade; on pénètre sur ses pas
dans ces vastes savanes, on navigue avec lui sur les
fleuves immenses qui divisent ces belles contrées,
on parcourt comme en réalité ces solitudes grandio-
ses, avec leur végétation vigoureuse, primitive, leur
population un peu sauvage, leurs aspects étranges et
majestueux. Ce n'est pas l'œuvre d'un savant de cabinet ou d'un voyageur curieux, visitant et comparant
les objets réunis dans les collections et les musées;
c'est celle d'un observateur patient, à la fois peintre
habile, chasseur déterminé, et en même temps d'un
poëte qui a choisi la nature pour sa muse et qui lui a
voué son existence. Il a passé la nuit au pied de l'arbre qui servait d'asile à l'oiseau qu'il voulait étudier,
il a traversé le fleuve à la nage pour atteindre celui
qui fuyait sa poursuite. Les fatigues, les privations,
les dangers n'ont jamais lassé sa persévérance. Il a
quitté pour ces recherches sa contrée natale, sa fa-

mille, négligé ses intérêts personnels. De quel nom
faut-il caractériser un pareil zèle, une telle abnégation? Est-ce dévouement à la science, est-ce instinct
d'observateur? Est-ce une mission providentielle qui
lui fut assignée?... Mais laissons-le parler lui-même,
car son journal d'observations est en même temps
celui de ses émotions, de ses joies, de ses souffrances ;
écoutons-le nous retracer quelqu'une des phases de
sa vie aventureuse, avec ce coloris et ce charme que
la passion qui le domine répand si abondamment
sur ses tableaux.

  « Lorsque je quittai la Pensylvanie, dit-il, pour retourner dans le Kentucky, j'emmenai avec moi ma
femme et mon fils aîné alors en bas âge. Les eaux
étaient très-basses. J'achetai un *skiff*, bateau plat,
large et commode. Nous fîmes nos provisions, et
deux nègres vigoureux nous accompagnèrent.

  « C'était vers la fin d'octobre ; l'Ohio, le roi des
fleuves, reflétait dans son onde paisible ces belles
teintes automnales qui bronzent le feuillage aux approches de l'hiver. Des pampres de vigne, étincelantes
comme l'acier bruni ou rouges comme l'airain frappé
par le soleil, suspendaient leurs festons aux arbres de
la rive. Les clartés du jour, tombant sur les ondes
limpides, se réfléchissaient sur le feuillage, ici d'une
verdure fraîche et vive, là d'une couleur ardente et
safranée. L'atmosphère était tiède, le disque du soleil était couleur de feu. Notre rame seule agitait et
ridait la surface de l'eau. Nous avancions paisibles et
silencieux, admirant la magnificence sauvage des

scènes qui nous entouraient. Quelquefois des myriades de petits poissons poursuivis par le chat aqua-
tique, s'élançaient comme des flèches hors du fleuve
et retombaient en pluie d'argent ; la perche à l'é-
caille argentée battait de ses nageoires la quille de
notre bateau et nous suivait par troupes bruyantes.
J'ai rarement éprouvé une sensation plus délicieuse.
J'avais là tous les objets de mes affections, et cette
belle nature n'avait pour nous que des aspects riants.

« D'un côté de l'Ohio s'élèvent de hautes collines
aux croupes élégantes et aux pentes mollement in-
clinées ; sur la gauche, de vastes plaines fertiles et
boisées se prolongent jusqu'à l'horizon. Du sein du
fleuve, des îles de toutes les dimensions surgissent
verdoyantes comme des corbeilles ; le fleuve ser-
pente doucement autour de ces îles dont les sinuosités
et les courbes sont si bizarrement onduleuses que
souvent vous croiriez voguer sur un grand lac et non
sur une rivière. Quelques défrichements sur les rivages s'offrirent à nos regards ; ils menaçaient d'un
envahissement prochain la beauté primitive de ces
solitudes, et je ne pus les voir sans regret.

« A l'approche de la nuit, à mesure que l'ombre se
répandait sur le fleuve, une plus profonde émotion
nous saisissait. La clochette des troupeaux tintait au
loin ; le cornet du batelier suivant les détours de la
rivière arrivait jusqu'à nous ; le long cri de guerre
du grand hibou, le frôlement sourd de ses ailes fen-
dant l'air silencieux : tous ces bruits devenaient plus
distincts à mesure que le jour baissait ; nous les écou-

tions avec un intérêt puissant et une curiosité indicible. Le soleil reparaissait enfin; quelques notes éparses, échappées aux habitants des bois, nous annonçaient l'éveil de la nature. Le daim traversant le fleuve nous apprenait que bientôt la neige couvrirait les champs; çà et là l'habitation du colon révélait une civilisation naissante. Nous rencontrions de temps à autre quelques bateaux plats chargés de bois ou de marchandises, que nous ne tardions pas à dépasser; d'autres nacelles plus petites étaient chargées d'émigrés de toutes les parties du monde, qui allaient chercher au loin un asile, et planter leur tente dans ces solitudes.

« Les pintades, qui abondent sur ces rives, venaient sans défiance voltiger autour de nous et servaient à nos repas. D'un coup de fusil nous nous procurions un festin splendide. Nous choisissions pour salle à manger quelque buisson ombreux tapissé de mousse; nous allumions du feu avec des branches sèches, et je doute en vérité que jamais gastronome ait trouvé dans le luxe de sa table de plus exquises voluptés.

« Ce voyage de deux cents milles m'a laissé de délicieux souvenirs. Depuis vingt années, ces rives désertes ont changé de physionomie; leur grandeur native, leur primitive beauté s'est effacée: plus de rameaux épais qui viennent dessiner leur arcade verdoyante au-dessus du fleuve. Les vieux arbres ont disparu; la hache éclaircit tous les jours ces belles forêts, qui décoraient d'un long feston mobile le sommet de ces coteaux. Le sang des indigènes et des nouveaux ha-

bitants s'est mêlé aux ondes du fleuve dont ils se dis-
putaient la possession. Vous n'y rencontrerez plus
ni l'Indien couronné de son diadème de plumes, ni
ces troupeaux de buffles et de daims traversant en
caravanes bruyantes les clairières des bois. Des villa-
ges, des hameaux et des villes ont envahi ces domai-
nes. Le marteau y retentit, la scie y prépare en criant
de nouvelles habitations. Quand les instruments du
charpentier se reposent et se taisent, l'incendie dé-
vore des forêts tout entières, et la civilisation s'annonce par des ravages. Le sein calme de l'Ohio est
sillonné par une foule de bateaux à vapeur qui troublent ses ondes et obscurcissent l'air de leur trace de
fumée. Le commerce vient s'asseoir sur ces rochers
antiques, et l'Europe nous jette tous les ans le surplus de sa population, comme pour nous aider dans
cet envahissement, dans cette conquête progressive
et inévitable. »

II

Si les détails qu'Audubon a donnés lui-même sur
sa personne ont rendu facile la tâche du biographe,
il n'en est pas tout à fait de même à l'égard de ses
travaux. Sa *Biographie ornithologique* se compose de
cinq volumes de texte, grand in-8°, accompagnés
d'un magnifique atlas de la plus grande dimension.
Le texte n'a pas été traduit complétement en français, mais un traducteur assez bien inspiré, M. Bazin,
a fait choix d'un certain nombre de fragments, dont
il a formé deux volumes in-8°. A cette édition, ainsi

réduite, nous avons emprunté quelques-uns des morceaux qui nous ont paru les plus saillants. Nous en
avons traduit nous-même quelques autres, afin de
donner une idée générale du talent de l'auteur américain, et d'inspirer aux amateurs le désir de compléter la lecture de cet ouvrage original autant qu'ins-
tructif.

Les citations que nous en avons déjà faites suffi-
raient, à la rigueur, pour montrer la manière de ce
brillant naturaliste ; mais nous devons y joindre
quelques-unes de ses descriptions, parce qu'elles feront mieux connaître la forme qu'il aime à donner à
ses tableaux, et les riches couleurs dont il sait les revêtir. Audubon ne néglige jamais d'étaler aux yeux
du lecteur les beautés naturelles de la contrée qu'il
parcourt et les traits principaux qui la caractérisent.
En même temps qu'il décrit les oiseaux qui la peu-
plent, il en esquisse le paysage, les accidents et l'aspect général. Les arbres, les fleurs, les prairies, les
teintes du ciel et des eaux se reproduisent avec autant de vérité que d'éclat sous sa plume fidèle et élégante : son style anime et complète des scènes que le
crayon seul eût frappées d'immobilité. Tel est le
morceau suivant, où il décrit d'une manière vraiment dramatique un de ces orages si communs sous
cette latitude, et qui laissent après eux des traces si
terribles et si profondes :

« Je voyageais à cheval ; je me trouvais entre Sha-
wenay et la crique du Canot. Le temps était beau, je
chevauchais lentement. A peine fus-je entré dans la

gorge ou vallée qui sépare la crique du Canot de celle
d'Highland, que le ciel s'obscurcit ; un brouillard
dense simula la nuit la plus obscure. Je m'arrêtai
plein d'étonnement ; je sentais une soif ardente que
j'étanchai dans le ruisseau voisin. Bientôt un long
murmure se fit entendre. Une tache ovale et livide
parut sur le fond ténébreux du ciel. Les branches
supérieures des arbres tressaillirent ; puis ce mouvement se communiqua aux branches inférieures. Je
vis bientôt les troncs voler en éclats, se déraciner,
s'enlever, fuir devant le souffle du vent, et toute la
forêt passer devant moi comme un torrent de gigantesques et effrayants fantômes. Les troncs se heur-
taient, se broyaient dans leur route. Au centre du
courant tempétueux, les têtes des plus gros arbres se
trouvaient forcées de prendre une direction oblique
et de fléchir. Au-dessous et au-dessus d'eux une
masse épaisse de branchages, de rameaux brisés et
de poussière soulevée fuyait sous la même impulsion.
L'espace occupé naguère par tous ces arbres n'était
plus qu'une arène vide, semée de racines et de débris.
Vous eussiez dit le lit du Meschacébé mis à nu. Les
cataractes du Niagara ne hurlent pas avec plus de
violence ; l'impétuosité de leur chute n'est pas plus
terrible.

« Quand la première violence de l'ouragan fut
apaisée et comme assouvie, des milliers de rameaux
fracassés volaient encore dans l'air, et la marche
de la colonne dense qui signalait le passage de la
tempête dura encore quelques heures, comme dé-

terminée par une force d'attraction. Le ciel s'était couvert d'un voile verdâtre et lugubre, une odeur de soufre très-désagréable imprégnait l'atmosphère. J'attendis en silence et dans la stupeur que la nature bouleversée eût repris, sinon sa forme première, du moins son aspect accoutumé. Mes affaires m'appelaient à Morgantown; j'osai traverser le lit du torrent aérien, conduisant par la bride mon cheval qu'effrayaient tous ces cadavres d'arbres dépouillés et renversés. Les ruines de la forêt détruite étaient entassées sur le sol, où elles formaient un si épais rempart que, souvent obligé de me frayer un sentier dans ce labyrinthe, et tantôt de me glisser sous les branches enlacées, tantôt de les franchir d'un élan, j'éprouvai pendant le temps que je consacrai à ce travail une mortelle fatigue.

« Cette bouffée de vent, dont la colonne occupait environ un quart de mille, emporta des maisons, souleva des toitures, força des troupeaux entiers d'émigrer violemment à travers les airs. On trouva une pauvre vache morte sur la cime d'un sapin où l'avait portée l'aile de l'ouragan. La vallée est encore aujourd'hui un lieu désolé, couvert de mousse et de ronces, inaccessible aux hommes; les bêtes de proie l'ont choisie pour leur asile. »

Telle est encore une scène vraiment saisissante qu'Audubon a introduite dans la description de l'*Aigle à la tête blanche* (*the white head eagle*), la terreur des races ailées dans les deux hémisphères. C'est une page remarquable que nous n'avons pu lire sans une émotion que nous serions heureux, dans une traduction rapide, de faire partager à nos lecteurs.

« Aux approches de l'hiver, au moment où des milliers d'oiseaux fuient le nord pour gagner les climats échauffés par le soleil, si vous laissez votre barque glisser au courant du Mississipi, jetez les yeux sur l'arbre dont le sommet dépasse sur l'un des bords toutes les autres cimes. L'aigle est là, perché sur le faîte de cet arbre ; son œil étincelant et terrible se promène sur cette vaste étendue. Souvent son regard s'arrête sur un point ; il observe, il écoute et recueille tous les bruits ; la course légère du daim qui effleure le feuillage n'échappe pas à son oreille. Sur le bord opposé, l'aigle femelle, perchée comme lui sur une cime élevée, fait également sentinelle. De moment en moment elle pousse un cri, comme pour soutenir sa vigilance. L'aigle y répond par le battement de ses ailes, en abaissant son cou qu'il promène à la ronde, et par un glapissement qui ressemble assez au rire d'un maniaque. Puis il s'arrête, et, à son immobilité, à son silence, on le prendrait pour une statue. Les sarcelles, les poules d'eau, les outardes fuient par bataillons emportés par le courant, proie que l'aigle dédaigne, car son attention est fixée ailleurs. Tout à coup un son sauvage et métallique se fait entendre au loin : c'est le chant du cygne. Un cri perçant de la femelle, qui l'a entendu la première, avertit le mâle. Celui-ci se redresse, tout son corps a frémi, il donne une secousse à son plumage ; il va prendre son vol.

« Le cygne aux ailes de neige s'avance le cou étendu, l'œil aussi attentif que celui de son ennemi. Le mouvement de ses ailes a peine à soutenir la masse de son corps ; ses pattes sont repliées sous lui pour faciliter son vol. Il approche, mais l'aigle a déjà marqué sa proie. A peine est-il près du redoutable couple, que l'aigle, plein d'ardeur guerrière, s'élance de sa retraite en poussant un cri plus terrible pour le cygne que ne serait le coup de fusil d'un chasseur. Il fond avec la rapidité de l'éclair sur sa proie qui, dans l'agonie du désespoir, manœuvre pour éviter ses coups. Le cygne abaisse son col, décrit un demi-cercle et cherche à échapper à la mort en plongeant dans le fleuve. Mais l'aigle a prévu la ruse, il force le cygne à rester dans l'air en se tenant sans relâche au-dessous de lui, et en le menaçant de le frapper au ventre ou sous les ailes. Cette habile tactique ne manque jamais son but. Le cygne se lasse et perd de ses forces à mesure qu'il reconnaît la supériorité de son antagoniste. Celui-ci qui craint encore de le voir tomber dans le fleuve, le harcèle, le frappe obliquement d'un coup de serre et oblige sa victime épuisée et mourante à tomber sur le rivage voisin.

« C'est alors qu'on peut voir, non sans effroi, le triomphe de ce terrible ennemi des races ailées. Il se précipite sur le cadavre de l'oiseau vaincu ; il enfonce profondément ses serres d'airain dans son cœur, il bat des ailes, il hurle de joie et s'enivre des dernières convulsions du cygne mourant ; ses

yeux s'injectent de sang et s'enflamment d'orgueil.
Sa femelle, qui a suivi tous ses mouvements, pleine
de confiance dans le succès, vient alors le rejoindre;
tous deux ils retournent le cygne, plongent leurs
serres dans ses flancs et se gorgent du sang qui jaillit
de sa poitrine encore palpitante. »

Voilà de quels traits ce savant, ce philosophe sait
peindre les grandes scènes de la nature. Non-seulement il décrit les oiseaux du Nouveau Monde, mais
il reproduit tous les objets, tous les aspects qui se
rapportent à son étude favorite. Il encadre ses races
ailées dans des tableaux pleins de variété et de couleur locale. Quelques fragments de ses descriptions
ornithologiques vont nous fournir à la fois les preuves de sa sagacité d'observateur et de son talent d'é-
crivain.

« *L'Oiseau-mouche à gorge de rubis.* — Est-il un
homme qui, à la vue de cette mignonne créature,
balancée sur ses petites ailes bourdonnantes, au sein
des airs où elle est suspendue comme par magie,
voltigeant d'une fleur à l'autre, d'un mouvement à la
fois gracieux, vif et léger, poursuivant sa course d'un
bout à l'autre de notre vaste continent, et produisant
partout où elle se montre des ravissements toujours
nouveaux; est-il un homme, dis-je, qui, apercevant
cette étincelante particule de l'arc-en-ciel, ne s'arrête pour l'admirer, tournant aussitôt sa pensée
pleine d'adoration vers celui dont chacun de nos pas
découvre les merveilleux ouvrages, et dont les conceptions sublimes se manifestent de toutes parts?

16.

« Le soleil n'a pas plutôt ramené le printemps et
la vie dans ces millions de plantes qui s'épanouissent
à ses rayons, qu'on voit s'avancer, sur ses ailes féeri-
ques, le petit oiseau-mouche, visitant avec amour
chaque calice embaumé qui s'entrouvre, et, tel qu'un
fleuriste soigneux, en retirant les insectes dont la
présence les eût bientôt flétries. Se balançant dans
l'air, on le voit plonger son œil attentif et brillant
jusque dans leurs plus secrets replis, tandis que, du
bout de ses ailes rapides et légères, il évente et ra-
fraîchit la fleur sans en offenser la structure délicate.
Il introduit dans la coupe fleurie son bec long, armé
d'une langue à double tube, imprégnée d'une salive
glutineuse, il en touche chaque insecte et la retire
pour engloutir sa proie. L'éclat et la beauté de son
plumage varie à chaque instant d'une manière
éblouissante ; tantôt il étincelle des reflets du rubis le plus ardent ; l'instant d'après il passe au noir
de velours le plus foncé, ou bien resplendit du vert
le plus éclatant. Il fend l'air avec une prestesse et une
agilité inconcevables ; quand il passe d'une fleur à
l'autre, on dirait un rayon de lumière. S'il approche
de sa femelle, il gonfle ses plumes, sa gorge et sa
crête ; il tourbillonne autour d'elle, se précipite sur
une fleur et revient le bec chargé de miel ou d'insectes pour en faire hommage à l'objet de ses désirs,
en l'éventant de ses ailes. Lorsque ses soins ont paru
acceptés, il redouble de courage et donne la chasse
à des oiseaux beaucoup plus gros que lui, tels que le
gobe-mouche, le martin et l'oiseau bleu. Rien n'é-

gale le soin que ces oiseaux prennent de leurs œufs.
La rapidité de leur vol est telle, qu'il est difficile de
les suivre de la vue au delà de cinquante ou soixante
pas, même avec une lunette. Ils ne se posent jamais
à terre, mais sur les jeunes branches, où ils se ba-
lancent de côté et comme en cadence, ouvrant et
refermant leurs ailes, se secouant et faisant leur
petite toilette avec adresse et propreté. Ils étendent
d'abord une aile, puis l'autre, en passant chaque
tuyau de plume en travers de leur bec, et l'aile, ainsi
lissée, resplendit au soleil d'un éclat merveilleux.
Ils paraissent jouir d'une remarquable puissance de
vue, car ils poussent droit sur les autres oiseaux,
leurs ennemis, qui ne s'aperçoivent pas de leur approche. Ils sont à la vérité pourchassés, à leur tour,
par les bourdons, mais ils leur échappent facilement,
grâce à la supériorité de leur vol.

« Le nid de l'oiseau-mouche se compose à l'extérieur d'une légère couche de lichen gris, ce qui la
fait facilement confondre avec la branche à laquelle
il est attaché. Ces écailles de lichen ont été aggluti-
nées ensemble avec la salive de l'oiseau. La couche
suivante est formée de substances cotonneuses, et la
plus intérieure de fibres de diverses plantes encore
plus fines et plus molles. La femelle y dépose deux
œufs très-blancs qui éclosent au bout de six jours ;
en une semaine les petits sont prêts à voler ; mais ils
ont besoin d'être nourris pendant une semaine encore. Ils reçoivent l'aliment du bec du père ou de la
mère qui le leur dégorgent à la manière des canards

et des pigeons. Ce n'est qu'au printemps suivant que leurs couleurs prennent tout leur éclat.

« *L'Oiseau-mouche à gorge de rubis* a une prédilection toute particulière pour les fleurs à corolle tubulée, comme la pomme épineuse, la trompette (*bignonia radicans*), le chèvrefeuille, la balsamine et même la violette des champs. Il paraît que le miel du nectar qu'il y puise sert uniquement à étancher sa soif, et que les insectes seuls peuvent suffire à son alimentation. L'oiseau-mouche ne fuit pas l'homme, comme la plupart des autres oiseaux. Il s'approche souvent des fleurs qui garnissent les fenêtres et vient même les chercher jusque dans les appartements. Cette espèce abonde à la Louisiane, au printemps et pendant l'été, pour émigrer vers le sud, à l'approche des premiers froids. L'oiseau-mouche est assez querelleur, et les mâles se livrent fréquemment entre eux de vifs combats au milieu des airs. Que l'un d'eux soit occupé à butiner dans une fleur, et qu'un autre s'en approche, on les voit aussitôt s'enlever tous les deux, en poussant de petits cris et en tournoyant en spirale jusqu'à ce qu'ils disparaissent à la vue. La bataille terminée, le vainqueur revient triomphant à la fleur qui a été l'occasion du combat (A). »

L'Oiseau moqueur a été décrit par tous les ornithologistes, mais Audubon y ajoute quelques caractères qui nous semblent ajouter un véritable intérêt à l'histoire de ce charmant oiseau, que les naturalistes d'Europe ne peuvent avoir étudié aussi bien que lui. Voici quelques-uns de ses traits les plus saillants :

« *L'Oiseau moqueur* (*turdus polyglottus*) habite la Louisiane : c'est le roi du chant, un musicien accompli, sans rival (Audubon n'excepte pas même le rossignol). Ses qualités musicales sont telles, qu'il peut imiter le chant de tous les autres oiseaux. Loin de fuir l'approche de l'homme, il fixe sa demeure dans le voisinage des habitations, parfois sur l'arbre le plus rapproché d'une fenêtre, et se laisse prendre avec facilité.

« L'oiseau moqueur n'émigre pas. Il reste dans la Louisiane toute l'année. C'est au commencement d'avril qu'il s'accouple et construit son nid dans les arbres, dans les buissons, quelquefois dans les champs, au milieu des ronces. La femelle pond d'abord cinq à six œufs, puis quatre à cinq, et la troisième couvée n'est guère que de trois œufs. Ces œufs sont courts, ovales, d'un vert clair, pointillés de taches couleur terre d'ombre.

« Pendant l'incubation, la femelle remarque si exactement la position dans laquelle elle laisse ses œufs, quand elle s'éloigne, qu'à son retour elle s'aperçoit bien si l'un d'eux a été déplacé. Aussitôt elle pousse un cri bas et plaintif, à l'appel duquel le mâle accourt pour gémir avec elle. Dès lors, elle redouble de vigilance et de soins, et, si les œufs sont près d'éclore, elle se laisse plutôt prendre que de les quitter.

« Leurs plus grands ennemis sont les serpents et

les chats. Les enfants n'y touchent point ; les plan-
teurs les protégent ; dans la Louisiane, on ne permet d'en tuer presque en aucun temps.

« Quand ils marchent, leur queue s'ouvre comme
un éventail et se referme presque aussitôt. Leur
cri habituel est une note plaintive comme celle du
merle de France. — Le moqueur est quelquefois attaqué par le faucon, mais il se défend bien ; si le
faucon manque son coup, le moqueur l'attaque à
son tour, et, s'il ne peut en triompher, il appelle à
son secours les moqueurs d'alentour qui ne tardent
pas à l'en délivrer. Son cri d'alarme est comme le
garde à vous des sentinelles sous les armes. Il est facile à apprivoiser, il devient familier, s'affectionne à
son maître au point de le suivre partout dans la maison. Ces oiseaux vivent longtemps et sont de très-
agréables compagnons.

« Leur faculté d'imitation est vraiment surprenante.
Ils imitent facilement tous leurs frères des bois et
des eaux, et même bon nombre de quadrupèdes. On
assure qu'ils savent également imiter la voix humaine, mais je ne saurais l'affirmer : quelques
soins que l'on prenne pour développer leur talent
vocal, quand ils sont prisonniers, ils semblent, au
contraire, perdre quelque chose de leur chant
naturel. De bons chanteurs de cette espèce sont
très-recherchés et atteignent parfois à un prix fort
élevé. »

Audubon a cherché à réhabiliter le corbeau,
comme Buffon et Topffer ont fait à l'égard de l'âne.

Après avoir donné tous les détails qu'il a observés sur les mœurs de cet oiseau, il ajoute :

« ..... Malgré toutes ses précautions, son nid est envahi partout où on le trouve ; on oublie qu'il n'est d'aucun usage, et l'on ne se souvient que de ses méfaits, que l'imagination grossit. En quelque lieu qu'il se présente, on le tue, parce que, de temps immémorial, l'ignorance, les préjugés et l'amour de la destruction ont préoccupé l'esprit de l'homme même à son détriment. Les paysans exposent leur vie pour atteindre son nid, sans avoir contre lui d'autre grief que la mort de quelques brebis. Les uns détruisent les corbeaux parce qu'ils sont noirs ; d'autres, parce que leur croassement est désagréable et passe pour être de mauvais augure ; leurs petits sont les souffre-douleurs de quelque enfant cruel !.... Quant à moi, j'admire le corbeau, parce que je vois en lui beaucoup de choses dignes de notre étonnement. S'il attaque parfois quelque chétif oiseau, s'il mange les œufs des autres oiseaux, et même ceux de quelques basses-cours, nos fermiers savent bien qu'il détruit un nombre prodigieux d'insectes, de larves et de vers ; qu'il tue les souris, les taupes et les rats ; qu'il attaque la belette, la jeune sarigue et la moufette ; qu'il guette avec la persévérance du chat la tanière du renard, dont il enlève les petits ; enfin qu'il avertit les cultivateurs de la présence du loup rôdant autour des vergers. Il est vigilant, industrieux, susceptible d'éducation. Il aime à vivre en société. Quand il est apprivoisé et bien traité, il s'attache à son maître et le suit familièrement. Quelques-uns apprennent, comme le merle et le perroquet, à prononcer quelques paroles, etc. »

Audubon tient également en grande estime le *Pic à bec d'ivoire (picus principalis)*, espèce très-rapprochée de notre *pic d'Europe*, dont les mœurs et les habitudes sont à peu près les mêmes : oiseau qui vient d'être à la Société d'Acclimatation l'objet d'un long et singulier débat, dont il est sorti du reste très-honorablement. Il s'agissait de savoir si notre pic vert était un animal plus nuisible qu'utile. On l'accusait d'attaquer et de détériorer à plaisir certains arbres de nos forêts, sans tenir compte des services qu'il rendait à l'agriculture, en détruisant une quantité considérable d'insectes qui percent et habitent les arbres les plus beaux et les plus sains. Après une enquête et une discussion approfondie, le pic vert a été réhabilité ; l'assemblée a émis l'opinion que cet oiseau était un insectivore éminemment utile, et exprimé le vœu que les administrations locales s'opposent à sa destruction.

Quant au *Pic à bec d'ivoire*, après la description qu'il en donne, Aubudon ajoute : « S'ils viennent à découvrir quelque gros tronc mort, à moitié gisant et brisé, ils se jettent dessus et le travaillent avec une telle vigueur, qu'en peu de jours ils l'ont complétement détruit. J'ai vu les restes de quelques-uns de ces antiques monarques de nos forêts, ainsi minés et d'une façon si singulière, que le tronc chancelant et haché semblait n'être plus soutenu que par l'é-

norme tas de copeaux qui l'entouraient à sa base. Leur
bec est si puissant et ils en frappent d'une telle force,
que d'un seul coup ils enlèvent des morceaux d'é-
corce de 7 à 8 pouces de long et peuvent dans quelques heures dépouiller une branche de 20 à 30
pieds, etc. »

Qu'on nous permette d'ajouter quelques mots
pour corroborer l'opinion des ornithologistes qui re-
gardent le pic comme l'un des oiseaux les plus
utiles et les plus dignes d'admiration : « La guerre
obstinée que le pic fait à ces tribus destructives, dit
M. Michelet (1), est un service signalé qu'il nous
rend. L'État lui devrait, sinon les appointements, du
moins le titre honorifique de conservateur des forêts... C'est l'idéal du travailleur. Sa corporation
modeste, répartie dans les deux mondes, sert
l'homme, l'enseigne et l'édifie... C'est le héros pacifique du travail... » C'est lui qui a inventé l'auscul-
tation. Ce procédé, si récent en médecine, était l'art
principal du pic depuis des milliers d'années. Il interrogeait, sondait, voyait par l'ouïe les lacunes ca-
verneuses qu'offrait le tissu de l'arbre. Tel, sain et
fort en apparence, que, pour sa taille gigantesque, a
désigné le marteau de la marine, le pic, bien autrement habile, le juge véreux, carié, susceptible de
manquer de la manière la plus funeste, de plier en
construction, ou de faire une voie d'eau et de causer
un naufrage.

« L'arbre éprouvé mûrement, le pic se l'adjuge, s'y

(1) L'Oiseau.

17

établit : là il exerce son art. Ce bois est creux, donc
gâté, donc peuplé ; une tribu d'insectes y habite ; il
faut frapper à la porte de la cité. Les citoyens en tumulte voudront fuir par-dessus ou par-dessous les
murailles. L'assiégeant unique saisit les fugitifs au
passage, à quoi sert parfaitement une langue d'une extrême longueur qu'il darde comme un petit serpent. »

Wilson ne tarit pas sur l'industrie et le courage de
cet oiseau, que la providence semble avoir préposé à
la garde de nos vergers et de nos forêts, contre ces
myriades d'ennemis imperceptibles qui souvent, en
une saison, détruisent les arbres les plus gigantesques. « Jusqu'à ce qu'on ait découvert, dit-il, quelque meilleur moyen d'extirper les insectes et leurs
larves, il faut accueillir, favoriser cette tribu de beaux
oiseaux. Le pic noir choisit les plus beaux arbres ; en
peu d'instants les débris s'accumulent à leurs pieds ;
il est presque impossible de croire qu'un oiseau seul
ait pu faire ce qui semblerait l'ouvrage d'une demi-
douzaine de forts bûcherons travaillant à la hache
toute une matinée. Mais, si l'on examine l'arbre, on
verra que, infecté de vermine, il marchait à la putré-
faction. Le pic l'avait découvert en enlevant son
écorce et le sondant avec sagacité... »

                                III

Nous ne résistons pas au désir de joindre aux ex-
traits précédents le récit des migrations du Pigeon
sauvage (*columba migratoria*) que nous empruntons
en partie à la traduction de M. Bazin.

« Les *pigeons voyageurs* volent avec une extrême rapidité. Les faits les plus importants de leur histoire se rapportent à ces migrations, qui ne sont dues qu'à la nécessité où ils se trouvent de se procurer de la nourriture. Du golfe du Mexique à la baie d'Hudson, ils parcourent environ sept cents lieues, à raison de vingt-cinq lieues à l'heure. Leur corps, qui a près de 2 pieds du bec à l'extrémité de la queue, est d'une forme allongée. Leurs ailes sont bien attachées ; les muscles sont très-gros et très-forts, eu égard à la taille de l'oiseau. La multitude de ces pigeons dans nos forêts est vraiment étonnante, à ce point que j'hésite à raconter ce que j'ai vu dans la compagnie de personnes qui, ainsi que moi, en restèrent frappées de stupeur.

« Pendant l'automne de 1813, je partis de Henderson où j'habitais, sur les bords de l'Ohio, me dirigeant vers Louisville. En traversant les landes qu'on trouve à quelques milles au delà d'Hardensbourg, je remarquai des pigeons qui volaient du nord-est vers le sud-ouest en si grand nombre, que je n'avais jamais rien vu de pareil. Voulant compter les troupes qui pourraient passer à portée de mes regards dans l'espace d'une heure, je descendis de cheval, m'assis sur une éminence, et commençai à faire avec mon crayon un point à chaque troupe que j'apercevais ; mais bientôt je reconnus qu'une pareille entreprise était impraticable, car les oiseaux se pressaient en innombrables multitudes. Je comptai les points qui étaient sur mon album ; il y en avait eu cent soixante-

trois de marqués en vingt et une minutes ! Je conti-
nuai ma route, et plus j'avançais, plus je rencontrais
de pigeons. L'air en était littéralement rempli ; la lumière du jour, en plein midi, s'en trouvait obscurcie
comme par une éclipse (1). La fiente tombait semblable aux flocons de neige fondante, et le bourdon-
nement continu des ailes m'étourdissait en me donnant envie de dormir.

« Je m'arrêtai, pour dîner, à l'hôtel de Young, au
confluent de la rivière salée avec l'Ohio, et de là je
pus voir à loisir d'immenses légions passant toujours, sur un front qui s'étendait bien au delà de
l'Ohio, dans l'ouest, et des forêts de hêtres qu'on
découvre directement à l'est. Pas un seul de ces oiseaux ne se posa, car on ne voyait ni un gland ni
une noix dans le voisinage. Aussi volaient-ils si haut
qu'on essayait vainement de les atteindre, même
avec la plus forte carabine, et les coups qu'on tirait
après eux ne les effrayaient pas le moins du monde.
Je renonce à décrire l'admirable spectacle qu'offraient
leurs évolutions aériennes, lorsque, par hasard,
un faucon venait à fondre sur l'arrière-garde de l'une
de leurs troupes : tous à la fois, comme un torrent
et avec un bruit de tonnerre, se précipitaient en
masses compactes, se pressant l'un sur l'autre vers
le centre, et ces masses solides dardaient en avant
en lignes brisées ou gracieusement onduleuses, des-

---

(1) M. Michelet appelle cette migration d'oiseaux : *la nue vo-
lante*.

cendaient et rasaient la terre avec une inconcevable rapidité, montaient perpendiculairement de manière à former une immense colonne ; puis, à perte de vue, tournoyaient, en tordant leurs lignes sans fin, qui représentaient la marche sinueuse d'un serpent gigantesque.

« Avant le coucher du soleil, j'atteignis Louisville, éloigné de Hardensbourg de cinquante-cinq milles ; les pigeons passaient toujours en même nombre, et continuèrent ainsi *pendant trois jours* sans cesser. Tout le monde avait pris les armes ; les bords de l'Ohio étaient couverts d'hommes et de jeunes garçons fusillant sans relâche les pauvres voyageurs qui volaient plus bas en passant la rivière. Des multitudes furent détruites ; pendant une semaine et plus toute la population ne se nourrit que de pigeons, et pendant tout ce temps l'atmosphère resta fortement imprégnée de l'odeur particulière à cette espèce.

« Il est extrêmement intéressant de voir chaque troupe répéter, de point en point, les mêmes évolutions qu'une première troupe a déjà tracées dans les airs. Ainsi, qu'un faucon vienne à donner quelque part sur l'une d'elles, les angles, les courbes et les ondulations que décriront ces oiseaux dans leurs efforts pour échapper aux serres redoutables du ravisseur, seront reproduits sans dévier par ceux de la troupe suivante. Et si, témoin d'une de ces grandes scènes de tumulte et de trouble, frappé de la rapidité et de l'élégance de leurs mouvements, un amateur est curieux de les voir se reproduire encore, ses dé-

17.

sirs seront bientôt satisfaits : qu'il reste seulement en place jusqu'à ce qu'une autre troupe arrive.

« Il n'est peut-être pas hors de propos de donner ici un aperçu du nombre des pigeons contenus dans l'une de ces puissantes agglomérations, et de la quantité de nourriture journellement consommée par les oiseaux qui la composent. Cette recherche nous prouvera une fois de plus avec quelle étonnante bonté le grand auteur de la nature a su pourvoir aux besoins de chacun des êtres qu'il a créés. Prenons une colonne d'un mille de large, ce qui est bien au-dessous de la réalité, et concevons-la passant au-dessus de nous, sans interruption, pendant trois heures, à raison également d'un mille par minute ; nous aurons ainsi un parallélogramme de cent quatre-vingts milles de long sur un de large. Supposons deux pigeons par mètre carré, le tout donnera un billion cent quinze millions cent cinquante-six mille pigeons par troupe ; et, comme chaque pigeon consomme journellement une bonne demi-pinte de nourriture, la quantité nécessaire pour subvenir à cette immense multitude devra être de huit millions sept cent douze mille boisseaux par jour.

« Aussitôt que s'annonce quelque part une abondance convenable, les pigeons se préparent à descendre et volent d'abord en larges cercles, en passant en revue la contrée au-dessous d'eux. C'est pendant ces évolutions que leurs masses profondes offrent des aspects d'une admirable beauté et déploient, selon qu'ils changent de direction, tantôt un tapis du plus

riche azur, tantôt une couche brillante d'un pourpre
foncé. Alors ils passent plus bas, par-dessus les bois,
et par instant se perdent parmi le feuillage pour re-
paraître le moment d'après et s'enlever au-dessus de
la cime des arbres. Enfin les voilà posés; mais aussitôt, comme saisis d'une terreur panique, ils reprennent leur vol avec un battement d'ailes semblable
au roulement lointain du tonnerre, et ils parcourent
la forêt en tous sens, comme pour s'assurer qu'il n'y
a nulle part de danger. La faim cependant les ramène
bientôt sur la terre, où on les voit retournant très-
adroitement les feuilles sèches qui cachent les graines
et les fruits tombés des arbres. Sans cesse les derniers rangs s'enlèvent et passent par-dessus le gros
du corps pour aller se reposer en avant, et ainsi de
suite, d'un mouvement si rapide et si continu, que
toute la troupe semble être en même temps sur ses
ailes. L'étendue du terrain qu'ils balaient est immense,
et la place rendue si nette, que le glaneur qui vou-
drait venir après eux perdrait complétement sa peine.
Ils mangent quelquefois avec une telle avidité, qu'en
s'efforçant d'avaler un gros gland ou une noisette ils
restent là longtemps, en tirant le cou et haletant
comme sur le point d'étouffer.

« Suivons-les jusqu'aux lieux qu'ils ont choisis pour
leur nocturne rendez-vous. J'en sais un, notamment,
digne de tout votre intérêt : c'est sur les bords de la
rivière Verte et, comme toujours, dans cette partie
de la forêt où il y a le moins de taillis et les plus
hautes futaies. Je l'ai parcouru sur un espace d'envi-

ron cinquante milles, et j'ai trouvé qu'il n'avait pas
moins de trois milles de large. La première fois que
je le visitai, les pigeons y avaient fait élection de domicile depuis une quinzaine, et il pouvait être deux
heures avant le soleil couchant lorsque j'y arrivai. On
n'en apercevait encore que très-peu ; mais déjà un
grand nombre de personnes avec chevaux, char-
rettes, fusils et munitions, s'étaient installées sur la
lisière de la forêt. Deux fermiers du voisinage de Rus-
selsville, distante de plus de cent milles, avaient
amené près de trois cents porcs pour les engraisser de
la chair des pigeons qui allaient être massacrés ; çà et
là on s'occupait à plumer et saler ceux qu'on avait
précédemment tués et qui étaient véritablement par
monceaux. La fiente sur plusieurs pouces de profondeur couvrait la terre. Je remarquai quantité d'arbres
de deux pieds de diamètre, rompus assez près du sol,
et les branches des plus grands et des plus gros avaient
été brisées comme si l'ouragan eût dévasté la forêt.
En un mot, tout me prouvait que le nombre des oiseaux qui fréquentaient cette partie des bois devait
être immense, au delà de toute conception. A mesure
qu'approchait le moment où les pigeons devaient arriver, leurs ennemis, sur le qui-vive, se préparaient à
les recevoir. Les uns s'étaient munis de marmites de
fer remplies de soufre ; d'autres de torches et de
pommes de pin ; plusieurs de gaules et le reste de
fusils. Cependant le soleil était descendu sur l'horizon,
et rien encore ne paraissait. Chacun se tenait prêt,
et le regard dirigé vers le clair firmament qu'on aper-

cevait par échappées à travers le feuillage des grands
arbres... Soudain, un cri général a retenti : « Les
voici ! » Le bruit qu'ils faisaient, bien qu'éloignés,
rappelait une forte brise de mer parmi les cordages
d'un vaisseau dont les voiles sont ferlées. Quand ils
passèrent au-dessus de ma tête, je sentis un courant
d'air qui m'étonna. Déjà des milliers étaient abattus
par les hommes armés de perches, mais il continuait
à en arriver sans relâche. On alluma les feux, et alors
ce fut un spectacle fantastique, merveilleux et plein
d'une magnifique épouvante. Les oiseaux se précipitaient par masses et se posaient où ils pouvaient,
les uns sur les autres, en tas gros comme des barri-
ques, puis les branches, cédant sous le poids, cra-
quaient et tombaient entraînant par terre et écra-
sant les troupes serrées qui surchargeaient chaque
partie des arbres. C'était une lamentable scène
de tumulte et de confusion. En vain aurais-je essayé de parler ou même d'appeler les personnes les
plus rapprochées de moi. C'est à grand'peine si l'on
entendait les coups de fusil, et je ne m'apercevais
qu'on eût tiré qu'en voyant recharger les armes.

« Personne n'osait s'aventurer au milieu du champ
de carnage. On avait renfermé les porcs, et l'on re-
mettait au lendemain pour ramasser morts et blessés ;
mais les pigeons venaient toujours, et il était plus de
minuit que je ne remarquais encore aucune diminu-
tion dans le nombre des arrivants. Le vacarme continua toute la nuit. J'étais curieux de savoir à quelle
distance il parvenait, et j'envoyai un homme habitué

à parcourir les forêts. Au bout de deux heures il revint et me dit qu'il l'avait entendu distinctement à
trois milles de là. Enfin, aux approches du jour, le
bruit s'apaisa un peu, et, longtemps avant qu'on ne
pût distinguer les objets, les pigeons commencèrent
à se remettre en mouvement dans une direction toute
opposée à celle par où ils étaient venus le soir. Au
lever du soleil, tous ceux qui étaient capables de s'en-
voler avaient disparu. C'était maintenant le tour des
loups, dont les hurlements frappaient nos oreilles :
renards, lynx, cougouars, ours, ratons, opossums et
fouines bondissant, courant, rampant, se pressaient
à la curée, tandis que des aigles et des faucons de
différentes espèces se précipitaient du haut des airs
pour les supplanter, ou du moins prendre leur part
d'un aussi riche butin.

« Si l'on ne connaissait pas ces oiseaux, on serait
naturellement porté à conclure que d'aussi terribles
massacres devraient avoir bientôt mis fin à l'espèce :
mais j'ai pu m'assurer, par une longue observation,
qu'il n'y a que le défrichement graduel de nos forêts
qui puisse réellement les menacer, attendu que,
dans la même année, ils quadruplent fréquemment
leur nombre, ou tout au moins ne manquent jamais
de le doubler. En 1805, j'ai vu des schooners, ayant
une cargaison complète de pigeons, pris au haut de
la rivière d'Hudson, venir les décharger au quai de
New-York, où ils se vendaient *cinq centimes* la pièce.
En Pensylvanie, j'ai connu un individu qui en prit
près de cinq cents douzaines dans une tirasse, et en

un seul jour, il en balayait quelquefois vingt douzaines et plus du même coup de filet. Au mois de mars 1830, ils étaient si abondants sur les marchés de New-York, qu'on en rencontrait par tas dans toutes les directions.

« Le *pigeon voyageur* n'accomplit ses migrations que par la nécessité où il se trouve de se procurer de la nourriture, et non pour chercher une meilleure température, en sorte qu'elles ne sont point périodiques.

« La grande force de leurs ailes leur permet de parcourir et d'explorer en volant une immense étendue de pays en peu de temps. On en a tué dans les environs de New-York ayant le jabot encore plein de riz, qu'ils ne pouvaient avoir pris que dans la Caroline ou dans la Géorgie. Or, comme leur digestion se fait dans moins de douze heures, il s'ensuit qu'ils devaient avoir parcouru trois ou quatre cents milles en six heures environ, en sorte que leur vol ferait un mille à la minute. A ce compte, un de ces oiseaux, s'il en prenait l'envie, pourrait visiter le continent européen en moins de trois jours.

« Cette grande puissance de vol est secondée par une puissance de vue non moins remarquable; de sorte que, tout en voyageant d'un pareil train, ils peuvent explorer le pays et reconnaître les lieux où se trouve en abondance la nourriture qu'ils recherchent.

« Leur multitude est vraiment étonnante; à ce point que moi-même, qui ai pu les observer si souvent et en tant de circonstances, j'hésite encore et me demande si ce que je viens de raconter est bien un fait; et pourtant je l'ai bien vu, et les personnes qui m'ac-

compagnaient en restèrent comme moi saisies d'é-
tonnement. »

Ce morceau rappelle le récit non moins saisissant
qu'a donné M. Ch. Martins, d'après Linné, des migrations du Lemming dans les contrées septentrionales.
Qu'on nous permette ce rapprochement :

« Quand les lemmings, dit-il, parviennent plus loin
dans la plaine, ils serrent leurs rangs. Ils tracent des
sillons rectilignes parallèles, profonds de deux ou
trois doigts, et distants l'un de l'autre de plusieurs
aunes. Ils dévorent tout sur leur passage, les herbes,
les racines. Rien ne les détourne de leur route. Un
homme se met-il sur leur passage, ils glissent entre
ses jambes ; s'ils rencontrent une meule de foin, ils
la rongent et passent à travers ; si c'est un rocher, ils
le contournent en demi-cercle et reprennent leur direction rectiligne. Un lac se trouve-t-il sur leur route,
ils le traversent en ligne droite, quelle que soit sa
largeur, et très-souvent dans son plus grand diamètre.
Un bateau est-il sur leur trajet au milieu des eaux,
ils grimpent par-dessus, et se rejettent dans l'eau de
l'autre côté. Un fleuve rapide ne les arrête pas, ils se
précipitent dans les flots, dussent-ils tous y périr.
Toutefois, ils n'entrent jamais dans les maisons......»

IV

On voit que des citations étendues, trop étendues
peut-être, pouvaient seules donner une idée convenable du talent descriptif, comme de l'esprit d'ob-

servation, qui caractérisent ce naturaliste exceptionnel. Audubon, en effet, n'est pas un ornithologiste
autorisé, un savant officiel ; il n'appartient à aucune
académie, à aucune école ; il n'emprunte rien à ceux
qui l'ont précédé. Ce qu'il enseigne pour l'avoir particulièrement étudié, ce sont les mœurs et les habitudes des oiseaux d'Amérique, le caractère de leur
vol, de leur chant, leurs goûts, leurs instincts, leurs
amours, leurs migrations. Il ne créa ni classification
ni nomenclature. « Il existe sans doute, dit-il, une
chaîne immense reliant l'une à l'autre chacune des
parties de l'œuvre immense du Créateur ; mais,
après avoir reçu la vie, chaque être a été laissé en
liberté pour s'en aller, à son choix, chercher la
nourriture la mieux appropriée à ses besoins, ou les
conditions de bien-être répandues si abondamment
sur la surface du globe. » Buffon partageait la même
opinion.

Audubon est un observateur primitif, tirant tout
de ses propres études et ne négligeant aucun genre
d'investigation. C'est un amant passionné de la nature
américaine, un amateur enthousiaste des oiseaux de
son pays. Grand chasseur, ardent, résolu, patient, il
semble né pour observer et pour décrire sous les
couleurs les plus saisissantes les objets de son étude,
on pourrait dire de son culte, car il se croit chargé
d'une mission divine, ce qui donne à ses peintures
une couleur pénétrée, religieuse, qui en double l'intérêt et le mérite. Son compatriote, Cooper, n'a pas
mieux décrit certains aspects de cette nature étrange.

Audubon le surpasse même souvent par la sincérité et la vérité de ses tableaux. Il ne se borne pas à admirer sa patrie, il l'aime avec ardeur, dans son passé comme dans son avenir, car il accueille la civilisation qui s'avance, tout en donnant un regret aux habitudes qui s'éteignent et à la barbarie qui s'enfuit. Écoutez-le parler de ses études, de ses recherches, et peindre en quelques traits les belles contrées qu'il explore :

« C'est parmi les hautes herbes des vastes prairies de l'ouest, les forêts solennelles du nord, au sommet des montagnes méditerranéennes, sur les rivages de l'Océan, au sein des lacs et de nos magnifiques rivières, que j'ai cherché à découvrir les choses cachées de la nature et les splendides mélancolies de nos solitudes. Comment l'étranger pourrait-il se faire une idée, sans les avoir vues, de l'étendue de nos forêts, de la majesté de ces arbres qui, pendant des siècles, ont résisté au choc de la tempête, des larges baies de nos côtes de l'Atlantique, remplies par mille cours d'eau de grandeur différente, du contraste de nos plaines de l'ouest avec nos rivages sablonneux du sud, entrecoupés de marais couverts de roseaux, avec les rochers escarpés qui protégent nos côtes de l'est ? comment pourrait-il se représenter les rapides courants du golfe du Mexique, le flot bruyant de la marée dans la baie de *Fundy*, l'aspect de nos lacs océaniens, de nos fleuves puissants, de nos cataractes tonnantes, de nos montagnes gigantesques ?..... »

Le style d'Audubon est rempli de mouvement. L'auteur est vraiment poëte en même temps que peintre et naturaliste. On voit qu'en écrivant, soit dans son cabinet, soit sur les lieux mêmes de ses recherches, il croit marcher encore; il voit et retrace les êtres vivants, les accidents de toutes sortes, les arbres, les fleuves, les oiseaux, les poissons, tout ce qui se meut et s'agite autour de lui. Il est ému par ses souvenirs, et le lecteur partage facilement son émotion. Les scènes qu'il a observées se représentent à sa mémoire comme autant de tableaux qu'il veut faire passer sous les yeux des lecteurs, et il y réussit souvent. Ses écrits représentent assez bien son organisation tout américaine : il est entreprenant, résolu, observateur, mais plus habile à recueillir des détails qu'à saisir l'aspect général et l'harmonie de l'ensemble.

Toutefois, ce ne sont pas uniquement les formes et les habitudes des oiseaux d'Amérique qu'il s'est appliqué à décrire; ce sont aussi des drames intimes, des scènes de la nature humaine, qui montrent qu'il savait comprendre et retracer tout ce qui lui semblait digne de son observation. On peut lui reprocher peut-être de manquer parfois de sensibilité. Il subordonne d'une manière trop prononcée ses sentiments les plus naturels à ses goûts, qui le portaient à vivre dans les forêts, au milieu des grands effets de la nature. Il laisse même entrevoir qu'il préférait ses courses aventureuses aux douceurs du foyer et de la famille. Après avoir décrit, dans l'histoire du *Pewee*, gobe-mouche, une scène touchante de maternité dont il a observé tous les détails, il n'en tue pas moins du même coup le petit et la mère. Il ne montre un attachement réel, un enthousiasme sincère, que pour sa patrie et pour les objets de ses études; il met son fusil et ses pinceaux au-dessus de tout ce qui fait le bonheur de l'homme civilisé. «Mes excursions, dit-il, commençaient invariablement avec l'aube, et, revenir trempé de rosée, accablé de fatigue, mais chargé d'une prise emplumée, faisait et fera toujours les plus ravissantes délices de ma vie. »

C'était d'ailleurs un homme excellent, auquel on s'attache pour lui-même, pour ses qualités personnelles. On admire, en le lisant, sa franchise, sa loyauté, sa générosité, sa modestie, en même temps que son zèle et son courage, qui lui firent surmonter tant d'obstacles pour l'accomplissement de sa vaste et noble entreprise. Ajoutons que jamais homme ne fut plus heureux. Fort et vigoureusement constitué, ardent, désintéressé, enthousiaste, il donne envie de le suivre dans ses courses périlleuses, à travers ces contrées encore toutes nouvelles. On s'assoit près de lui dans la hutte du sauvage, qu'à l'exemple de Labillardière il finirait par faire aimer; on le suit dans la cabane du défricheur, du bûcheron, du pêcheur; on se livre avec lui au cours du fleuve qui l'entraîne, ou au milieu des grands lacs de l'Union, et l'on partage son bonheur lorsqu'il se retrouve au milieu de sa famille et de ses amis des grands bois.

On ne peut guère expliquer ce naturel que par

l'influence toute-puissante des souvenirs de l'enfance. Quand il était encore fort jeune, son père lui avait donné une belle plantation arrosée par le Schuylkil, traversée par un de ces cours d'eau que l'on nomme *Creek*. Il avait fait de la grotte de Millgrove son cabinet d'étude, et il y passa, dit-il, les plus doux moments de sa vie. Une fois marié, il s'établit à Louisville, dans le Kentucky, au-dessus des rapides de l'Ohio. Plus tard, il alla se fixer sur d'autres bords de l'Ohio, à Henderson. Il y fit de nombreux essais de domestication sur la grouse, la sarcelle, les canards de la Caroline; il entreprit quelques spéculations qui réussirent médiocrement. Enfin, après vingt ans d'essais dans la carrière du commerce, il y renonça pour vivre au sein des forêts et suivre sa vocation instinctive, à laquelle désormais il se livra exclusivement, et l'on sait avec quel succès.

Indépendamment de son mérite de naturaliste et d'écrivain, Audubon possédait deux talents qui, dans le cours de ses voyages, lui furent plus d'une fois d'un grand secours : il était dessinateur et musicien. Avec un portrait au crayon et quelques airs de flageolet ou de violon, il se tira souvent des positions les plus difficiles; il se procura parfois un bon souper, un bon gîte et les moyens de poursuivre sa route.

La *Biographie ornithologique* est un ouvrage qui ne ressemble à aucun autre. Il a fallu un concours inouï de facultés et de conditions pour donner naissance à une œuvre aussi prodigieuse et aussi magnifique. Malheureusement, le prix élevé de ce grand ouvrage l'empêche d'être aussi répandu qu'il mériterait de l'être. Il serait vraiment digne des amis de l'histoire naturelle de former une association analogue à celle des ornithologistes anglais, afin de faire passer ce beau livre dans notre langue, et de le reproduire dans un format qui lui permît de figurer dans la bibliothèque de tous les naturalistes.

Lorsque Audubon arriva pour la première fois en Angleterre, il fit parmi les savants la même sensation que Franklin avait produite, à la fin du dernier siècle, sur les hommes politiques de l'ancien monde. On trouve, dans un article de l'époque, insérés dans le *Blackwood's magazine*, quelques traits sur sa personne qui nous ont paru saisis avec assez de bonheur, et qui achèveront le portrait de cette homme éminent, mais trop inconnu. « Sa physionomie était franche, calme, la coupe de son visage hardie, son œil vif, pénétrant et fixe ; son langage remarquable par son accent étranger et par des expressions neuves, pittoresques, colorées, spirituelles. Le costume européen ne pouvait déguiser cette dignité simple et presque sauvage dont le génie prend le caractère au sein de la solitude. Le front haut, l'œil libre et fier, silencieux, modeste, il écoutait quelquefois d'un air dédaigneux, mais jamais caustique, et prenait rarement la parole, si ce n'est pour relever une erreur ou ramener la discussion à son but. Un bon sens naïf animait son discours plein de justesse, de modéra-

tion et quelquefois de feu. De longs cheveux noirs
et ondulés se partageaient naturellement sur ses
tempes lisses et blanches, sur son front large et
développé ; sa toilette était d'une propreté exquise
mais singulière. A son col découvert, à l'indépen-
dance de ses manières, à sa longue chevelure, on
reconnaissait l'homme de la solitude. Notre civilisation ne l'avait point marqué de son empreinte vulgaire ; l'alliage de la société ne s'y était point mêlé. »

Audubon, mort le 27 janvier 1851, a poussé jusqu'à un âge avancé sa digne et savante carrière. Il
était venu plusieurs fois en France, où les savants
l'avaient accueilli avec un empressement plein de
cordialité et d'estime. De retour dans sa contrée
natale, il y publia une nouvelle édition de son grand
ouvrage, et travailla avec le docteur Bachman, à une
Histoire des quadrupèdes, qui fut achevée en 1850.
Heureux d'avoir, dans ces deux monuments, donné
un mémorable témoignage de son goût passionné
pour l'histoire naturelle, il est mort paisiblement
dans la retraite qu'il s'était choisie sur les bords de
l'Hudson, et d'où il pouvait encore contempler cette
belle nature que sa plume et ses pinceaux avaient si
souvent décrite avec tant de charme et de bonheur.

NOTE

(A. page 188.) Sans songer à établir aucun parallèle entre les
deux écrivains, il nous a paru curieux de rapprocher de cette description celle de Buffon qui passe à juste titre pour l'une des plus
élégantes qui soient sorties de la plume du naturaliste français.

L'Oiseau-mouche. — « De tous les êtres animés, voici le plus
élégant pour la forme et le plus brillant pour les couleurs. Les
pierres et les métaux polis par notre art ne sont pas comparables
à ce bijou de la nature ; elle l'a placé, dans l'ordre des oiseaux, au
dernier degré de l'échelle de grandeur : *maxime miranda in mini-
mis*. Son chef-d'œuvre est le petit oiseau-mouche ; elle l'a comblé
de tous les dons qu'elle n'a fait que partager aux autres oiseaux :
légèreté, rapidité, prestesse, grâce et riche parure ; tout appartient à ce petit favori. L'émeraude, le rubis, la topaze, brillent
sur ses habits ; il ne les souille jamais de la poussière de la terre,
et, dans sa vie tout aérienne, on le voit à peine toucher le gazon
par instants. Il est toujours en l'air, volant de fleurs en fleurs ; il
a leur fraîcheur comme il a leur éclat, il vit de leur nectar, et
n'habite que les climats où sans cesse elles se renouvellent.

« C'est dans les contrées les plus chaudes du Nouveau Monde
que se trouvent toutes les espèces d'oiseaux-mouches. Elles sont
assez nombreuses, et paraissent confinées entre les deux tropi-
ques ; car ceux qui s'avancent en été dans les zones tempérées
n'y font qu'un court séjour : ils semblent suivre le soleil, s'avancer, se retirer avec lui, et voler sur l'aile des zéphyrs à la suite
d'un printemps éternel.

« Rien n'égale la vivacité de ces petits oiseaux, si ce n'est leur
courage, ou plutôt leur audace : on les voit poursuivre avec furie
des oiseaux vingt fois plus gros qu'eux, s'attacher à leur corps,
et, se laissant emporter par leur vol, les becqueter à coups re-
doublés, jusqu'à ce qu'ils aient assouvi leur petite colère. Quel-

quefois même ils se livrent entre eux de très-vifs combats ; l'impatience paraît être leur âme; s'ils s'approchent d'une fleur et qu'ils la trouvent fanée, ils lui arrachent les pétales avec une précipitation qui marque leur dépit; ils n'ont point d'autre voix qu'un petit cri : *screp, screp*, fréquent et répété. Ils le font entendre dans le bois dès l'aurore, jusqu'à ce qu'aux premiers rayons du soleil, tous prennent l'essor et se dispersent dans les campagnes. »

Le Colibri. — « La nature, en prodiguant tant de beautés à l'oiseau-mouche, n'a pas oublié le colibri son voisin et son proche parent; elle l'a produit dans le même climat, et formé sur le même modèle. Aussi brillant, aussi léger que l'oiseau-mouche et vivant comme lui sur les fleurs, le colibri est paré de même de tout ce que les plus riches couleurs ont d'éclatant, de moelleux, de suave, et ce que nous avons dit de la beauté de l'oiseau-mouche, de sa vivacité, de son vol bourdonnant et rapide, de sa constance à visiter les fleurs, de sa manière de nicher et de vivre, doit s'appliquer également au colibri : un même instinct anime ces deux charmants oiseaux, et, comme ils se ressemblent presque en tout, souvent on les a confondus sous un même nom. »

GUILLAUME HOMBERG

CHIMISTE DU RÉGENT

1652-1715

I

De même que, dans la littérature et les arts, comme on l'a judicieusement remarqué, les exemples ont toujours devancé les préceptes, dans les sciences, l'observation des phénomènes et la constatation des faits scientifiques auraient toujours dû précéder l'avénement des théories. Poussée par un génie instinctif, l'antiquité a parfois procédé dans un ordre contraire, mais dans les temps modernes il devait en être autrement. Dès les premières années de la Renaissance, la plupart des hommes qui tournèrent leur esprit vers l'étude de la nature ne tardèrent pas en effet à reconnaître le peu de certitude des données jusque-là acquises à la science et la faiblesse de presque toutes les anciennes doctrines scientifiques. Bernard Palissy, François Bacon, Galilée, Robert Boyle, loin d'adopter sans contrôle la parole des maîtres, comprirent la nécessité de soumettre l'investigation des faits à une méthode plus rigoureuse avant d'en tirer des inductions théoriques. Descartes, après avoir subordonné la recherche de la vérité à l'épreuve préalable du doute, avait assujetti toute étude des phénomènes au calcul et à la mesure. Tout cela pourtant ne suffisait pas encore pour constituer la science. La chimie, entre autres, était encore couverte d'une obscurité nécessitée par les préjugés de l'époque comme par les dangers qui menaçaient ses adeptes. Le petit nombre de faits qui composaient son domaine était la propriété de quelques hommes intéressés à plus d'un titre à s'en réserver le monopole. Les *secrets*, qui formaient leur orgueil et soutenaient leur zèle par des espérances trop souvent illusoires, étaient parfois l'unique fortune de ceux qui les avaient découverts ou bien qui en avaient hérité à la condition de ne les révéler à aucun profane.

Heureusement, dans le cours du seizième et du dix-septième siècles, il se rencontra quelques hommes de bonne foi, courageux et désintéressés, qui se vouèrent à la recherche de tous ces arcanes et parvinrent à les recueillir pour en former la base d'une science plus rationnelle. Comme les alchimistes qui les avaient précédés, s'ils ne trouvèrent pas tout ce qu'ils cherchaient, ils rencontrèrent souvent ce qu'ils n'attendaient point, et ils eurent assez d'intelligence pour mettre en même temps à profit et les phénomènes positifs qu'ils réussirent à surprendre, et les erreurs qu'ils eurent plus d'une fois à constater.

Paracelse et quelques alchimistes de son école furent les premiers et les plus résolus de ces aventuriers savants, allant à la recherche de la science réelle,

parlant toutes les langues, sachant tous les métiers,
puisant à toutes les sources, s'adressant à toutes
les classes : aux astrologues, aux charlatans, aux
matrones, aux bohémiens errants, payant l'aveu
d'un tour de main par la révélation d'un fait sérieux,
échangeant une confidence par une autre, ou bien l'a-
chetant de leurs deniers, ne reculant devant aucun
effort, aucun sacrifice pour accroître la masse des
conquêtes scientifiques destinées à constituer les bases du savoir général.

Parmi ces pourvoyeurs ardents et généreux de la
science renouvelée, se distingue un homme peu connu
parce qu'il n'a laissé aucun corps d'ouvrage : GUILLAUME
HOMBERG, contemporain de Geoffroy, de Glauber,
de Lémery, de Charas, chimiste laborieux et sagace
dont il nous semble juste et convenable de rappeler
les travaux et de relever la mémoire. Né le 8 janvier
1632, à Batavia, capitale de l'île de Java, Homberg
passa presque toute sa vie en Europe, et mourut à
Paris en 1715, la même année que Louis XIV, Male-
branche et Lémery. Son père, gentilhomme saxon,
originaire de Quedlimbourg, ayant perdu sa fortune
pendant la guerre de Suède, se mit au service de la
compagnie hollandaise des Indes, devint commandant
de l'arsenal de Batavia, où il épousa la fille d'un officier. Guillaume était le second de ses quatre enfants.
Tout est précoce dans ce pays. Homberg que l'on destinait à l'état militaire, fut nommé caporal à l'âge
de quatre ans. Une de ses sœurs se maria à huit ans
et elle était mère l'année suivante.

Le père de Homberg quitta le service et vint avec sa famille se fixer pendant plusieurs années à Amsterdam. Guillaume entra au collége et fit de rapides progrès dans ses études. Vers 1670, il alla à Leipsig pour apprendre le droit, et fut reçu avocat à Magdebourg, à l'âge de vingt-deux ans, ce qui ne l'empêcha pas dès lors de manifester un goût très-vif pour les sciences et surtout pour l'étude de l'histoire naturelle. Il était curieux, avide d'apprendre, d'une humeur très-mobile, et grand amateur de voyages. Il parcourait les montagnes, s'enfonçait dans les cavernes, visitait les mines, interrogeait les cultivateurs et les ouvriers, herborisait le jour, quelquefois la nuit, et en même temps il s'occupait d'astronomie. Habile en mécanique, doué d'une remarquable adresse de main, il construisit une sphère qui, tout en lui servant à étudier le firmament, représentait la position et la marche de la plupart des corps célestes. Il était déjà bien loin de la carrière du barreau.

C'est à la même époque que Otto de Guericke, alors bourgmestre de Magdebourg, ville où Homberg s'était établi momentanément, se livrait à ses savantes recherches de physique. Otto venait d'inventer la machine pneumatique avec laquelle il faisait ses célèbres expériences sur le vide. Homberg se mit en rapport avec lui, l'aida à perfectionner ses appareils, et obtint de lui par échange la communication de quelques procédés, entre autres le secret, aujourd'hui si vulgaire, du petit homme qui se cache dans un tube

par un temps humide et en sort quand le temps devient sec et serein.

Les amis de Homberg, espérant le retenir à Magdebourg, essayèrent de le marier, mais il résista et, pour
échapper à leurs instances, il entreprit aussitôt un
voyage en Italie. Il alla d'abord à Padoue, où il s'occupa de médecine et surtout de botanique. A Bologne,
il tourna ses études du côté de la chimie. On s'y était
beaucoup préoccupé, à la fin du siècle précédent, des
propriétés phosphorescentes d'une pierre fort commune aux environs de cette ville, la *pierre de Bologne*,
qui n'est autre chose que du sulfate de baryte. En
1602, un alchimiste, Casciorolo, après avoir pulvérisé
cette pierre et l'avoir mêlée avec du blanc d'œuf et du
charbon, avait obtenu une matière (sulfure de barium)
qui, lorsqu'on l'avait exposée aux rayons du soleil, lui-
sait encore quelque temps dans l'obscurité. C'est ce
que Lémery appelait : *éponge de lumière*.

Les substances phosphorescentes, que l'on nommait des *pyrophores* (porte-feux), intéressaient alors
tous les hommes de science. Balduinus (Beaudouin)
et Kunckel, le premier, bailli de Grossenhayn, et le
second, chimiste de l'électeur de Saxe, avaient trouvé chacun de son côté un pyrophore nouveau. Celui
de Balduinus était un nitrate de chaux calciné auquel
il donna le nom de *phosphore* (porte-lumière). Presque
au même moment, un alchimiste de Hambourg,
Brand, avait découvert et retiré de l'urine le véritable
phosphore animal. Il avait tenu secrète cette découverte, qu'il refusa de révéler à Kunckel, mais qui lui

fut dérobé par Krafft, autre alchimiste de Dresde.
Celui-ci en emporta le secret à Londres, où il lui servit à faire une sorte de fortune. Kunckel, qui connaissait le sujet des recherches de Brand, se mit à
l'œuvre sur la même matière et découvrit à son tour
le phosphore nouveau. Robert Boyle, en suivant la
même voie, y réussit également (1).

A Rome, Homberg travailla avec un gentilhomme
nommé Célio, qui s'occupait de mathématiques, de
mécanique et d'astronomie. Il ne négligea pas, durant son séjour en Italie, d'y cultiver la peinture, la
sculpture et même la musique. On assure qu'il devint
assez habile dans chacun de ces arts pour qu'il eût
pu s'y distinguer à défaut de tout autre mérite.

Après plusieurs années de séjour en Italie, il vint en
France, où il se lia avec plusieurs savants, mais sur-
tout avec Nicolas Lémery ; puis il passa en Angleterre,
où il travailla dans le laboratoire de Robert Boyle.
Enfin il visita la Hollande, séjourna quelque temps à
Leyde pour s'y occuper de nouveau d'anatomie sous
les yeux de Régnier de Grafft, et alla prendre à
Wittemberg le grade de docteur en médecine.

Sa famille habitait alors Quedlimbourg, où ses
parents l'avaient attiré. On le pressait de s'y fixer et
d'y exercer la médecine pratique ; mais il ne put s'y
décider. Emporté par son goût pour la science et pour

____

(1) Rob. Boyle avait déjà trouvé un nouveau phosphore : c'était
l'hydrogène carboné, obtenu en traitant l'alcool pur par l'esprit
de nitre. Il l'avait nommé *aerial noctiluca*, ou *artificial phos-
phori*.

les voyages, il voulut poursuivre sa carrière et connaître les universités savantes, ainsi que les curiosités naturelles du nord de l'Europe. Il visita d'abord les mines de Saxe, de Bohême et de Hongrie. Il alla ensuite à Stockholm, où le roi de Suède venait d'établir un laboratoire de chimie, dirigé par Hierna, son premier médecin. Homberg travailla quelque temps avec ce chimiste, enlevé bien jeune encore à la science, et publia même avec lui, en langue allemande, plusieurs mémoires scientifiques. Mais dès ce moment il ne songeait déjà plus qu'à utiliser son savoir si étendu et si varié pour accroître le domaine de la science, en arrachant leurs secrets à tous les hommes instruits des diverses contrées qu'il allait de nouveau parcourir.

Vers 1680 il revint en France. Il se lia d'une amitié encore plus étroite avec Lémery, dont les vues s'accordaient si bien avec les siennes. Ils parcoururent ensemble les ateliers, les usines, les laboratoires, et recueillirent une multitude de faits qui se rapportaient à la physique, à la chimie et aux professions industrielles : ce que Fontenelle appelle « les anecdotes de la nature et de l'art. » Homberg se lia également avec le baron de Tschirnhausen, qui lui apprit les moyens de fabriquer de la porcelaine toute semblable à celle de la Chine, comme à Hambourg il avait obtenu de Kunckel le secret de la préparation du phosphore.

C'est à cette époque que Colbert lui fit des offres très avantageuses afin de le retenir en France, propositions qu'il finit par accepter, malgré les insances de sa famille pour le rappeler en Allemagne.

Mais en 1683 Colbert mourut, et la position de Homberg devint d'autant plus difficile que son père venait de le déshériter pour le punir d'avoir changé de religion. Heureusement il se lia alors avec l'abbé Chalucet, depuis évêque de Toulon, qui avait un goût prononcé pour la chimie. Homberg avait peu de foi dans la transmutation ; un alchimiste qu'il rencontra chez Chalucet, voulant triompher de son incrédulité, lui fit présent d'un lingot de métal philosophique, dont il tira en effet pour 400 francs de très-bon or : supercherie heureuse, dit-il, qui lui vint alors fort à propos, car il se préparait à retourner en Italie.

A Rome, il se livra quelque temps à l'exercice de la médecine et il y obtint de notables succès, en rejetant toute pratique de charlatanisme et n'admettant que les moyens judicieux et rationnels. Il avait beaucoup de sagacité, le coup d'œil juste, il était de bonne foi, consciencieux et désintéressé : il avait, en un mot, tout ce qu'il fallait pour réussir, si ce n'est le pouvoir de se fixer quelque part. Il revint donc à Paris, où son vaste savoir, son habileté dans les expériences, la multipicité des choses curieuses et nouvelles qu'il avait recueillies dans sa vie aventureuse, mais surtout l'amabilité de son humeur, lui avaient fait beaucoup d'amis, et où sa place était marquée parmi les savants les plus distingués. L'abbé Bignon qui, en 1691, avait été chargé de réorganiser l'Académie des sciences, s'empressa d'y admettre à la fois Tournefort, qu'il plaça à tête de l'enseignement de la botanique, et

Homberg, à qui il confia en outre le laboratoire de l'Académie.

Le duc d'Orléans, depuis régent, ayant pris goût à l'étude des sciences et surtout à celle de la chimie, l'abbé Dubois lui présenta Homberg. Le prince le prit chez lui pour recevoir ses leçons ; il lui donna un laboratoire magnifique et fit venir d'Allemagne un grand miroir parabolique (1). Homberg s'en servit pour une suite d'expériences sur la lumière et la chaleur dont il entretint plusieurs fois l'Académie. Lui-même imagina et construisit de ses mains un microscope d'un système nouveau, ainsi qu'une machine pneumatique toute différente de celles de Boyle et d'Otto de Guericke. En 1704, le duc d'Orléans le nomma son premier médecin, et l'enleva ainsi aux instances de l'électeur palatin, qui lui avait offert des avantages supérieurs. Cet acte de désintéressement et de fidélité fut néanmoins la source des soupçons qui s'élevèrent contre Homberg, en 1712, à l'occasion des événements funestes dont la famille royale fut frappée dans un court espace de temps. On sait que dans la même année plusieurs princes périrent d'une manière rapide, ce qui fit supposer qu'ils avaient été empoisonnés. Les intrigues de cour ayant fait tomber ces soupçons sur le duc d'Orléans, Homberg, son chimiste, se vit également compromis. On trouve à ce sujet, dans les mémoires de Saint-Simon, quelques

(1) Ces miroirs ardents provenaient d'une fabrique devenue célèbre que le baron de Tschirnhausen avait fondée en Saxe.

détails qu'ont négligés ses biographes et que nous rappellerons en peu de mots.

Le marquis d'Effiat ayant appris au duc les rumeurs qui couraient contre lui à ce sujet, l'engagea à aller s'en expliquer directement avec le roi. Celui-ci accueillit le duc avec froideur et sécheresse. Le prince offrit au souverain de se rendre à la Bastille, ainsi que Homberg (1), et demanda que l'on fît une enquête. Le roi refusa la proposition en ce qui regardait personnellement le duc d'Orléans; quant à Homberg, il dit qu'il ne le ferait pas arrêter, mais que s'il se présentait à la Bastille, il donnerait l'ordre de le recevoir. Homberg s'y présenta en effet, mais il ne fut point reçu. Le roi avait changé d'avis sur ce point, à l'instigation de Maréchal, son premier chirurgien, homme intègre et fort estimé du monarque, à qui il fit comprendre toutes les conséquences fâcheuses qu'un pareil acte pouvait entraîner. Cet incident n'eut donc pas d'autre suite.

La tendresse que Homberg avait conçue depuis longtemps pour la fille du médecin Dodart, aussi membre de l'Académie des sciences, le détermina à l'épouser, quoiqu'il fût déjà âgé de cinquante-quatre ans. Cette union devait être heureuse, car madame Homberg partageait les goûts de son mari et le secondait dans la plupart de ses recherches; mais elle ne fut pas de longue durée, car Homberg, sujet depuis quelques années à une maladie d'in-

(1) Que Saint-Simon écrit *Humbert* (t. II, édit. Cheruel).

testins qu'il réussissait à pallier, sans la guérir, mourut en 1715, au moment même où le duc d'Orléans, son illustre élève, allait pendant la minorité de Louis XV, succéder à Louis XIV, sous le titre de régent.

II

C'est Homberg qui fit le premier connaître en France le Phosphore découvert par Kunckel, découverte qui est incontestablement le fait capital de la chimie du dix-septième siècle. Il en décrivit le procédé dans un mémoire qu'il présenta, en 1692, à l'Académie des sciences, et il en exécuta la préparation la même année, dans le laboratoire de l'Académie. Kunckel avait obtenu le phosphore d'une manière presque fortuite, en s'occupant de ses recherches sur le *spiritus mundi*, et l'avait d'abord retiré seulement de l'urine. Homberg, poursuivant cette idée, se livra à des expériences pénibles et rebutantes sur toutes les autres excrétions, ainsi que sur les différents tissus et organes du corps humain : recherches courageuses, reprises plus récemment par Lavoisier, et dont on peut lire certains détails difficiles à reproduire, dans l'ouvrage de monsieur Figuier, intitulé: *les Alchimistes* (1).

On a vu plus haut que Homberg a laissé son nom à une autre sorte de phosphore, ou plutôt de sel pyrophorique, qui n'est autre chose que du chlorure

(1) 3ᵉ édition, in-12, 1860, p. 64-65.

de calcium soumis à la calcination avec du carbone, ou plutôt fondu et exposé quelque temps aux rayons du soleil.

On lui doit un grand nombre de communications scientifiques faites à l'Académie des sciences et insérées dans les mémoires de cette compagnie, de 1692 à 1714. Ces communications, qui sont au nombre de quarante-huit, et dont nous donnons plus loin la liste complète, sont surtout relatives à la physique, à la chimie, à la végétation des plantes, à l'anatomie et à l'entomologie. On peut, parmi ces nombreux travaux, distinguer les suivants : *Réflexions sur différentes végétations métalliques*. L'auteur y donne un procédé assez simple pour la préparation de *l'Arbre de Diane*. On appelait ainsi le mélange d'une solution d'argent dans l'eau-forte avec une solution de mercure dans le même acide, sorte d'amalgame qui, placé sur un bain de sable dans un bocal de verre, donnait lieu à une cristallisation dendroïde qui s'élevait contre les parois du vase et à des ramifications très-curieuses. On en attribuait la première idée à un alchimiste du quinzième siècle, Eck de Sulzbach.

En 1693, Homberg publia ses *Expériences sur la formation de la glace dans le vide*, et, quelques mois plus tard, une *Note sur l'évoporation de l'eau dans le vide,* recherches qu'il avait faites avec la machine pneumatique de son invention. Homberg, comme Lémery, a beaucoup avancé la théorie des sels, ou du moins celle de la saturation réciproque des acides et des alcalis. C'est évidemment à ces deux chimistes que remonte le point de départ des données ultérieures acquises à l'halotechnie et même à la loi des proportions définies; car il montra, dès l'année 1700, que le même acide se combine avec des proportions diverses d'acides différents. Il dressa, plusieurs années avant Geoffroy, une table des proportions d'acides qui se combinent avec la même quantité d'alcali; il en tira cette conclusion, « que la dose « d'acide que prend un alcali est la mesure réelle de « la force passive de ce dernier. » Il fondait en partie cette proposition sur ce que la chaux éteinte ou carbonatée neutralisait la même quantité d'acide que la chaux vive.

Homberg s'occupa avec succès de la préparation des huiles essentielles ou volatiles, et montra l'imperfection des procédés ordinairement employés pour les obtenir. Les siens furent aussitôt adoptés par l'industrie, et apportèrent une amélioration notable dans la fabrication de ces produits.

On donnait depuis longtemps le nom de *Sel sédatif* à l'acide concret obtenu du borax ou tinkal par la sublimation. Homberg montra que l'on pouvait préparer cet acide assez peu soluble en traitant la solution chaude de borax (borate basique de soude) par un acide énergique qui, en s'unissant avec l'alcali, laissait précipiter l'acide du borax (l'acide borique) sous la forme de belles aiguilles nacrées. Il mit à la mode cette préparation qui porta dès lors le nom de *Sel sédatif de Homberg,* et qu'il employait

dans sa pratique, à la dose de 10 à 40 grains (5 déci-
grammes à 2 grammes), comme tempérant, anodin,
calmant, dans les maladies nerveuses, les fièvres ar-
dentes et le délire. Aujourd'hui ce sel est presque
sans emploi dans la thérapeutique, mais on s'en sert
encore dans les laboratoires pour la préparation de
la crème de tartre soluble.

Homberg n'a laissé aucun corps d'ouvrage, si ce
n'est des *Essais de chimie* publiés en 1702, et dont
la suite parut en 1705 et en 1709 ; mais il rendit de
nombreux services aux sciences physiques et naturelles en popularisant les faits inconnus ou cachés de
la science et de l'industrie. Poussé par une curiosité
insatiable, entraîné par le goût que l'on pourrait
nommer la passion de l'ubiquité, dévoué à l'avancement de la chimie, il recueillit et vulgarisa une multitude de matériaux qui devinrent les premiers éléments d'une science dont l'essor ne s'arrêta plus ; il
rassembla de toutes parts des données précieuses
pour l'histoire naturelle, la pharmacie et la thérapeutique. Quand il ne pouvait acheter de ses deniers
ces révélations, il livrait généreusement ses propres
connaissances, sorte de libre échange qui contribua
puissamment à l'accroissement et à la diffusion des
lumières générales. Privées du secours des publica-
tions périodiques, les communications entre les savants ne pouvaient, à cette époque, s'établir qu'à
l'aide la correspondance et des voyages. A la vérité,
on professait en langue latine dans toutes les universités de l'Europe ; mais pour pénétrer dans les ate-

liers et les laboratoires, il fallait connaître les langues
locales, et heureusement, cette clef précieuse, Homberg la possédait.

Quoiqu'il fût d'une complexion délicate, il était, dit
le P. Niceron, fort laborieux et doué d'un courage
qui lui tenait lieu de force. Profondément instruit sur
une foule de matières diverses, il était très-versé dans
l'histoire, connaissait la plupart des langues anciennes et même l'hébreu. Il était naturellement observateur, ingénieux dans ses recherches, plein d'imagination et fort adroit dans ses expériences. Le principal caractère de son esprit était, ajoute un biographe, une aptitude spéciale à faire des remarques sur
les sujets où d'autres ne voyaient rien, et une habileté
singulière à discerner les routes qui conduisent aux
découvertes. Il parlait lentement et avec quelque difficulté, mais avec simplicité et méthode; aussi faisait-il de fréquentes communications à l'Académie,
dont il était, avec Cassini, l'un des membres les plus
actifs. L'abondance de son savoir animait et souvent
remplissait les séances. Homberg, dit encore Fontenelle, était fort éloigné de l'ostentation; jamais on
n'eut des mœurs plus douces et plus sociables; il était
même homme de plaisir, avait une philosophie saine,
paisible et cette tranquillité d'âme à laquelle se rattachent nécessairement la probité et la droiture. Voltaire le caractérise en deux mots, en l'appelant un
« vertueux philosophe ».

Outre le rappel des travaux dont la science est
redevable à Homberg, on comprend que l'objet de

cette notice n'est guère qu'une protestation contre l'indifférence des savants de nos jours, trop oublieux des efforts tentés par leurs prédécesseurs pour rassembler les matériaux sur lesquels se fonde la science contemporaine : oubli doublement coupable quand il a pour sujet des hommes recommandables à la fois par leur zèle, leur courage, leur désintéressement, comme par la noblesse et la parfaite honorabilité de leur caractère.

Travaux de GUILLAUME HOMBERG, *insérés dans les* Mémoires de l'Académie des sciences.

1. Manière de faire le *phosphore brûlant* de Kunckel. Année 1692.
2. Diverses expériences du phosphore. *Ibid.*
3. Réflexions sur différentes végétations métalliques. *Ibid.*
4. Manière d'extraire un sel volatil minéral en forme sèche. *Ibid.*
5. Réflexions sur l'expérience des larmes de verre qui se brisent dans le vide. *Ibid.*
6. Expérience sur la glace dans le vide. 1693.
7. Expériences du ressort de l'air dans le vide. *Ibid.*
8. Expérience de l'évaporation de l'eau dans le vide, avec des réflexions. *Ibid.*
9. Expérience sur la germination des plantes. *Ibid.*
10. Observation curieuse sur une infusion d'antimoine. *Ibid.*

20

11. Réflexions sur un fait extraordinaire arrivé dans une coupelle d'or. 1693.

12. Nouveau phosphore. *Ibid.*

13. Observations sur la quantité exacte des sels volatils acides contenus dans les différents esprits acides. 1699.

14. Essais pour examiner les sels des plantes. *Ibid.*

15. Observations sur cette sorte d'insectes qui s'appellent ordinairement demoiselles. *Ibid.*

16. Essais sur les injections anatomiques. *Ibid.*

17. Observations sur la quantité des acides absorbés par les alcalis terreux. 1700.

18. Observations sur les dissolvants du mercure. *Ibid.*

19. Observations sur les huiles des plantes. *Ibid.*

20. Sur l'acide de l'antimoine. *Ibid.*

21. Observations sur le raffinage de l'argent. 1701.

22. Observations sur quelques effets des fermentations. *Ibid.*

23. Observations sur les analyses des plantes. *Ibid.*

24. Observations sur les sels volatils des plantes. *Ibid.*

25. Essais de chimie. 1702.

26. Observations faites par le moyen du verre ardent. *Ibid.*

27. Essai de l'analyse du soufre commun. 1703.

28. Observations sur un battement de veines semblable au battement des artères. 1704.

29. Suite des essais de chimie, article 3 : du soufre principe. 1705.

30. Observations sur une dissolution de l'argent. 1706.

31. Observations sur le fer au verre ardent. *Ibid.*

32. Suite de l'article 3 des essais de chimie : soufre principe. *Ibid.*

33. Éclaircissement touchant la vitrification de l'or au verre ardent. 1707.

34. Observations sur les araignées. *Ibid.*

35. Mémoire touchant les acides et les alcalis. 1708.

36. Suite des essais de chimie, article 4 : du mercure. 1709.

37. Observations touchant l'effet de certains acides sur les alcalis volatils. *Ibid.*

38. Observations sur les matières sulfureuses et sur la facilité de les changer d'une espèce de soufre en une autre. 1710.

39. Mémoire touchant les végétations artificielles. *Ibid.*

40. Observations sur la matière fécale. 1711.

41. Phosphore nouveau ou suite des observations sur la matière fécale. *Ibid.*

42. Observations sur l'acide qui se trouve dans le sang et dans les autres parties des animaux : deux mémoires. 1712.

43. Manière de copier sur le verre coloré les pierres gravées. *Ibid.*

44. Observations sur une séparation de l'or avec l'argent par la fonte. 1713.

45. Observation sur une sublimation du mercure. 1713.

46. Observation sur des matières qui pénètrent et qui traversent les métaux sans les fondre. *Ibid.*

47. Mémoire touchant la volatilisation des sels fixes des plantes. 1714.

SCHEELE

CHIMISTE SUÉDOIS.

Spiritus ubi vult spirat.
(Ev. Joh. B., c. 3, v. 8.)

I

Certains hommes, heureusement doués, naissent avec des facultés générales qui les rendent propres à des carrières diverses. Ils possèdent, par exemple, la mémoire, l'intelligence, le jugement, l'esprit d'ordre, l'activité, l'adresse des mains.... facultés qui peuvent se développer par l'éducation, par l'exercice, et préparent ceux qui en sont pourvus à devenir presque indifféremment un magistrat, un administrateur, un professeur habile, un industriel éminent. Il en est d'autres qui, à défaut de ces aptitudes, possèdent des facultés spéciales auxquelles l'éducation n'ajoute guère, et qui restent, pour ainsi dire, à l'état latent, jusqu'à ce que, par suite d'une sorte de révélation inattendue, elles éclatent spontanément et semblent convertir tout à coup un sujet médiocre en apparence en un héros, un poëte, un artiste, un savant de l'ordre le plus élevé. Les premiers honorent leur pays, leur profession, leur époque, et composent la masse

20.

éclairée d'une nation. Les autres honorent l'humanité tout entière, illuminent tout un siècle, et, comme ces brillants météores qui n'apparaissent qu'à de rares intervalles, ils laissent après eux une trace lumineuse qui sert de phare aux générations qui leur succèdent. Les uns, après avoir fourni une carrière honorable, emportent en mourant l'estime, les regrets, les éloges de ceux qui les ont connus et aimés; les autres ne reçoivent que de la postérité la digne récompense de leur mérite et de leurs œuvres. Il faut que de longues années se soient écoulées, il faut que le silence se soit fait quelque temps autour de leur tombe, avant que leur mémoire puisse être solennellement évoquée; car c'est au temps seul qu'il appartient d'établir définitivement leurs titres réels à une gloire désormais impérissable.

Scheele, que le monde savant a placé d'une voix unanime au rang de ces derniers, a déjà reçu plus d'une fois le tribut d'hommages que la postérité réserve aux hommes d'élite; aussi, ai-je hésité longtemps avant de joindre son nom à la liste des savants dont je me suis appliqué à étudier la vie, le caractère et les travaux. Mais Scheele est une si grande gloire pour la chimie et pour la pharmaceutique, qu'on ne saurait rappeler trop souvent cette illustre mémoire. Ses talents, sa modestie, le nombre et l'importance de ses découvertes, sa persévérance, et jusqu'aux misères, à la fatalité de son existence, tout intéresse dans cet homme admirable, qui sera toujours l'honneur, l'exemple des vrais savants, et qui fut grand et célèbre aux yeux de tous, sans jamais l'être à ses propres yeux.

Quand on étudie l'histoire d'un homme illustre, on remarque souvent que la source de son mérite, que la plupart de ses actes se rattachent aux circonstances qui entourèrent son enfance ou sa jeunesse : à l'influence de sa famille, à des dispositions précoces, à l'éducation première ou à des instincts natifs. Pour Scheele, on ne trouve rien de semblable. Il est uniquement le fruit de sa propre intelligence, secondée par l'amour du travail. Il ne doit rien aux circonstances étrangères, rien surtout à l'émulation, à la cupidité, à l'ambition, à l'attrait de la gloire, ces mobiles ordinaires des efforts de la plupart des hommes. C'est là le grand côté de sa nature ; c'est ce qui le distingue surtout et le caractérise. Il montre ainsi, par son exemple, que l'on peut parvenir aux plus beaux, aux plus utiles résultats, en s'appuyant sur les plus faibles ressources, sur les plus modestes éléments de succès. Produire de grandes choses à l'aide des plus simples moyens, n'est-ce pas là le véritable, le premier caractère du génie ?...

Charles-Guillaume Scheele naquit, à Stralsund (1), le 9 décembre 1742. Il était fils d'un petit marchand chargé d'une nombreuse famille. Son père, en cherchant à procurer à chacun de ses enfants une profes-

---

(1) Ville de la Poméranie suédoise, faisant partie aujourd'hui du royaume de Prusse.

Son père se nommait Chrétien Scheele, et sa mère Marguerite-Éléonore Warncross. Guillaume était le septième de leurs onze enfants.

sion et un avenir, jeta pour lui les yeux sur la pharmacie, et le plaça chez un M. Bauch, ancien ami de la
famille, apothicaire à Gothenbourg. L'un des frères
de Guillaume l'y avait précédé et était mort pendant
son apprentissage. Les études pharmaceutiques, en
Suède, à cette époque, comprenaient plusieurs périodes. L'apprentissage durait ordinairement six années,
après lesquelles on prenait le titre de *garçon*, et plus
tard celui d'*aide* apothicaire.

Scheele avait fait des études classiques assez médiocres. Comme élève en pharmacie, il ne se fit d'abord
remarquer que par son zèle et son intelligence. Il
lisait beaucoup les ouvrages qui se rapportaient à sa
profession, notamment ceux de Neumann, de Lémery, de Stahl et surtout celui de Kunckel, intitulé :
le Laboratoire. Il exécutait souvent la nuit les expériences qu'il avait imaginées pendant le jour. Étant
encore élève chez un pharmacien d'Upsal, il répandit
une fois l'alarme dans la maison en travaillant sur le
pyrophore. Un de ses condisciples y ayant mêlé une
poudre fulminante, il se produisit une violente déto-
nation qui lui attira des réprimandes. Il n'en continua
pas moins ses recherches, mais en redoublant de prudence et de précautions.

Après avoir séjourné plusieurs années chez
M. Bauch, il alla à Malmoë, en Scanie, où il passa cinq
ans chez un autre pharmacien, M. Kalstroem. Là il se
prépara dans le silence et la retraite, à une étude sérieuse et approfondie de la chimie, sa science favorite.
En 1767, il vint à Stockholm, où il entra chez M. Scha-

renberg, surintendant de la pharmacie ; il y passa trois ans, après lesquels il se rendit à Upsal, où Bergmann professait alors la chimie avec beaucoup d'éclat. Scheele, qui était venu surtout à Stockholm pour le connaître et suivre ses cours, ne put jamais se décider à se présenter à lui. Heureusement une circonstance fortuite vint en aide à sa modestie et à sa timidité.

Il travaillait alors chez un pharmacien nommé Looke, qui fournissait le laboratoire de Bergmann. L'assesseur Jean-Gottlieb Gahn, depuis chimiste célèbre, alors étudiant à Upsal, s'occupait avec succès de chimie. Étant un jour chez M. Looke, celui-ci lui parla d'un fait qu'il avait récemment observé et dont il ne trouvait pas l'explication. Il dit qu'ayant versé du vinaigre sur du nitre, et ayant placé ce mélange sur un feu assez vif, il s'était dégagé de l'acide nitreux fumant. Gahn ne se rendit pas mieux compte du phénomène, et promit d'en parler à Bergmann, lequel n'en trouva pas non plus l'explication. Gahn vint quelques jours après l'annoncer à Looke, et, en l'absence du maître, il s'adressa à un jeune homme qui lui dit que rien ne lui semblait plus facile que d'expliquer cette réaction. « L'acide nitrique, dit-il, comme l'acide vitriolique, peut exister dans deux états. Dans le premier, il a plus d'affinité pour la potasse que le vinaigre, mais dans le second, il en a une plus faible. La chaleur le fait passer du premier état au second, et, dans ce cas, il peut être décomposé par le vinaigre.»

Le jeune homme qui venait de donner cette lumineuse explication était Scheele. Dès lors Gahn se lia

intimement avec lui, et ils se communiquèrent réci-
proquement toutes leurs recherches. Lorsque Gahn
proposa à son ami de le mettre en rapport avec Bergmann, Scheele parla des premières relations qu'il
avait eues avec ce savant et dont il avait gardé quelque ressentiment. C'était à Bergmann qu'il avait
adressé son premier travail sur l'acide tartrique, et
le professeur le lui avait renvoyé, après quelque
temps, sans l'avoir lu ; mais Gahn l'assura qu'il ne
pouvait y avoir eu de la part de Bergmann que de
l'indifférence, sans aucune intention malveillante.
Scheele se laissa convaincre et fut présenté à l'illustre
savant. Les deux chimistes se prirent bientôt l'un
pour l'autre de la plus vive amitié, et devinrent pour
ainsi dire inséparables. Cette amitié ne se démentit
jamais. Bergmann adopta toutes les opinions de
Scheele, publia toutes ses découvertes, et obtint
même en sa faveur une allocation de fonds pour
l'aider à poursuivre ses recherches. Peu de mois
après, Scheele lisait à l'Académie des sciences son
mémoire relatif au *Spath fluor*, et, sur la proposition
de Bergmann, l'Académie de Stockholm décernait à
un simple élève en pharmacie le titre de son associé.

Mais une telle distinction touchait peu le studieux
et paisible Scheele, qui déjà songeait à s'y dérober
pour rentrer dans le calme et le silence si précieux
au travail. En vain Bergmann cherche à le retenir à
Upsal par la promesse d'un brillant emploi ; il lui fait
offrir, au nom du gouvernement, une chaire et la
direction de diverses manufactures. Scheele refuse

tout; mais, apprenant qu'une pharmacie, dans une très-petite ville, se trouve vacante par le décès du titulaire, il part aussitôt pour Kœping, sur le lac Malaren. C'est là que, partageant son temps entre les soins obligés de son officine et ses savantes recherches, il mit au jour la plupart de ces découvertes qui ont attaché tant de gloire à son nom. Il avait alors trente et un ans. Deux ans après, en 1777, le collége royal de médecine le recevait gratuitement et le dispensait de toutes les formalités d'usage pour obtenir ses grades.

C'est en effet pendant les neuf années qu'il passa à Kœping qu'il exécuta la plupart des travaux qui composent son riche bagage scientifique. Il avait trouvé l'établissement en mauvais état, il était parvenu à le relever; il avait payé les dettes du défunt et reconstitué une petite fortune pour sa veuve, qu'il avait la pensée d'épouser un jour. Grâce à l'amitié de Bergmann, qui ne lui fit jamais défaut, chacun des rayons de lumière qu'il répandait sur la science recevait aussitôt le retentissement ou plutôt la diffusion dont il était digne. Sur la proposition de son illustre ami, les académies de Berlin, d'Erfürt, de Sardaigne, la Société royale de médecine de Paris, s'étaient empressées de l'admettre dans leur sein. Enfin peut-être va-t-il jouir de quelque repos et d'une gloire si bien méritée! Hélas! telle n'est pas le plus souvent la destinée du génie. Assailli prématurément par des infirmités, Scheele voulut accomplir sa tâche, en laissant à la veuve de son prédécesseur son nom et le peu qu'il avait épargné. Mais, le jour même de son mariage, il fut saisi d'une fièvre aiguë à laquelle il succomba le sixième jour. Il n'était âgé que de quarante-trois ans.

Voilà à peu près tout ce qu'on a pu recueillir de la biographie de Scheele. Mais, si sa vie fut peu féconde en incidents remarquables, ses actes scentifiques relèvent hautement le faible intérêt de son existence privée ; à ce point que ce personnage modeste occupera toujours l'un des premiers rangs dans les fastes de la chimie moderne, et qu'il domine, presque à l'égal des plus grands noms, l'immense réforme qui s'opéra dans cette science à la fin du dernier siècle.

II

Sans remonter trop haut dans l'histoire de la chimie moderne, si l'on jette un coup d'œil sur les événements scientifiques de cette période, on est frappé du nombre et de l'importance qui font de la deuxième moitié du xviiie siècle l'époque la plus brillante de l'histoire des sciences physiques et naturelles. La chimie, qui fit longtemps partie des connaissances occultes, qui se mêla à toutes les subtilités de la scolastique, et s'appliqua successivement, mais sans méthode générale, à la métallurgie, à la médecine, aux arts industriels, était encore, au commencement de ce siècle, sans doctrine fondamentale, sans données positives, sans enseignement officiel, sans langage régulier.

Cependant, depuis la fondation des académies, les travaux de quelques savants sérieux lui assignaient de jour en jour un rang plus élevé parmi les sciences positives ; la masse toujours croissante des faits recueillis et les principes généraux qui en étaient la conséquence, commençaient à lui donner une attitude imposante, lorsqu'un phénomène nouveau, observé par des hommes de génie, vint tout à coup lui ouvrir un nouvel horizon. Une seule de ses branches, l'étude des gaz, préparée par Van Helmont et par Robert Boyle, poursuivie par Hales, Mayow, Macbride et Venel, conduisit aux découvertes les plus inattendues, aux généralités les plus fécondes, et renouvela complétement la physionomie de la science. La chimie se trouva changée à la fois dans ses doctrines, dans ses procédés, et dans son langage ; sa portée et son avenir grandirent à tous les yeux ; elle ouvrit de nouvelles routes à la physique, à la médecine, à l'industrie, à tous les arts, et se prépara à elle-même des développements illimités. Cette révolution devait s'accomplir tout entière dans l'espace de quarante ans.

C'est en effet dans les années qui s'étendent de 1750 à 1790 que surgirent les principales découvertes qui amenèrent cette réforme aussi radicale qu'imprévue et qui constitue, à coup sûr, l'épisode le plus extraordinaire, le plus saisissant de l'histoire des sciences. C'est à cette période que se rapportent l'établissement définitif de la théorie pneumatique, la découverte de la décomposition de l'eau, de l'air

atmosphérique, des sels, des acides minéraux, du
nitre, de l'ammoniaque, la théorie de l'acidification,
de la combustion, de la respiration, en un mot, les
plus grands pas qu'ait faits la chimie à aucune époque. Elle comprend les travaux de Black, de Cavendish, de Priestley, de Bayen, des deux Rouelle, de
Bergmann, de Berthollet, de Lavoisier, de Guyton
de Morveau, et se termine ou se couronne par l'a-
doption générale de la nouvelle nomenclature.

Au milieu de ce riche faisceau de découvertes,
parmi cette brillante pléiade de savants de premier
ordre, se distingue Scheele, chimiste longtemps obscur, mais sagace, laborieux, et doué d'un génie inventif hors ligne. En peu d'années, Scheele apporta
au nouvel édifice scientifique un tribut nombreux
d'expériences et de faits qui vinrent considérablement accroître les richesses de la science, et favoriser
l'établissement des nouvelles doctrines. Éloigné de
tout centre d'instruction, dénué de toute ressource
scientifique, mais ingénieux, persévérant, habile, il
puisa uniquement dans son infatigable génie tous les
éléments de ses nombreuses et fécondes découvertes;
car non-seulement Scheele n'avait à sa disposition
aucun de ces appareils si répandus aujourd'hui dans nos
écoles, si familiers à tous les élèves, mais ces appareils eux-mêmes n'existaient pas. Les universités, les
savants de profession ne possédaient rien de semblable et, à plus forte raison, un pauvre pharmacien de
province. Notre époque, plus heureuse, est amplement
pourvue de toutes ces ressources, et pourtant nos ef-

forts n'amènent guère de résultats comparables à ceux qui ont illustré cette courte, mais brillante époque.

Qu'il y a loin en effet de ces beaux instruments qui meublent aujourd'hui nos cabinets et nos laboratoires, qui nous permettent d'observer à loisir les phénomènes les plus variés et les plus délicats, de ces riches arsenaux à l'aide desquels on peut mettre en jeu, modifier et régler à volonté presque toutes les forces de la nature ; qu'il y a loin, dis-je, de ces puissants moyens d'observation et d'étude, à l'humble boutique dans laquelle le pharmacien de Kœping découvrait un si grand nombre de principes nouveaux, et d'où s'échappaient incessamment des rayons de lumière qui venaient dissiper les dernières obscurités scientifiques du siècle qui allait finir !

Car, il faut bien se le rappeler, Scheele n'est point un chimiste de profession, un savant autorisé, ayant pour mission de faire avancer la science, pouvant donner à ses recherches tout le temps et tous les soins qu'elles exigent. Loin de là, les moments qu'il consacrait à ses études savantes ne devaient faire aucun tort à ses devoirs professionnels. C'est au milieu des travaux arides, obligatoires de son officine qu'il dressait les ingénieux appareils destinés à élucider les questions les plus abstraites, les plus ardues. Et d'ailleurs sa position de fortune ne lui eût guère permis de varier et de multiplier ses expériences. Le peu de détails dans lesquels il entre à l'occasion de ses recherches, l'exposition nette et sobre qu'il fait de leurs résultats, semblent montrer qu'à chaque ex-

périence il mettait le doigt sur une vérité, soit qu'il
eût médité profondément avant d'agir, soit qu'il
fût guidé par un prodigieux instinct de divination ou
par une sagacité merveilleuse. Lisez ce qu'il appelle
ses *Opuscules*, et vous ne serez pas moins étonnés de
la simplicité des moyens qu'il emploie que de l'importance et de l'éclat de ses découvertes. Un fourneau
ordinaire, un alambic, un bain de sable, un creuset,
quelques fioles, des verres à bière, des vessies pour
recueillir les gaz, c'est là tout son laboratoire. Avec
ces simples éléments, il reconnaissait des acides, des
gaz, des métaux, des corps élémentaires. Il faisait de
la chimie transcendante, dans son arrière-boutique,
avec des fioles à médecine et quelques cornues,
comme Pascal découvrait les théorèmes de la géomé-
trie, sans autre instrument qu'un compas et une
règle, avec lesquels il faisait ce qu'il nommait des
ronds et des *barres*.

Scheele ne reçut de leçon de personne; il ne suivit
aucun cours; à peine put-il étudier dans quelques
livres les premiers éléments de la science de l'époque,
encore bien peu avancée, ce qui l'obligeait en quelque sorte à ne rien faire que de neuf et d'original.
Mais il avait le coup d'œil qui pénètre et qui devine,
le jugement qui dirige et rectifie, l'esprit qui analyse,
la volonté qui dédaigne les obstacles, la persévérance
qui les renverse et les brise; il avait, en un mot,
l'instinct natif des découvertes. Pour retrouver une
organisation aussi heureusement propre aux conceptions nettes et rapides de la science, il faut remonter

à trois siècles en arrière, jusqu'à un homme comme
lui pauvre, dépourvu d'éducation et de ressources,
comme lui doué d'une volonté persévérante, du coup
d'œil du génie, de la secrète intuition de la vérité :
à Bernard Palissy !

Ce serait peut-être ici l'occasion de faire le
tableau de ces étonnants progrès de la science
pendant la courte période où ils se sont effec-
tués. Les faits nombreux que rassemble cette période, les circonstances qui accompagnèrent les
découvertes, les hommes éminents qui inventèrent
les procédés, posèrent les principes, imaginèrent les
théories et créèrent la nouvelle langue de la science,
depuis Black, Venel et Cavendish jusqu'à Priestley,
Bergmann et Fourcroy, depuis le modeste Scheele
jusqu'à l'infortuné Lavoisier, enfin les événements
généraux de l'histoire contemporaine, mêlés à ce
mouvement rapide et solennel de l'esprit humain,
tout cela serait très-propre à composer une sorte de
drame, d'épopée scientifique, dont la physique et
la chimie fourniraient les principales données et
l'histoire générale le plan, le tissu, les personnages.
J'ai eu un moment la pensée d'esquisser ce magnifique tableau qu'aucun historien de la science n'a
encore osé entreprendre. J'avoue que j'ai reculé à
la fois devant l'immensité de la tâche et devant le sentiment de mon insuffisance, tout en faisant des vœux
sincères pour qu'une pareille entreprise s'accom-
plisse quelque jour, à la gloire de la science moderne
et de l'écrivain qui aura le courage de s'y dévouer.

Je me bornerai donc à dire quelle part active et féconde Scheele prit à cette immense réforme scientifique, et quels riches matériaux il fournit à l'édifice commun de la science renouvelée. Toutefois, n'est-ce pas déjà une chose bien digne de remarque que le rôle rempli, dans ce concours de toutes les forces vives de l'intelligence européenne, par une nation de troisième ordre, la Suède, située à l'extrémité de notre continent, mais qui avait déjà largement mérité de la science par la célébrité qu'avait attirée sur elle l'avénement de Linné, qui, au même moment, produisait des hommes tels que Walerius, Cronstedt, Brandt, Gahn, Bergmann, Scheele, qui plus tard enfin devait s'enorgueillir d'avoir donné naissance à Berzélius et accueilli Oerstedt. Qui croirait que le plus obscur, le moins favorisé de tous ces savants devait y mettre au jour tant de vérités nouvelles, et balancer jusqu'à un certain point le mérite et la gloire de notre immortel Lavoisier ?

III

Le premier travail de Scheele eut pour objet l'*Acide tartrique*. Il fut adressé à Bergmann qui, négligeant de s'en occuper, le renvoya à l'auteur sans y faire aucune observation. Blessé de ce procédé, Scheele remit son manuscrit à Retzius, professeur à Lund, qui le fit insérer dans les *Transactions* de Stockholm pour 1770, mais sans annoncer que Scheele en fût l'auteur.

En 1771 il publia, dans les *mémoires de l'Académie*

de Stockholm, un travail ayant pour titre : *Examen du spath fluor et de son acide.* Quelques années avant, Margraff s'était occupé du même sujet et avait reconnu que le spath fluor ne contenait pas d'acide vitriolique. Scheele, en le traitant par ce réactif énergique, en dégagea des vapeurs blanches, acides, qui attaquaient le verre. Il nomma ce produit *Acide fluosilicique.* Ayant remarqué que le vase plein d'eau qui servait à le recueillir était couvert d'une croûte siliceuse, il crut d'abord que la silice était composée d'eau et d'acide fluorique ; mais, dans une seconde note (1780), il reconnut son erreur et montra que la silice obtenue provenait du verre de là cornue ou bien du récipient. On sait que ce travail a conduit à admettre un radical particulier connu aujourd'hui sous le nom de *Fluor.*

En 1774 Scheele publia ses *Recherches sur la magnésie noire,* aussi appelée *Manganèse,* que l'on avait regardée jusque-là comme une pierre, un minerai de fer ou de zinc. Il habitait alors Upsal, et c'est à l'instigation de Bergmann qu'il entreprit ce travail, l'un de ses meilleurs ouvrages. Ce mémoire ne contient pas moins de *quatre découvertes* de premier ordre, qui eussent suffi pour établir la réputation du plus habile chimiste.

Il reconnut d'abord que ce minerai s'unissait vivement aux chaux métalliques (oxydes) et à quelques acides, d'où il conclut que la magnésie noire a pour base un principe de nature métallique. En la traitant successivement par tous les acides énergiques, il remarqua : 1° qu'avec l'acide vitriolique il obtenait un sel blanc rosé (sulfate de manganèse), et qu'il se dégageait un fluide élastique qui n'était pas de l'air fixe, le seul gaz alors connu, mais qui possédait les propriétés de l'air *déphlogistiqué* (c'était évidemment de l'*Oxygène*). La date de cette remarque est importante à noter. 2° Avec l'acide marin, il se produisit un gaz de couleur jaunâtre, possédant l'odeur de l'eau régale. Ayant recueilli ce gaz dans une vessie, celle-ci se trouva teinte en jaune, ce qui lui fit d'abord penser que c'était de l'eau régale en vapeur. Puis il le recueillit dans des bouteilles pleines d'eau, avec l'appareil de Hales, et il nota : que ce gaz corrode les bouchons et les teint en jaune ; qu'il blanchit le papier bleu de tournesol ainsi que les couleurs végétales, et que, pendant cette action, en présence de l'eau, le gaz se convertit en acide muriatique ; que les plantes ainsi altérées ne recouvrent leurs couleurs naturelles ni par les acides ni par les alcalis; que ce gaz attaque tous les métaux ; qu'avec l'alcali volatil il donne lieu à des vapeurs blanches ; que, mis en contact avec le cinabre, il se produit du sublimé corrosif, et que le soufre est éliminé ; en un mot, il donna d'une manière exacte et complète l'histoire de ce gaz nouveau, qu'il appela d'abord *Acide muriatique déphlogistiqué*, qui depuis fut nommé *Gaz acide muriatique oxygéné* et qui, plus récemment, a pris le nom de *Chlore*.

Une troisième découverte que fit Scheele, en étudiant le manganèse, est celle de la *Baryte* qui se trouve presque toujours mêlée à ce minerai (1). Il montra que cette terre nouvelle, qu'il appela d'abord *Terre pesante*, est parfaitement distincte de la chaux et de la silice, qu'elle neutralise les acides et forme avec l'acide vitriolique et les vitriolates un sel neutre insoluble dans l'eau. Fondue avec le borax, elle forme un verre qui est coloré en brun par un peu de soufre; avec les acides nitreux et muriatique, elle forme des sels cristallisables, solubles dans l'eau, mais insolubles dans l'esprit-de-vin et non hygrométriques. Elle est précipitée de leurs dissolutions par l'alcali volatil et l'alcali du tartre, sous forme d'une poudre blanche qui, par la calcination, devient bleuâtre, etc.

Enfin il remarqua que l'alcali volatil, traité par le nitrate de manganèse, se décompose et donne naissance à un gaz différent de l'acide crayeux : c'était l'*Azote*. Or, comme cette dissertation sur le manganèse fut publiée en 1774, et que les expériences sur lesquelles elle se fonde remontaient à plusieurs années, on peut, en toute justice, regarder Scheele comme ayant reconnu le premier le gaz azote, qu'il appela longtemps *Air vicié* ou *corrompu* (2).

---

(1) M. de Morveau lui donna le nom de *barote* (de βάρος, pesant), Kirvan l'appela *baryte*, nom qui fut adopté par Bergmann et depuis par tous les chimistes.

(2) Plus tard, Gahn obtint le régule de manganèse par le charbon, et à l'aide d'un feu violent. Bergmann, qui avait annoncé que la magnésie noire était la chaux d'un métal aussi difficile à fondre que le platine, obtint ce métal par un procédé analogue et le nomma *Manganésium*.

L'année suivante (1775) Scheele lut à l'Académie de Stockholm ses *Remarques sur le sel de benjoin.* Jusque-là on avait obtenu les fleurs de benjoin, déjà reconnues pour un acide, au moyen de la sublimation. Il employa la voie humide, qui lui donna un produit meilleur et plus abondant. Après avoir fait bouillir le benjoin pulvérisé avec de la chaux vive, il filtra et ajouta dans la liqueur de l'acide muriatique. L'acide benzoïque se précipita en belles lames cristallines, très-odorantes quand on les expose à la chaleur : procédé ingénieux et commode qui est resté dans la pratique.

La même année il publia l'une de ses plus importantes découvertes, celle de l'*Acide arsénique*. Il imagina que l'arsenic blanc (acide arsénieux de Fourcroy) pouvait, comme les principaux acides, prendre deux degrés d'acidité. Il traita la chaux d'arsenic par l'acide nitreux, et il obtint l'acide arsénique dont il étudia avec soin toutes les propriétés. Il examina toutes ses combinaisons avec les alcalis et avec les métaux. Il reconnut que les corps combustibles pouvaient le ramener à l'état d'arsenic blanc et même d'arsenic métallique. En chauffant vivement sa combinaison avec l'alcali volatil, il obtint un gaz qui éteignait les bougies, sans être de l'air fixe ou crayeux. C'était encore de l'Azote. Bien que ce travail soit très-complet, Lavoisier et Berthollet reprirent ses expériences et en expliquèrent facilement tous les phénomènes suivant les principes de la nouvelle théorie.

Les expériences de Scheele sur le *Quartz*, la *Si-lice*, l'*Argile* et l'*Alun*, qui parurent en 1776, jetè-rent une vive lumière sur l'histoire des substances terreuses, sur les caractères qui les distinguent et sur leurs combinaisons. Ces recherches furent suivies de son *Analyse du Bézoard ou pierre de la vessie*, dans laquelle il découvrit un acide particulier qu'il appela *Acide lithique*, et qui depuis fut nommé *Acide urique*. Il montra que cette matière, traitée par l'acide nitreux, prend une couleur rouge, et peut se dissoudre dans les alcalis caustiques. C'est de ce tra-vail que partirent toutes les recherches ultérieures sur les calculs urinaires et sur l'urine elle-même.

La même année Scheele obtint l'*Acide oxalique* par l'action de l'acide nitrique sur le sucre. A la même époque, Bergmann fit de cette expérience le sujet d'une thèse inaugurale qui lui a laissé tous les honneurs de cette découverte ; mais Gahn, qui habitait alors Upsal, et qui était également lié avec Bergmann et avec Scheele, a hautement déclaré que ce dernier en était le véritable auteur.

C'est en 1777 que parut en même temps, à Upsal et à Leipsick, le *Traité de l'air et du feu*, travail au-quel il avait consacré plusieurs années et un nom-bre considérable d'expériences, dont la plupart devancèrent et confirmèrent les recherches de Priestley sur le même sujet. Malheureusement, Scheele, encore imbu des principes de l'école de Stahl, se laissa trop souvent entraîner à donner des phénomènes une explication erronée qui, après l'adoption de la nouvelle doctrine, frappa d'une injuste défaveur cet important ouvrage. Car, il faut le dire, non-seulement ce traité contient des expériences de premier ordre, des données d'une haute valeur, mais encore de véritables découvertes, dont la science a fait plus d'une fois son profit sans en rapporter la gloire à leur véritable auteur. C'est là qu'il établit le premier, par exemple, que lorsqu'on expose le manganèse à un feu très-vif, ou qu'on le chauffe avec de l'acide vitriolique, il se dégage un fluide élastique qu'il nomme *Air du feu* (Oxygène). A la vérité, Priestley avait annoncé le même fait en 1774. Le tort de Scheele est de n'avoir publié cette découverte que lorsque son ouvrage, commencé depuis sept ans, fut complet. Il constata aussi que l'air commun est composé d'air du feu et d'air corrompu (toujours l'azote); que l'acte de la combustion prive l'air commun de sa partie *la plus pure* (oxygène), qu'il en est de même d'un mélange de soufre et de limaille de fer; enfin, que les chaux métalliques, quand on les réduit, dégagent de l'air du feu. Les propriétés de ce gaz et son action sur différentes substances y sont décrites avec tant de soin et d'exactitude, que ce travail a dû fournir à Lavoisier un nombre considérable de matériaux propres à développer sa théorie. Le même ouvrage contient des remarques du plus haut intérêt sur le gaz nitreux, sur l'hydrogène sulfureux, sur le pyrophore, sur l'or fulminant, sur la radiation de la chaleur; enfin, on y trouve des observations sur l'action des rayons prismatiques sur le muriate d'argent, qui peuvent faire remonter jusqu'à Scheele le premier point de départ de la découverte de la *Photographie*.

Dans le cours de l'année 1778, Scheele publia quatre mémoires. Le premier est relatif à un procédé propre à obtenir le *Mercure doux* par la voie humide, en précipitant une dissolution de mercure dans l'acide nitrique, par une solution bouillante de sel marin. Le second mémoire a pour objet un procédé propre à obtenir la *Poudre d'Algaroth*. Il faisait détoner de l'antimoine cru avec du nitre, laissait digérer le mélange avec de l'acide vitriolique, du sel marin et de l'eau, sur un bain de sable; il précipitait par l'eau et obtenait ainsi l'*Oxychlorure d'Antimoine*. Le troisième mémoire contient une plus importante découverte : celle de la belle *Couleur verte (Pigmentum viride)* qui a conservé son nom. Il obtenait cette nuance, d'un vert si vif et si solide, en versant une solution de potasse et d'arsenic blanc dans une solution de vitriol de cuivre, et laissant précipiter. C'est un arsénite de cuivre, également connu sous le nom de *Vert de Schweinfurt*. Le quatrième travail a pour sujet l'étude du *Molybdène*, dont le minerai était alors confondu avec la plombagine (1). Scheele reconnut que c'était un composé de soufre et d'une poudre blanchâtre : l'*Acide molybdique*, dont le chimiste Hielm tira plus tard le *Molybdène* à l'état de métal.

(1) Cronstedt appelait ce minerai : *Molyb æna membranacea nitens*.

Scheele obtint l'acide molybdique en traitant le minerai par le nitre, faisant détoner, lavant la masse et traitant la liqueur par l'acide vitriolique. Il en résultait un précipité blanc d'acide molybdique. Les eaux mères retenaient du vitriol de potasse et du nitre que l'on pouvait faire cristalliser. Cette analyse est un exemple frappant de son habileté dans l'emploi de la voie humide. Il chercha à donner l'explication de son procédé d'après la théorie du phlogistique, mais celle de Lavoisier ne tarda pas à l'expliquer beaucoup plus simplement.

L'année suivante (1779), il montra combien la *Plombagine* diffère de l'acide molybdique, et prouva qu'elle était uniquement composée d'air fixe et de chaux de fer (carbure ferrugineux).

Cette analyse fut suivie d'*Expériences sur la quantité d'air pur contenue dans l'atmosphère*. Son procédé consistait à mêler deux parties de limaille de fer et une partie de soufre, à humecter le mélange, à le placer dans un vase ouvert, au milieu d'une cloche plongée dans une jarre pleine d'eau. La cloche était graduée, afin de reconnaître la proportion d'air pur absorbée. Il continua ses expériences pendant une année entière, et établit ainsi que l'*air pur* (oxygène) forme les 9/33es de l'air atmosphérique. Ce résultat était d'accord avec celui obtenu par Lavoisier.

A la même date, parurent ses *Expériences sur la décomposition des sels neutres par la chaux vive et par le fer*. Elles eurent lieu à l'occasion d'un fait tout fortuit qui montre bien son extrême sagacité et son esprit d'observation. Il remarqua dans une cave un tonneau, cerclé en fer, qui renfermait des salaisons. Les cercles étaient recouverts d'une couche d'alcali minéral (soude). Il en tira la conséquence, après avoir varié les conditions de l'expérience, que le soude précipite les solutions de fer et de chaux, et s'unit plus facilement aux acides quand ils contiennent un peu d'eau. Cette remarque donna, sans nul doute, à Berthollet, l'idée ou la confirmation de l'une de ses lois sur les affinités.

On trouve dans les actes de l'Académie de Stockholm, à la date de 1780, trois autres mémoires de Scheele. L'un a pour titre : *Remarques sur le spath fluor*, en réponse aux objections qu'avait soulevées son premier travail sur le même sujet. Ces remarques sont si nettes, si solidement établies, qu'elles imposèrent silence à la critique, et que, depuis lors, aucune contradiction ne s'éleva jamais à l'occasion de ses travaux.

Le deuxième mémoire a pour sujet : l'*Examen du lait et de son acide*. Après avoir constaté l'influence des alcalis et des acides sur la formation du caillé, il reconnut que le caséum calciné contenait de l'acide phosphorique et de la chaux. Pour obtenir l'acide du lait, il fit évaporer le sérum au huitième et satura par la chaux vive; il sépara ensuite celle-ci par l'acide oxalique, puis il traita la liqueur par l'alcool qui dissolvit l'*acide lactique* sans toucher au sucre de lait. En volatilisant l'alcool par la distillation, il obtint l'*Acide lactique* très-pur. Il reconnut que cet acide ne

cristallise pas et que ses sels à base terreuse sont
déliquescents. Il lui trouva quelque analogie avec le
vinaigre, mais Berzélius a montré qu'il en diffère par
plusieurs caractères.

Dans un troisième mémoire, il examina le *Sucre
de lait*. En traitant le sérum concentré par l'acide du
nitre, il obtint l'*Acide saccho-lactique* en cristaux, ou
sous la forme d'une poudre blanche, peu soluble
dans l'eau, formant avec les alcalis des sels cristallisables. Il remarqua que cet acide fond, se boursoufle
au feu, se sublime, et qu'à une température plus
élevée, il brûle en laissant une petite quantité de
cendres.

En 1781, parut son *Mémoire sur le Tungstène*. On
avait regardé jusque-là le minerai appelé *pierre
pesante*, comme une mine de fer ou d'étain. Scheele
la traita selon son habitude d'analyse, par les alcalis
et par les acides. Après l'avoir fondu avec de l'alcali
fixe (potasse), il dissolvit la masse dans l'eau bouillante et satura par l'acide nitreux, qui précipita une
matière pulvérulente, acide, peu soluble. C'était l'*A-
cide tungstique*. Dans un second traitement par la
soude, il se forma un précipité de chaux. Il en conclut
que la pierre pesante était un tungstate de chaux. Il
étudia les propriétés de cet acide qu'il distingua de
l'acide molybdique (A).

En 1782, Scheele publia trois nouveaux mémoires.
Le premier a pour titre : *Observations sur l'éther*.
Il montra que, si l'on ajoute de la magnésie au mélange
d'acide et d'esprit de vin, on facilite la formation des

éthers. Les métaux n'agissent pas de même, mais bien leurs chaux. C'est ainsi qu'il obtint l'éther muriatique. Il remarqua que le vinaigre, pour se convertir en éther acétique, exige qu'on le mêle avec un autre acide. Il reconnut aussi que les éthers retiennent toujours quelque chose des acides qui ont servi à les former.

Dans le mémoire suivant, il indiqua, *pour conserver le Vinaigre*, un procédé qui consiste à le faire légèrement bouillir dans une cucurbite étamée, ou bien à le placer dans des bouteilles préalablement soumises pendant quelque temps à l'action de l'eau bouillante.

Le troisième travail qui porte la même date est son *Essai sur la matière colorante du bleu de Prusse*. Ce travail neuf et important est un de ses chefs-d'œuvre. Il est divisé en deux parties. Dans la première, Scheele cherche à découvrir la matière qui, dans le bleu de Prusse, est unie au fer et à l'alcali. Les moyens qu'il emploie pour cette recherche sont des plus ingénieux et montrent son incroyable adresse à traiter les corps par les réactifs. Il ne signale pas tous ses mécomptes, qui durent être nombreux, en sorte qu'il semble être tombé du premier coup sur les meilleurs procédés (B). Enfin, il parvint à découvrir cette *Matière colorante (materia tingens)*, à laquelle il assigne d'abord pour propriétés physiques, d'avoir une odeur particulière, celle d'amandes amères, de posséder une saveur brûlante et d'exciter la toux. Il est singulier qu'il n'en ait pas en même temps remar-

qué la propriété vénéneuse! Qui peut dire si ses
travaux sur un produit si dangereux et dont il ne se
défiait point, ainsi que ses recherches sur l'arsenic,
à une époque où les appareils n'étaient pas aussi per-
fectionnés qu'ils le sont de nos jours, n'ont pas contribué à altérer profondément sa santé, et peut-être
fatalement abrégé sa vie?

Il est curieux de suivre les expériences au moyen
desquelles Scheele s'assura de la composition du bleu
de Prusse (C). Il traita ce produit successivement
avec tous les alcalis et les acides connus, et, après
une multitude d'essais qu'il décrivit avec cette méthode, cette précision, ce laconisme, qui sont le caractère de ses écrits, il réussit à isoler ce qu'il appelle
tout simplement la *Matière colorante du bleu de Prusse*,
ce que Bergmann nomma : *Acidum cæerulei Beroli-
nensis*, plus tard Guyton de Morveau : *Acide prussique* (1), et que Gay-Lussac nomma définitivement :
Acide cyanhydrique.

C'est dans ce travail que Scheele employa le premier un procédé devenu vulgaire : celui de suspendre
dans un ballon fermé un morceau de papier imprégné
d'un réactif propre à déceler la présence d'un corps
volatil.

Dans le deuxième mémoire (qui parut dans le premier trimestre des *Annales de Crell* de 1783) Scheele
étudia l'action de sa *matière colorante* sur les alcalis,

(1) Dans une lettre à Crell (*Ann. de Chim.*, 1784) Scheele appelle encore le prussiate de potasse: *Sel neutre tiré de la lessive
de sang.*

les acides et les métaux. Il établit que le *prussiate
d'ammoniaque* se sublime en totalité, que celui de
chaux cède sa base aux alcalis caustiques, aux acides,
et que la matière colorante passe à la distillation. Il
emploie ce produit pour reconnaître la présence du
fer, et il le désigne alors sous le nom de *Liqueur pré-
cipitante*.

Il s'occupa ensuite de l'analyse élémentaire de
l'acide prussique. Il crut d'abord qu'il était formé
d'ammoniaque et d'huile. Pour s'en assurer, il essaya
tous les mélanges possibles d'alcali volatil et de corps
gras, mais, aucun des produits qu'il obtint ne donnant de bleu de Prusse avec le vitriol de fer, il resta
convaincu que l'huile n'entrait pour rien dans sa
composition. Il s'avisa alors de mettre dans un creuset
du charbon avec de la potasse, qu'il maintint quelque
temps à la chaleur rouge, puis il ajouta du sel ammoniac et continua de chauffer jusqu'à ce qu'il ne se
dégageât plus de vapeurs ammoniacales. Il versa le
tout dans l'eau filtrée, et obtint un sel (du prussiate
de potasse) qui précipitait en bleu vif par le vitriol
de fer. Comme, en décomposant le bleu de Prusse
par le feu, il avait obtenu de l'air méphitique (acide
carbonique), de l'alcali volatil, et qu'en approchant
une bougie allumée du ballon, le gaz avait pris feu, il
finit par conclure que la *matière colorante* en question
était composée d'alcali volatil, d'air inflammable et
d'une matière charbonneuse. Ces trois corps : azote,
hydrogène et carbone, sont en effet les bases de l'acide
prussique. Scheele ajoute qu'il croit cette matière

susceptible de prendre la forme de gaz, que, combinée avec les alcalis, elle peut dissoudre les chaux métalliques en formant des sels triples (*tresalz*), enfin, qu'elle ne décompose les sels métalliques qu'à l'aide des affinités doubles. Il était impossible d'aller plus loin, à cette époque, dans l'importante découverte de l'acide prussique.

Les *Annales de chimie* de Crell contiennent, pour l'année 1784, cinq mémoires de Scheele. L'un d'eux a pour sujet la découverte d'un *Principe doux, obtenu des huiles exprimées et des graisses animales*. Il obtint ce *principe* en faisant bouillir une partie de litharge pulvérisée dans deux parties de graisse, avec un peu d'eau, et tenant le tout en ébullition. C'était le procédé ordinaire pour obtenir l'emplâtre simple. L'eau surnageante, séparée par décantation, fut évaporée en consistance de sirop. Cette matière, d'une saveur sucrée, douce au toucher comme de l'huile, n'est pourtant pas un corps gras, car elle se dissout dans l'eau et dans l'esprit de vin. Exposée à une haute température, elle brûle avec flamme. Elle se distille au même degré de chaleur que l'acide vitriolique; à une chaleur plus élevée, elle devient empyreumatique, puis on obtient une huile brune qui a l'odeur de l'esprit de tartre. Il reste dans la cornue un charbon léger et friable. Ce principe ne cristallise pas et n'est pas susceptible de fermenter. L'acide nitreux le convertit en acide saccharin, etc.

On a reconnu, dans ce corps si bien étudié, la substance à laquelle M. Chevreul a donné plus tard le nom de *Glycérine*, après avoir déterminé le rôle si important qu'elle remplit dans la composition des corps gras. On sait aujourd'hui que la glycérine est un produit constant de la saponification, qu'on l'obtient en assez grande abondance dans la fabrication des savons et de l'acide stéarique, qu'enfin elle est devenue tout récemment d'un haut intérêt, 1° pour la médecine, en ce qu'elle fournit à la pharmacie un excipient des plus précieux; et 2° pour l'industrie, qui trouve dans les qualités physiques de la glycérine la source de nombreuses applications.

Un autre mémoire de la même époque a pour sujet la découverte de ce qu'il appelle l'*Acide citronien cristallisé*, aujourd'hui l'*Acide citrique*. On s'était déjà occupé plus d'une fois de cette recherche, mais sans succès. Scheele, avec sa sagacité admirable, pensa que ce qui empêchait d'isoler cet acide était la matière visqueuse qui l'enveloppe dans le suc exprimé du citron. Il essaya d'abord de coaguler cette matière à l'aide de l'esprit de vin, mais, ne parvenant pas encore à obtenir des cristaux, il imagina que l'acide était masqué par quelque matière étrangère, qu'il espéra séparer en mêlant le suc de citron concentré avec de la craie. Le précipité filtré et lavé avec soin fut traité par l'acide vitriolique étendu de 10 parties d'eau. Il fit bouillir le tout pendant quelques minutes, filtra et concentra la liqueur qui, en se refroidissant, laissa enfin déposer de beaux cristaux.

Ce procédé ingénieux et nouveau est celui que l'on

emplo'e encore de nos jours dans des recherches analogues, en le modifiant suivant les caractères propres des corps qui en sont l'objet.

On trouve à la même date et dans le même recueil les dernières notes et observations que publia Scheele, entre autres sur l'éther acétique, sur l'acide benzoïque, sur la couleur noire de la pierre infernale, qu'il attribue judicieusement à la présence d'un peu de cuivre dont l'argent est rarement privé, sur la préparation du prussiate de potasse, sur la réaction de la chaux et du vitriol de soude, sur la nature de l'air fixe, etc..... C'est là que s'arrête fatalement cette vie si pleine de travaux, sinon de jours heureux. Que de vérités et de découvertes la science ne devait-elle pas attendre encore de cet esprit si ardent et si inventif! Scheele était dans la force de l'âge; les difficultés s'aplanissaient autour de lui, sa gloire grandissait chaque jour; quel avenir enfin pouvait être le prix de tant de labeurs, si son existence n'eût pas été tranchée d'une manière si déplorable et si prématurée !

IV

Telle est la part que prit Scheele aux rapides progrès que la chimie venait de faire en moins de quarante années : progrès qui présageaient hautement ceux qu'elle a réalisés depuis, comme ceux-ci font pressentir les nouveaux bienfaits que peuvent en attendre encore les arts, la médecine et le bien-être général. Quel élan un pareil travailleur ne dut-il pas

donner au génie de l'invention! Quel chimiste,
animé par son exemple, n'a pas espéré rencontrer
comme lui quelque principe nouveau dans l'examen
des corps naturels qui nous entourent? La pharmacie,
qui s'exerce incessamment sur des matières dont
l'efficacité est constatée par l'expérience, mais qui,
trop souvent, ignore le véritable principe de leur
activité, la pharmacie a dû mettre et a mis largement
à profit l'exemple que lui a laissé ce praticien
ingénieux et habile. Aussi Scheele figurera-t-il toujours au premier rang parmi les maîtres illustres
dont la chimie se fait honneur, comme il restera
toujours pour les pharmaciens le modèle et l'une de
principales gloires de leur profession.

Nous avons dit que Scheele n'avait reçu aucun
secours des circonstances qui l'entourèrent, et qu'il
devait tout, exclusivement, à son propre génie.
Reconnaissons pourtant qu'il puisa d'heureuses ressources dans l'exercice de la pharmacie, qui lui fournit
les matériaux et souvent la première idée des sujets
sur lesquels il s'est exercé. S'il n'eût pas été pharmacien, par exemple, son attention eût-elle été appelée
sur une foule de corps que cette profession plaçait
naturellement sous sa main et l'obligeait en quelque
sorte à étudier d'une manière approfondie? C'est ainsi,
évidemment, que la crème de tartre, alors fort en
usage, lui inspira l'idée de son premier travail sur
l'*Acide tartrique*. Dès qu'il eut imaginé le procédé
propre à isoler ce principe, il l'appliqua à la recherche
d'un grand nombre d'autres acides et des principes

analogues. Une fois sur la voie des analyses, il étudia
le benjoin, la noix de galle, la rhubarbe, l'iris, l'as-
clépias, le curcuma, l'éther, le lait, les corps gras, le
sel d'oseille, les sels de mercure, tous objets d'officine,
de matière médicale, qui se présentaient chaque
jour et comme d'eux-mêmes à son observation, à son
étude. La découverte du principe doux des huiles,
qui fournit plus tard à M. Chevreul l'heureuse idée de
la décomposition des corps gras, eût-elle préoccupé
Scheele si, comme pharmacien, il n'eût préparé
l'emplâtre diapalme, que nous appelons aujourd'hui
emplâtre simple ou stéaraté de plomb? Quelle autre
circonstance eût pu l'amener à examiner l'eau mère
qui résulte de l'action des corps gras sur les oxydes
métalliques, sous l'influence de l'eau? Nouvel exemple
des services que la pharmacie a rendus aux sciences
physiques et des connexités qui la réunissent à la
chimie !

Le succès de ces premiers travaux poussa Scheele à
se livrer à des recherches d'un ordre de plus en plus
élevé, et l'on vient de voir à quelle hauteur il sut parvenir. Quand il tourna ses vues sur des sujets de
science transcendante qui étaient, disons-le, un peu
en dehors de son domaine, il y apporta sans doute la
même sagacité, la même pénétration. mais, imbu
des idées théoriques de son époque, il chercha naturellement à y rattacher ses observations. Et d'ailleurs,
il lui manquait certaines connaissances pour lesquelles
la lecture des auteurs ne suffit pas; il lui manquait
aussi des appareils, de l'argent, du loisir, et peut-être

aussi l'esprit de système, de généralisation, qui rapproche les données et les principes, les faits et leurs conséquences. « Les expériences si précises, si exactes « qu'il accumulait sans cesse, fournissaient, sans qu'il « s'en doutât, les meilleurs arguments à la doctrine « de Lavoisier, et, ainsi que le remarque Vicq-d'Azyr, « la plupart de ces faits sont inexplicables par toute « autre théorie que celle des gaz, qu'elles confirment « en s'y rapportant. » A coup sûr, si Lavoisier eût éprouvé le besoin d'un habile et ingénieux collaborateur, il n'en eût pas choisi de meilleur que celui qui avait découvert, avant tout autre, le chlore, l'azote, l'hydrogène sulfuré, les acides prussique, arsénique, urique, citrique, le manganèse, la baryte, et très-probablement l'oxygène.

De même que Linné et Wallérius avaient, dans le cours du même siècle, appelé vers la Suède les regards de toute l'Europe savante, la célébrité de Bergmann et de Scheele attirait de toutes parts l'attention des hommes de science. En 1782, le président de Virly et M. d'Elluyart, chimiste espagnol, frère d'un minéralogiste du plus haut mérite, allèrent ensemble en Suède pour faire la connaissance personnelle de ces deux chimistes. Après avoir vu Bergmann à Upsal, et obtenu de lui une lettre pour Scheele, ils se rendirent à Kœping, et trouvèrent l'humble et savant apothicaire dans son officine, revêtu du tablier traditionnel, et occupé de ses travaux ordinaires. Scheele les accueillit avec empressement, mais sans discontinuer son travail, et sans

s'en excuser. Il causa avec eux des progrès récents
de la science ; il leur parla de ses propres recherches,
mais surtout des découvertes de Bergmann. « C'est
l'honneur de la Suède ! » leur dit-il, sans paraître
soupçonner qu'on en pût dire autant de lui. Les
voyageurs l'invitèrent à dîner avec eux ; il accepta ;
mais, le repas fini, il se hâta de retourner à son laboratoire, où ils le suivirent, afin de profiter le plus
longtemps possible de sa présence et de sa savante
conversation.

Le roi de Suède, Gustave III, pendant un voyage
qu'il fit en Italie, vers 1780, assistait à Turin à une
séance académique, dans laquelle Scheele fut élu
comme membre étranger. On parla des importantes
découvertes du chimiste suédois, et quelqu'un s'avisa
de demander au roi, qui se piquait de connaître tous
les hommes éminents de son royaume, comment se
portait l'illustre Scheele. « Fort bien, » répondit le
roi, quoiqu'il n'eût jamais entendu prononcer son
nom. De retour en Suède, il s'empressa de s'infor-
mer de cet homme, encore obscur dans son pays,
tandis que sa gloire rayonnait déjà dans toute l'Europe. Il apprit que le grand chimiste était un simple
apothicaire de la petite ville de Kœping. Le roi
voulut l'anoblir, ses finances ne lui permettant pas
d'accorder au savant une pension, ou du moins un
subside qui l'eût mis à même de se vouer exclusivement à la science. Scheele refusa l'honneur qui lui
était offert. Or, circonstance curieuse, le diplôme
de chevalier n'en fut pas moins délivré, mais il fut

adressé à un homonyme, et Scheele resta tout simplement l'un des plus grands chimistes de la Suède et de son époque.

Ici, qu'il me soit permis d'emprunter à quelques savants contemporains leur appréciation sur cet homme si extraordinaire; car, pourquoi chercher à dire autrement ce qui a déjà été si bien dit, et par des hommes d'ailleurs si compétents?

« La fécondité de l'esprit, écrivait Vicq-d'Azyr (1),
« tient surtout à l'opiniâtreté dans le travail, sans
« laquelle il n'y a point de durée dans le succès. Il
« en est des richesses de l'expérience et de la pensée
« comme de celles que la terre cache en son sein : les
« unes et les autres ne se trouvent qu'à de grandes
« profondeurs. Il faut creuser longtemps avant d'ar-
« river à ces veines heureuses qui sont le salaire de
« la peine et de l'industrie, tandis qu'à la surface
« sont semés avec profusion ces faux brillants dont
« la paresse se contente et dont se pare le mauvais
« goût. Il ne suffit pas d'avoir découvert à grands frais
« des matériaux précieux, il faut encore les préparer,
« les mettre en œuvre à l'aide de la méditation et du
« temps. Voilà ce que fit Scheele et ce que ne peuvent
« se dispenser de faire ceux qui voudront s'immor-
« taliser après lui. »

« Si l'on voulait le suivre dans toutes ses recher-
« ches, a dit M. Dumas, il faudrait parcourir avec
« lui toutes les parties de la chimie. On verrait alors

(1) Éloge de Scheele.

« toute la souplesse de son génie, la fécondité de sa
« méthode, la sûreté de sa main et la singulière pé-
« nétration de son esprit, qui le fait toujours arriver
« au vrai et s'y arrêter. Examinez ses Mémoires, vous
« n'y trouverez pas une erreur dans tout ce qu'il dit
« des corps et de leurs propriétés. On ne saurait
« trop l'admirer tant qu'il se renferme dans les faits
« qu'il a observés et les conséquences prochaines qui
« en découlent. Ses Mémoires sont sans modèles
« comme sans imitateurs. En un mot, toutes les
« fois qu'il ne s'agit que des faits, Scheele est infail-
« lible. » Et plus loin : « Scheele montra tout ce qu'on
« peut, et juste ce qu'on peut, avec les moyens limi-
« tés auxquels son éducation, son caractère, les cir-
« constances et sa fortune l'ont borné, quand on
« possède la pénétration extrême de son esprit, la
« rectitude de son jugement, l'adresse exercée dont
« il fait constamment preuve, et, sur toutes choses,
« quand on est doué de cette persévérance infatigable
« qu'il a mise à suivre son œuvre jusqu'au bout, sans
« se laisser détourner par aucun obstacle, et jusqu'à
« ce qu'il fût satisfait du résultat.....

« Scheele s'est élevé à toute la hauteur qu'il pou-
« vait atteindre par le travail, l'expérience et la
« méditation, sans le secours d'aucune éducation
« scientifique. Qu'il eût pu s'élever plus haut, je
« l'ignore. Mais, quand on entend répéter que, pour
« travailler au progrès des sciences, il faut vivre
« dans les grands centres universitaires et point
« dans l'atmosphère des provinces, on ne peut

« s'empêcher de se rappeler Scheele et Kœping. »

« On se demande avec étonnement, dit un autre de ses biographes, comment un seul homme a pu, dans l'espace de quelques années et avec d'aussi petites ressources, accomplir de si grandes choses. Le chlore, la baryte, le molybdène, le tungstène, les acides fluosilicique, arsénique, prussique, lactique, citrique, oxalique, tartrique, malique, gallique, le principe doux des huiles, le caméléon minéral, la composition de l'air : voilà les principales découvertes qui lui donnent des droits impérissables à la reconnaissance de la postérité. »

Que d'inventions, que de découvertes ultérieures ont été la conséquence des siennes ! Combien d'arts, combien d'industries nouvelles reposent aujourd'hui sur les recherches si nettes, si fécondes en applications dont il est l'auteur ! Quel chimiste égalera jamais ce modèle de sagacité, d'aptitude à l'observation expérimentale, qui pénétra si souvent et du premier coup dans la profondeur des secrets de la nature ?

Aux mérites du savant Scheele joignait toutes les vertus de l'homme privé. On connaît son dédain pour les grandeurs et la richesse. Les penchants égoïstes n'avaient aucune prise sur son beau caractère. Il n'eut jamais d'autre passion que celle de la science. Le roi de Prusse s'était vainement efforcé de l'attirer à Berlin. Le gouvernement anglais lui fit offrir un poste considérable, avec un traitement de 300 livres sterling. Scheele refusa tout, et, comme Linné, il

voulut consacrer à sa patrie les talents qu'il avait
reçus de Dieu. On voit par sa correspondance avec
Bergmann, Erhart, Meyer et Kirwan, qu'il était éminemment serviable et affectueux. « Noble vie,
s'écrie M. Dumas; modèle de simplicité, de grandeur, de savoir et de modestie ! » Nous pourrions
ajouter : de sagesse, de désintéressement et de
bonté !

Scheele était sérieux et parlait rarement. Toutefois, il n'était ni triste ni taciturne. Sa physionomie,
calme et assez ordinaire, s'animait lorsqu'il discutait
quelque point scientifique, et semblait s'illuminer
quand il donnait l'explication d'un phénomène. Il
n'était point empressé, dit Grumberg, son confrère
et son compatriote, mais il ne restait jamais oisif, et
ne s'occupait que d'un sujet à la fois, cherchant toujours à le rapporter à des idées générales. Il faisait
peu de cas des instruments et des appareils, dont il
savait du reste fort bien se passer.

Il était non-seulement privé des ressources ordinaires des savants de profession, mais son éducation
classique avait été peu développée et ses lectures fort
insuffisantes. Peu familier avec le suédois, il ne connaissait bien que la langue allemande, sa langue native. Ses écrits devaient être traduits en suédois ou
en latin pour être lus à l'académie de Stockholm, ou
pour figurer dans les mémoires de cette compagnie.
Il n'apprenait souvent que d'une manière indirecte
et tardive ce qui se publiait en français ou en anglais
touchant la chimie ou la physique, ses sciences de

prédilection. C'est ainsi qu'il fut amené à refaire un grand nombre d'expériences déjà publiées, à traiter des sujets que d'autres avaient déjà approfondis, et enfin qu'on lui contesta plus d'une fois la priorité de ses meilleures découvertes.

En faisant de l'illustre Scheele le sujet d'une nouvelle *Étude biographique*, j'ai eu surtout pour objet de rappeler les meilleurs titres de gloire de la chimie moderne et de l'art pharmaceutique, d'évoquer l'exemple de ce que peuvent, sans secours étrangers, le génie inventif, la passion du savoir, le travail persévérant, unis à la modestie la plus sincère, à l'abnégation la plus absolue. Je n'ai pas fondé cette étude seulement sur mes appréciations personnelles, mais sur l'opinion des savants les plus autorisés, comme sur le simple exposé des travaux de l'un des hommes dont les recherches ont le plus enrichi la science de son époque. Je voudrais pourtant faire quelque chose de plus : je voudrais, si le temps et mes forces me le permettent, rendre à cette grande mémoire un hommage plus complet, plus digne d'elle, en recueillant, dans une nouvelle édition, tous les écrits que Scheele nous a laissés. Ce que j'ai pu dire ici de sa personne ne représente guère que les bas-reliefs dont on a coutume d'orner le piédestal de la statue d'un homme célèbre : c'est à ses œuvres elles-mêmes qu'il appartient de reproduire plus fidèlement la noble attitude du modèle, ainsi que sa véritable et glorieuse effigie.

NOTES

(A. page 256.) Bergmann émit l'opinion que cet acide était la chaux d'un métal particulier. Cette prédiction fut confirmée par les frères d'Elluyart qui retirèrent le tungstène du wolfram, lequel n'est autre chose qu'un tungstate de fer.

(B. page 257.) « M. Scheele, dit Vicq d'Azyr, dévoile tout à coup une des plus belles opérations de la chimie moderne, sans dire quel fil l'a dirigé, quelle théorie l'a conduit, et il nous laisse dans l'étonnement, non de ce qu'il s'est élevé à une telle hauteur, mais de ce qu'en franchissant un si grand espace, on ne découvre aucune trace de ses efforts, aucun vestige de son passage. C'est le génie de l'invention qui se joue des obstacles, et qui ne daigne pas même se souvenir des difficultés qu'il a vaincues. » (Élog , t. II, p. 39).

(C. page 258.) *Le bleu de Prusse* obtenu en quelque sorte par hasard, au commencement du XVIIIe siècle, par Diesbach, fabricant de couleurs à Berlin, resta un secret jusqu'en 1724, où Woodward en publia le procédé. Plusieurs chimistes s'occupèrent de le perfectionner. Brown avança que la chair de bœuf et d'autres matières animales pouvaient remplacer le sang dans la préparation de ce que l'on appelait alors la *lessive du sang*, et, plus tard, la *potasse ammoniacale*. Geoffroy nommait ce produit *alcali phlogistiqué*, parce qu'il supposait que la potasse empruntait aux matières animales du phlogistique. A cette époque, l'influence du phlogistique rendait compte de tous les phénomènes inexpliqués, comme aujourd'hui on les rapporte volontiers à l'influence électrique. En 1752, Macquer montra que l'alcali fixe, bouilli avec le bleu de Prusse, lui enlève une matière dont il se sature (l'acide carbonique). Morveau, en 1772, annonça que l'alcali phlogistiqué contenait un acide qui jouait un rôle dans la formation du bleu de Prusse. Sage crut que c'était l'acide phosphorique. En 1787, Berthollet reconnut que l'ammoniaque n'est pas toute formée dans l'acide prussique, mais qu'elle se produit par la combinaison des éléments qui servent à le produire.

LES

SAVANTS OUBLIÉS

AVANT-PROPOS.

Le titre de cet écrit semble promettre un développement qui ne s'était pas d'abord présenté à mon esprit, et que n'eût pas comporté l'étendue ordinaire d'une lecture académique. On m'en a fait en quelque sorte un reproche, auquel j'ai été sur le point de céder en donnant à mon cadre un peu plus d'extension. Mais la liste de ces intéressantes victimes de l'oubli s'est tellement agrandie dans mes recherches, que j'ai dû renoncer à la compléter. Je laisse donc à cette lecture de circonstance sa forme et sa destination primitives. A peine y ai-je ajouté quelques noms; mais je fais des vœux pour que cette pensée soit reprise un jour par quelque ami de l'histoire scientifique, capable d'en mieux justifier le titre, comme de rendre cette sorte de martyrologe de la science tout à fait digne du sentiment de justice et de pieuse compassion qui me l'avait inspirée.

On s'est souvent récrié sur l'injustice du sort et sur l'ingratitude des hommes à l'égard des savants et des inventeurs; on a déploré avec raison la triste destinée de ceux qui, après avoir travaillé avec ardeur aux progrès de la civilisation et du bien général, n'ont jamais reçu la juste récompense de leurs labeurs. Tantôt on s'est fondé sur une tradition vague et incertaine pour donner une couleur plus touchante ou plus romanesque à la biographie de quelques hommes célèbres, et de relever le mérite de leurs efforts par le récit des tribulations auxquelles ils furent exposés. D'autrefois, on s'est appliqué à révoquer en doute le témoignage de l'histoire et à prouver que leurs malheurs étaient purement imaginaires. Ainsi, pour ces derniers, Christophe Colomb n'aurait point eu à subir les calomnies ni les persécutions de ses contemporains; Galilée, qui découvrit aussi un nouveau monde, n'aurait point été poursuivi et incarcéré par l'inquisition; le Tasse n'aurait pas été emprisonné à Ferrare; Bernard Palissy ne serait point mort à la Bastille, et Salomon de Caus non plus que P. Sauvage, dans un hôpital d'aliénés.

Sans prendre aucun parti dans de pareilles controverses, probablement entachées de part et d'autre d'erreur ou d'exagération, j'ai voulu seulement formuler un blâme envers ces érudits de profession qui laissent dans un oubli dédaigneux et volontaire des hommes à qui la science doit des perfectionnements

incontestables. Je ne voulais pas d'ailleurs m'apitoyer
outre mesure sur le sort de tous ceux qui auraient
droit de se plaindre de cet oubli. Car enfin, à prendre
les faits dans leur version la plus affligeante, le public est-il donc responsable des mécomptes que les
hommes de génie peuvent éprouver dans la poursuite de leur œuvre? quelles prévisions pourraient
les soustraire aux conditions générales de la destinée
humaine? tout esprit ingénieux et entreprenant n'est-
il pas exposé aux déceptions, aux revers, à l'envie,
aux attaques de ses rivaux, à des luttes incessantes
dans lesquelles sa fortune ou sa vie sont nécessairement engagées? Mais, hâtons-nous de le dire, l'existence des hommes d'imagination dont le succès n'a
point complétement couronné les efforts n'a pas été
toujours dépourvue de compensations. Le savant
aussi bien que l'inventeur a trouvé un bonheur réel
dans ses travaux mêmes, il s'est nourri de ses illusions
et de ses espérances, il a promené son esprit dans
des régions fantastiques, imaginaires si l'on veut,
mais pleines de ce charme, de ces ravissements qui
seront toujours ignorés des esprits paresseux ou médiocres. Pour lui, le plus souvent, la richesse n'eût
été qu'un accessoire à son bonheur; il ne lui eût
certes pas sacrifié les chimères de sa pensée. Et
d'ailleurs, tous ne succombent pas dans ces terribles
luttes, et les fastes de la science comme ceux de l'industrie sont remplis d'exemples consolants, qui montrent que la plupart des savants véritables et des inventeurs sérieux ont dû assez souvent à leurs travaux

24

l'aisance et le renom, quelquefois la fortune et la célébrité.

« L'arbre de la science, a dit Pascal, porte un fruit « à l'extrémité de chacune de ses branches. » Cela est vrai ; mais ce qui est difficile, c'est de savoir quand ce fruit est mûr et quand on doit le cueillir. L'opportunité, en toutes choses, est l'une des premières conditions et l'une des plus sûres garanties du succès.

LES SAVANTS OUBLIÉS

Lecture faite à l'Académie impériale de médecine, dans la séance du 13 septembre 1853 (1).

I

MESSIEURS,

Réclamer l'honneur de venir faire une lecture devant vous, c'est presque annoncer que l'on a à vous révéler quelque chose de nouveau, d'imprévu, d'ignoré; à vous, les dignes représentants de la science, qui, dans les choses passées ou contemporaines, n'avez sans doute rien à apprendre de ceux qui marchent obscurément sur vos traces. Cette témérité paraîtra surtout impardonnable si, au lieu de m'attacher à l'une de ces questions palpitantes qui préoccupent aujourd'hui les esprits, je me propose simplement de jeter un coup d'œil rétrospectif sur quelques points négligés de la critique ou de

---

(1) *Mémoires de l'Académie de Médecine*, t. XVIII, in-4°, et *Journal de Pharmacie et de Chimie*, t. XXV, p. 283.

Cette lecture ne comportant guère de détails biographiques sur les personnages qui y sont cités, j'ai cru devoir, afin de ne pas interrompre le discours, reporter ces détails dans l'*Appendice* qui en forme la suite. Ces notes sont indiquées par les lettres de l'alphabet.

l'histoire des sciences que vous cultivez ; mais voici mon excuse : On s'étonnait un jour, devant Cuvier, de l'immense étendue de ses connaissances. « Que de « choses, lui disait-on, votre mémoire est parvenue à « retenir !... — Hélas, répondit-il, j'en ai oublié bien « davantage ! » Telle est, en effet, la fugacité de notre mémoire, que nos trésors les plus précieux nous échappent ainsi chaque jour, et que, dans le cours d'une longue vie, nous finissons souvent par ignorer ce que nous avons su le mieux ; puis, lorsque vient à éclater quelque grand événement scientifique, il se trouve fréquemment que ce n'est autre chose qu'un écho du passé. Scaliger, dans sa vieillesse, regrettait bien plus la perte de ses souvenirs que celle de sa fortune ; et Guy-Patin s'écriait à cette occasion : « Plût à Dieu que j'eusse pour tout savoir ce que ce grand homme a oublié (1) ! »

Mais il ne faut pas que l'oubli devienne de l'ingratitude, que l'indifférence soit une sorte de déni de justice ; et c'est ce qui arriverait, si on laissait s'effacer de l'histoire certains noms qui marquent l'origine de quelque haute découverte, ou auxquels se rattachent de grands services rendus à la science et à la civilisation. Ce tort est trop souvent celui de notre époque. « Ce qui manque aux savants de notre âge, « a dit Paris et, c'est une connaissance plus appro- « fondie de ce qui a été fait avant eux. » Heureusement, l'étude de la biographie nous permet de réparer

----

(1) *Lettres de Guy-Patin*, nouv. édit., par Réveillé-Parise. Paris, 1846, t. III, p. 630.

jusqu'à certain point ces injustices. Chaque page de
l'histoire des sciences renferme quelques-uns de ces
noms presque entièrement oubliés. En vain dira-t-on
qu'on ne les oublie que parce qu'ils ont mérité l'oubli : ce serait une nouvelle injustice, car il faut reconnaître que, pour la plupart, une sorte de fatalité
semble les avoir éloignés de nos yeux. Il faut aussi
faire la part de leur modestie, de leur répugnance à
attirer les regards de la foule, celle des circonstances
au milieu desquelles ils vécurent, de leur position
sociale qui les laissa dans l'obscurité et ne leur permit point de se produire. Quelques-uns de ces noms
ont bien parfois frappé nos oreilles, mais sans y laisser de traces durables et sans y rattacher le souvenir
de leurs actes.

Qu'on se demande, par exemple, le nom du philosophe, du médecin qui, au dix-septième siècle,
contribua le plus largement à faire prévaloir la méthode expérimentale dans l'étude des sciences ; le
physicien à qui se rapportent les plus notables perfectionnements de la pompe pneumatique, du ther-
momètre, du baromètre, de la machine électrique ;
les premières observations sur le vide, sur la chaleur, sur la nature de la flamme, sur la coloration,
sur la cristallographie ; le physiologiste à qui l'on
doit les premières expériences sur le sang, sur la
transfusion ; qui démontra le premier le rôle de l'air
atmosphérique dans la respiration pulmonaire, dans
le développement des plantes, qui fit les premières
recherches de toxicologie sur les animaux ; le chi-

miste qui, le premier, produisit artificiellement de l'hydrogène, et le recueillit en renversant l'appareil sous une cuve pleine d'eau ; qui fit la première analyse des eaux minérales, des calculs urinaires ; qui remarqua pour la première fois l'action des acides et des alcalis sur les couleurs végétales, qui soupçonna que l'eau est décomposable, qui aborda, en un mot, et avec succès, la plupart des questions qui sont du ressort des sciences physiques et médicales ; lequel de nous, messieurs, prononcerait aussitôt le nom de *Robert Boyle* ?... Eh bien, ce nom, si justement célèbre, il y a deux siècles, est à peine connu aujourd'hui des jeunes savants ; il est rarement cité dans les livres, plus rarement encore dans les cours publics. C'est pourtant à lui que se rapportent les plus nombreuses, les plus belles expériences sur lesquelles se fondent aujourd'hui l'enseignement de la physique, de la chimie, des sciences médicales, et les admirables applications qu'en tirent chaque jour les arts et l'industrie. — Non, sans doute, que chacun ici n'ait quelque souvenir de ce personnage autrefois si illustre ; mais parce que la variété de ses travaux et la souplesse de son génie n'en ont pas fait, comme on dit aujourd'hui, une *spécialité scientifique*, ce qui lui a donné place à la fois dans plusieurs catégories de savants : comme ces auteurs qu'en bibliographie on appelle des *polygraphes*, et qu'on ne trouve ni parmi les poëtes, ni parmi les dramaturges, ni au nombre des historiens.

Voilà un exemple pris, en quelque sorte au hasard

de ces oublis où nous expose trop souvent l'étude des faits scientifiques, séparée de leur histoire. Mais je crains moins pour les savants, dont la célébrité a retenti dans leur siècle, qui ont recueilli, de leur vivant du moins, la renommée ou la fortune, comme une digne rémunération de leur mérite, que pour la mémoire de tant d'hommes modestes et déshérités du sort, qui, après toute une vie de travail, de dévouement et de souffrances, n'ont obtenu de leurs contemporains qu'un injurieux oubli, et de la postérité qu'une justice tardive ou parfois contestée.

Je viens de citer l'un des hommes les plus éminents du dix-septième siècle, aujourd'hui presque oublié; et je trouve immédiatement à côté de son nom celui d'un physicien, d'un médecin français qui, tout en partageant les travaux de Robert Boyle et d'Huygens, deux étrangers à la célébrité desquels il contribua d'une manière si efficace, ne parvint point à s'associer à leur gloire, et ne recueillit aucun fruit personnel d'une découverte qui, depuis un demi-siècle, a complétement changé la face du monde industriel, j'allais dire la destinée de l'Europe moderne. *Denis Papin* était pourtant docteur en médecine de la Faculté de médecine de Paris, fils et neveu de médecins qui laissèrent dans l'art un nom justement honoré. Il fut connu, recherché, apprécié des premiers savants de l'époque; il fut professeur de mathématiques à l'université de Marbourg, membre de la Société royale de Londres, correspondant de l'Académie des sciences, titres fort relevés sans doute, ce qui n'empêcha pas l'inventeur primitif de la machine à vapeur de mourir misérable, accablé de chagrins, et tellement ignoré, que l'on ne connaît aujourd'hui ni la date de sa mort ni le lieu de sa sépulture.

La postérité, dira-t-on, a fait à son égard tout ce qu'elle pouvait faire; elle a relevé son nom, elle a reconnu ses droits, elle lui a érigé une statue! Est-ce assez, messieurs? Non, il lui manque encore une récompense, la seule capable d'honorer encore plus dignement sa mémoire! Son nom jusqu'ici n'a pas retenti dans les Académies auxquelles il appartint, en présence des célébrités de la science qu'il servit et professa, en présence de ses collègues, heureux de compter un Français, un médecin de plus parmi les plus grands inventeurs des temps modernes.

Les Académies ne sont-elles pas, en effet, le vrai sanctuaire où doit se conserver le souvenir des hommes comme des choses scientifiques? Aux grandes écoles le soin de représenter le présent et l'avenir des sciences; aux Académies l'honneur de s'attacher en outre à leur passé. La tribune académique a cet avantage sur la chaire professorale, qu'elle embrasse à la fois toutes les périodes de cette grande histoire de l'intelligence humaine. C'est dans nos vivantes archives que doit se retrouver le savoir des temps écoulés, réuni aux connaissances contemporaines, que doit se concentrer tout ce qui se rapporte à l'histoire, à la littérature, à la philosophie scientifiques; à elles surtout le privilége de perpétuer le sentiment de notre reconnaissance envers ceux qui nous ont précédés, d'honorer ces nobles martyrs de l'étude auxquels manqua toute autre récompense ; en un mot, de consacrer un culte, un autel, non aux dieux inconnus, *diis ignotis*, mais aux savants oubliés, *doctis neglectis :* heureuse et touchante prérogative, qui leur offre à la fois une justice à rendre, un devoir à accomplir, un grand enseignement à donner !

Vous avez compris, messieurs, que je cherche à justifier ici le genre de travaux auxquels depuis longtemps j'ai voué une partie de mes études. En suivant, à travers les siècles passés, les traces des sciences et des professions médicales, je me suis attaché spécialement à certains points peu explorés de l'histoire scientifique, mais surtout à préserver d'un injuste oubli quelques noms obscurs, quoique fort dignes, selon moi, de nos souvenirs reconnaissants. J'ai quelquefois poussé plus loin mes investigations : je me suis estimé heureux de découvrir la première source d'une pensée qui domina toute une vie de labeur et de génie ; j'ai cherché dans certains actes de la vie privée d'un homme célèbre la première trace de ses inspirations ou de ses prédilections studieuses. J'ai recueilli le nom de son premier maître, de celui qui lui révéla à lui-même sa vocation, ou bien du protecteur qui lui ouvrit la carrière. Enfin j'ai pénétré quelquefois et aussi bien que je l'ai pu dans les détails de sa généalogie afin de rechercher la première origine de ses dispositions et de son génie (A).

J'ai parlé tout à l'heure de Papin, mort pauvre, méconnu, ignoré, et dont je voudrais voir un jour quelque digne panégyriste évoquer solennellement la mémoire; j'ai retracé ailleurs les souffrances, le courage, l'âme antique de Bernard Palissy; j'ai appelé dans une autre enceinte le souvenir de Pierre Belon, médecin et naturaliste du seizième siècle, qui, après avoir, l'un des premiers, exploré les contrées orientales dans un but scientifique, après avoir éclairé plusieurs points importants de l'histoire naturelle, de la matière médicale, de la géographie et même de l'archéologie, vint mourir à quarante-sept ans, sous les coups d'un assassin, au bois de Boulogne, près de Paris. Rapprochement étrange! Presque au même endroit, et de la même manière, périssait, il y a cinquante ans, un physicien français, Philippe Lebon, le premier inventeur de l'éclairage par le gaz hydrogène, tout aussi méconnu que Papin, comme lui pauvre, ignoré de son vivant, et à qui une célébrité tardive a rendu bien incomplétement des droits qu'on n'oserait plus aujourd'hui lui contester.

L'histoire des sciences est remplie de faits analogues, qu'on ne peut lire sans une admiration mêlée de regrets et d'attendrissement. C'est à un médecin parfaitement inconnu pendant sa vie que l'on doit la première émission d'une idée devenue l'un des principaux fondements de la chimie moderne : celle qui conduisit à constater la pesanteur de l'air et sa composition. On savait depuis longtemps, mais sans en donner aucune explication satisfaisante, que les métaux augmentent de poids quand on les calcine. Au commencement du dix-septième siècle, un pharmacien de Bergerac, nommé Brun, ayant signalé ce fait à l'attention de *Jean Rey*, médecin à Bugue, petite ville du Périgord, celui-ci en fit l'objet de nombreuses expériences, et finit par en donner la solution la plus rationnelle, en l'attribuant à la fixation de l'air sur le métal. Jean Rey est donc le premier qui ait pressenti et préparé l'avénement de la chimie pneumatique. Malheureusement, ce trait de génie resta d'abord tout à fait inaperçu, et l'auteur n'en retira nullement la gloire dont il était si digne. C'est en 1630 qu'il publia ses idées dans une modeste brochure; d'autres préoccupations ne tardèrent pas à le détourner de ses recherches, et peut-être abrégèrent-elles sa vie, car il mourut à cinquante ans; et c'est deux siècles après, que la science est venue rapporter à son nom l'honneur de cette belle découverte (1).

Le souvenir de Jean Rey appelle tout naturellement celui d'un physicien dont le nom est presque tota-

(1) M. Hoëfer attribue toutefois la première idée de l'explication de ce phénomène à un alchimiste du xvᵉ siècle dont les recherches portent la date de 1789. Eck. de Sulzbach, dont le nom est encore plus ignoré que celui de J. Rey, reconnut en effet, « que les métaux augmentent de poids quand on les calcine, et que cette augmentation vient de ce qu'un *esprit* s'unit au corps du métal. » On n'a pu recueillir aucun document sur la vie de Eck. de Sulzbach, mais son *Theatrum chimicum* existe encore. On y trouve la première mention de l'*arbre de Diane* et d'un procédé pour l'obtenir. L'auteur appelait les oxydes métalliques *cendres fixes*, et l'oxyde rouge de mercure, *mercure fixe ou cinabre artificiel*. (*Hist. de la chimie*, t. 1, p. 447.)

lement inconnu et qui pourtant me semble tout à
fait mériter de vous être signalé. Vers 1719, *Moitrel
d'Élément* faisait à Paris, pour gagner sa vie, des
cours de manipulation qu'il annonçait par voie d'affi-
ches, dans les termes suivants : « La manière de ren-
« dre l'air visible et assez sensible pour se mesurer
« par pintes ou par toute autre mesure ; pour faire
« des jets d'air aussi visibles que des jets d'eau, etc. »
La même année, Moitrel publia ses expériences dans
une brochure qui se vendait trois sous, dont on aurait
bien de la peine à retrouver quelque exemplaire
maculé, et que pourtant Gobet a jugée digne d'être
reproduite et jointe à la nouvelle édition, qu'il donna
en 1777, du petit livre de Jean Rey, le médecin de
Bergerac.

Moitrel d'Élément montrait, en effet, que nous
sommes environnés d'air de toutes parts, comme les
poissons sont environnés d'eau dans le fond de la mer.
Pour cela, il plongeait dans l'eau un verre à boire
renversé, dans lequel l'eau n'entrait point, bien qu'il
fût ouvert, et il expliquait le phénomène en disant
avec raison que, l'air étant un corps et occupant la
capacité du verre, c'était lui qui s'opposait à l'introduction de l'eau ; mais que, si l'on penchait le verre,
on voyait l'air s'échapper, et l'eau entrer à sa place.
Pour rendre l'air pour ainsi dire *visible*, il plongeait
sous l'eau, et par sa partie évasée, un entonnoir de
cristal, dont il bouchait l'extrémité avec le pouce ;
puis, retirant le pouce, on voyait l'air s'échapper,
comme un jet, en traversant l'eau jusqu'à sa super-

ficie. Enfin il mesurait l'air comme on mesure un liquide, en plongeant dans l'eau une mesure renversée, et au-dessus un récipient de cristal plein d'eau, destiné à recevoir l'air à mesurer. En penchant la mesure, l'air traversait l'eau pour aller se rendre dans le récipient, d'où s'échappait à peu près autant d'eau qu'il y avait d'air, etc.... Voilà, sans doute, des expériences qui sont devenues bien familières, bien communes; mais alors elles étaient entièrement neuves, et annonçaient dans leur auteur autant de sagacité que de génie. Eh bien, Moitrel, traité avec dédain par les savants, pauvre, malade, après avoir vécu dans la misère, alla mourir complétement ignoré dans une méchante bourgade de l'Amérique.

Les noms se pressent sous la plume de l'historien de la science, quand il jette un regard sur ces tristes victimes du sort et de l'oubli. Il semble qu'une immense hécatombe réunisse tous ces soldats intrépides du savoir à qui la renommée, comme la fortune, a fait défaut d'une manière si cruelle et si injuste : C'est *Keppler*, resté pauvre et souffrant toute sa vie, et qui, après cinquante années consacrées à la science, à l'étude de l'astronomie, qu'il enrichit des plus brillantes découvertes, vient à pied, du Danemark à Ratisbonne, pour réclamer l'arriéré d'une modique pension, y tombe malade de fatigue, et meurt six jours après. C'est *Bernard Palissy*, obligé de brûler jusqu'à ses meubles pour alimenter ses fourneaux, et de donner à un ouvrier, faute d'argent, ses propres habits en guise de salaire. C'est le premier inventeur de la télégraphie, *Amontons*, qui meurt à quarante-deux ans, sans gloire et sans fortune, tellement absorbé par l'amour de la science, qu'il ne voulut pas être guéri de la surdité, dans la crainte de perdre quelque chose de son application et de son recueillement. Connaît-on davantage le nom de son successeur immédiat, *Guillaume Marcel*, qui construisit une machine à transmettre des signaux aussi rapides que la parole, et qui fonctionnait de jour et de nuit? Lassé des efforts qu'il avait faits pour faire examiner sa machine, Marcel la brisa, jeta au feu ses dessins, et mourut en emportant le secret de sa découverte. C'était pourtant un homme d'un vrai génie. Inventeur d'un système de mnémonique, il passait en revue tout un bataillon, en nommant chaque soldat par le nom qu'il avait pris en défilant devant lui; il dictait à la fois à plusieurs personnes dans six ou sept langues différentes; il était le premier chronologiste de son temps... Qui de nous, messieurs, a jamais entendu prononcer le nom de Guillaume Marcel?

J'ai fait quelques efforts pour retrouver les vrais éléments de la gloire de deux naturalistes : Joseph DOMBEY et Philibert COMMERSON (1), qui, après avoir affronté les navigations les plus périlleuses et s'être livrés à tous les dangers des explorations lointaines, moururent sur la terre étrangère, mais non sans laisser des traces éclatantes de leurs courageuses recherches. J'aurais voulu y joindre d'autres noms

(1) Voir, dans ce volume, pages 89-140 et pages 141-163.

bien dignes du même souvenir et du même intérêt.
J'aurais rappelé, par exemple, celui du P. PLUMIER
(B), botaniste éminent, ichthyologiste des plus distingués qui, par ordre de Louis XIV, fit successivement trois voyages en Amérique pour explorer les
colonies françaises, au point de vue de l'histoire naturelle, et mourut près de Cadix, au moment de
partir pour la quatrième fois, dans le but de poursuivre ses recherches. J'aurais cité le modeste et
malheureux HASSELQUIST (C), naturaliste suédois, an-
tiquaire, savant, polyglotte, le disciple, l'ami de
Linnée, dont ce grand homme prononça l'éloge funé-
bre, Hasselquist qui mourut à Smyrne, à l'âge de
trente ans, à la suite d'une maladie causée par ses
fatigues et par l'insalubrité du climat. J'aurais voulu
y joindre les noms de Joseph DE JUSSIEU (D), le troisième frère de cette illustre famille qui commence, pour
la botanique, à Antoine et à Bernard, pour se continuer par Antoine-Laurent et Adrien de Jussieu : dy-
nastie savante dont cinq membres ont appartenu ensemble ou successivement à l'Académie des sciences,
et dont le nom est l'une des plus solides gloires
scientifiques de la France. Eh bien ! ce troisième
frère, non moins laborieux et habile que ses deux
aînés, loin de partager leur célébrité, ne reçoit pas
même aujourd'hui des historiens de la science un
souvenir et l'aumône d'une citation honorable. Un
quatrième frère, Christophe DE JUSSIEU, pharmacien
à Lyon, fit, en 1708, la démonstration des drogues
qui entraient dans la composition de la thériaque.

Il fut le père d'Antoine-Laurent de Jussieu, l'illustre
auteur du *Genera plantarum*, et père lui-même d'A-
drien de Jussieu, mort en 1853. Joseph n'eut pas même
la force de rassembler les matériaux et les notes
qu'il avait rapportés en Europe, fruits de ses excursions intrépides. J'aurais rappelé le nom de ABAUZIT
(Firmin), né à Uzès en 1679, pasteur protestant, qui
passa toute sa vie à Genève, et mourut en 1767, à
quatre-vingt-huit ans. Il cultiva toutes les sciences,
et voyagea dans toute l'Europe. Il fut lié avec Bayle,
Basnage, Jurieu, Saint-Evremont et Newton (1); il se
fit estimer par ses vertus comme par son savoir et
passa pour un vrai sage. J.-J. Rousseau le prit pour modèle de son vicaire savoyard et le compara à Socrate.
Il devint bibliothécaire de la ville de Genève, qui
lui conféra spontanément le droit de bourgeoisie.

Voici en quels termes Rousseau, dans une note de
sa *Nouvelle Héloïse*, fit son éloge, le seul qu'il ait
adressé à un homme vivant : « Non, ce siècle ne pas-
« sera point sans avoir produit un vrai philosophe.
« J'en connais un, un seul, j'en conviens; mais c'est
« beaucoup encore et, pour comble de bonheur,
« c'est dans mon pays qu'il existe. L'oserai-je nom-
« mer ici, lui dont la véritable gloire est d'avoir su
« rester peu connu? Savant et modeste Abauzit, que
« votre sublime simplicité pardonne à mon cœur
« un zèle qui n'a point votre nom pour objet! Non, ce

(1) C'est à lui que Newton écrivait, en lui envoyant son *Com-
mercium epistolicum :* « Vous êtes bien digne de décider entre
Leibnitz et moi. »

« n'est pas vous que je veux faire connaître à ce
« siècle indigne de vous admirer ; c'est Genève que je
« veux illustrer de votre séjour ; ce sont nos conci-
« toyens que je veux honorer de l'honneur qu'ils
« vous rendent.... Vous avez vécu comme Socrate ;
« mais il mourut de la main de ses concitoyens, et
« vous êtes cher aux vôtres. »

Cet excellent homme passait pour ne s'être
jamais mis en colère : quelques personnes s'adressèrent à sa servante pour savoir s'il méritait cet éloge.
Il y avait trente ans qu'elle était à son service ; elle
affirma que, pendant tout ce temps, elle ne l'avait
jamais vu en colère. On lui promit une somme d'argent si elle pouvait parvenir à le fâcher ; elle y consentit ; et, sachant qu'il aimait à être bien couché,
elle ne fit pas son lit. Abauzit s'en aperçut, et le lendemain lui en fit l'observation. Elle répondit qu'elle
l'avait oublié : il ne dit rien de plus. Le soir, le lit
n'était pas fait : même observation le lendemain ; elle
y répondit par une excuse vague et encore plus
mauvaise que la première. Enfin, à la troisième fois
il lui dit : « Vous n'avez pas encore fait mon lit : ap-
« paremment que vous avez pris votre parti là-dessus,
« et que cela vous paraît trop fatigant ; mais, après
« tout, il n'y a pas grand mal, car je commence à
« m'y faire. » Attendrie par tant de patience et de
bonté, la servante lui demanda pardon et avoua
l'épreuve à laquelle on avait voulu mettre son caractère.

J'y aurais ajouté les noms de Louis GÉRARD (E), bo-

25.

taniste de premier ordre, ami de Gouan, de Linnée, de
Commerson, qui fut nommé correspondant de l'Académie des sciences sur la proposition de Malesherbes,
et qui préféra à la gloire scientifique qui lui était réservée, l'utile et modeste sort d'un médecin de campagne. Puis, à une époque plus rapprochée, les noms
de PÉRON, de LABILLARDIÈRE, de BIBRON, de JACQUE-
MONT, de PEYSSONEL et de tant d'autres qui payèrent
de leur vie leur ardeur savante, et moururent presque ignorés, loin de leur patrie, après avoir dignement contribué à sa gloire comme aux progrès de la
science ; enfin, celui du naturaliste SONNERAT (G), parent et compagnon de Poivre, ami de Commerson, qui
voyagea aux Indes et à la Chine, qui rapporta des îles
de France et de Bourbon l'arbre à pain, le coco, le
Mangoustan et une multitude de plantes et d'arbres
à fruits précieux.

Parmi les inventeurs oubliés, j'aurais voulu citer
DAMBOURNEY (H), à qui l'on doit la culture en grand de
la garance, et qui signala un nombre considérable de
plantes vulgaires, mais indigènes, dont on pouvait
mettre à profit les propriétés tinctoriales, afin d'affranchir le pays d'une dépendance onéreuse vis-à-vis
de l'étranger ; Ami ARGAND (I), qui créa la lampe à
double courant d'air, l'une des plus belles et des plus
heureuses inventions du siècle, après avoir perfectionné, l'un des premiers, l'art de la distillation des
vins ; Édouard ADAM (J), qui renouvela totalement les
procédés du même art : découverte mémorable, dit
M. Girardin, qui changea les destinées agricoles,

commerciales et industrielles de nos départements
méridionaux, et enrichit tous les distillateurs de l'Europe; Édouard Adam qui se ruina pour répandre
sa découverte, pour défendre ses brevets, et mourut à trente-neuf ans, laissant privés de toute ressource une veuve et deux enfants en bas âge; Frédéric
SAUVAGE (L), l'inventeur de l'hélice, employée comme
moteur universel ; Thomas GRAY (M), qui imagina le
premier d'appliquer la force de la vapeur aux voies
ferrées; Philippe de GIRARD, qui, après avoir résolu le
problème de la filature du lin, succomba sans recevoir la magnifique récompense que Napoléon avait
attachée à cette grande découverte, et une foule
d'autres noms tout aussi oubliés, quoique tous aussi
dignes d'être rappelés aux contemporains comme
à la postérité.

Mais je n'aurais pas dû sortir de la série des hommes qui ont appartenu de plus près encore aux sciences
médicales, et auxquels nous devons une sorte de ré-
paration pour l'oubli où l'histoire les a laissés tomber.
Permettez-moi de vous en rappeler quelques-uns,
empruntés surtout à la profession dont j'ai essayé
de recueillir l'histoire.

Aucune biographie, aucun monument n'a consacré
jusqu'ici la mémoire de l'un des hommes les plus recommandables qu'ait produits le seizième siècle, et
auxquels l'humanité, comme la science, a le plus de
réelles obligations. Cet homme est *Nicolas Houel*, savant et vénérable apothicaire de Paris, qui, après avoir
acquis une honorable fortune, l'appliqua tout entière

à des fondations charitables et scientifiques. Nicolas Houel fut le fondateur de cette *Maison de la charité chrétienne*, devenue depuis l'École spéciale de pharmacie de Paris. Or, dans cette fondation se trouvait le germe de plusieurs belles institutions dont jouit encore notre siècle. Il la destina, dès le principe, « à « nourrir certain nombre d'enfants orphelins, nés de « loyal mariage, pour y être instruits, tant à servir et « honorer Dieu, que ès bonnes lettres, et aussi pour « apprendre l'art d'apothicairerie. » Dans la maison, et par le ministère de ces orphelins, étaient fournis et administrés gratuitement « toutes sortes de méde- « cines et remèdes convenables aux pauvres honteux « de la ville de Paris, sans que ceux-ci soient forcés « de sortir de leurs maisons pour aller à l'Hôtel-Dieu. » L'établissement comprenait, dès lors : 1° une chapelle ; 2° l'école des jeunes orphelins ; 3° une pharmacie complète ; 4° un enclos nommé *Jardin des sim- ples*, « lequel étant rempli de beaux arbres fruitiers et « plantes odoriférantes, rares et exquises, de diverses « espèces, devait apporter un grand plaisir et une « grande décoration pour la ville de Paris; 5° un hôpi- « tal contigu à la maison de charité. »

Ainsi on retrouve, dans la pensée qui a présidé à cette fondation, celle du *Dispensaire*, qui épargne au pauvre le chagrin de quitter son domicile et de renoncer aux soins de sa famille, lorsque l'âge ou la maladie le forcent de recourir aux secours publics. Son *Jardin des simples* inspira, soixante ans plus tard, la création du Jardin des plantes médicinales, aujourd'hui le Mu-

séum d'histoire naturelle ; enfin, c'est à la même pensée que remontent le premier enseignement public
et régulier de la pharmacie et la fondation de l'École
spéciale, aujourd'hui la plus vaste et la plus complète
qui existe pour l'étude de cette profession. Com-
prend-on que l'existence d'un tel homme soit restée
dans l'oubli, que son nom même ait échappé à tous
les biographes? Beaucoup de noms, fameux pourtant,
ont-ils de meilleurs droits à notre reconnaissance et à
la célébrité?

On connaît toute la part que la pharmacie peut
revendiquer dans les progrès de la physique et de la
chimie; mais on ne sait pas assez tout ce qu'a fait
cette branche de la médecine pour le développement
des sciences naturelles. Si Nicolas Houel fonda en
France le premier jardin botanique, dès le commencement du dix-septième siècle, l'Allemagne en possédait déjà trois : l'un à Giessen, dans la Hesse, où
fleurit encore de nos jours une université célèbre ; le
second à Eischtaedt, en Bavière, et le troisième à
Altdorf. Ces trois jardins avaient été établis par le
même directeur, Basile Besler, apothicaire de Nuremberg, qui, sachant à peine le latin, fut obligé
d'emprunter la plume de son frère et le secours de
Jungermann, pour rédiger son magnifique *Hortus
œstetensis*, le premier ouvrage de luxe qui ait été
publié sur la botanique.

On sait que, dans le cours du même siècle, Moïse
Charas, Lémery, Georges Margraff et les deux Geoffroy, noms chers à la profession pharmaceutique,

mirent à profit leurs études et leurs voyages, pour
éclairer l'origine d'un grand nombre de substances
médicinales exotiques. Il faut y joindre le nom
d'Albert SÉBA, pharmacien d'Amsterdam, qui, fils
d'un pauvre paysan, parvint à acquérir une assez
belle fortune, dont il fit le plus noble emploi, en la
consacrant tout entière à l'avancement des sciences.
Il créa le plus riche cabinet d'histoire naturelle qu'ait
longtemps possédé la Hollande. Pierre le Grand, ayant
visité ce cabinet, l'acheta à un prix considérable,
pour l'offrir à l'Académie des sciences de Saint-Pé-
tersbourg, qui le possède encore. Mais, avant de le
céder au czar, Albert Séba en avait fait dessiner et
graver les morceaux les plus précieux, pour former
un grand ouvrage que la science place encore au
premier rang, pour la perfection de certains détails,
où il n'a point été surpassé.

Cette époque, vous vous le rappelez, messieurs, est
remarquable dans l'histoire de la science, parce
qu'elle est celle de la fondation des premières académies. Depuis quelques années, mais surtout depuis la publication des écrits de Bacon, les savants
sentaient de plus en plus la nécessité de s'éclairer
mutuellement par la communication de leurs travaux. Déjà quelques associations de cette nature
avaient eu lieu en Italie. Au moment où Robert Boyle
conçut la pensée de fonder le Collége philosophique
qui, sous Charles II, devint la Société royale de Londres, les premières réunions de cette assemblée
savante eurent lieu chez un apothicaire d'Oxford,

nommé Cross, homme instruit autant que généreux,
qui depuis fut un des premiers membres de la Société royale. Il est remarquable qu'à la même époque,
les savants qui formèrent le premier noyau de l'Académie des sciences se réunissaient également à Paris,
sous la présidence du P. Mersenne, chez Geoffroy le
père (Mathieu-François), apothicaire de Paris, dont
les fils figurèrent parmi les premiers membres de
cette Académie, et dont la postérité se distingue encore glorieusement dans la science. C'est ainsi que
les boutiques des libraires de cette époque étaient
souvent le rendez-vous des gens de lettres et devinrent plus d'une fois le berceau des sociétés littéraires.
C'est ainsi que l'atelier de James Watt, constructeur
d'instruments d'optique à Glasgow, réunissait chaque
soir les professeurs de l'université de cette ville,
pressentant peut-être qu'au génie de ce modeste
ouvrier se rattacheraient quelque jour la gloire et
la fortune de sa patrie.

On aime ainsi à remonter à la première source
d'une célébrité dignement acquise ; on aime à compter parmi les titres d'honneur de la profession que
l'on exerce celui d'avoir donné naissance à des personnages illustres, ou bien d'avoir contribué à décider
une vocation devenue éclatante. Ce n'est pas sans
quelque fierté que j'ai découvert qu'avant d'être
historien, diplomate, astronome, mais surtout le
premier poëte de son siècle, le Dante Alighieri avait
été inscrit sur le registre des médecins et des apothicaires de Florence ; que Newton, encore très-jeune,

avait été placé par sa mère chez un pharmacien de
Grantham, nommé Clarke, chez lequel, sans nul
doute, se développa le premier germe de son goût
passionné pour les sciences d'observation. L'illustre
Humphry Davy était de même apprenti chez un
surgeon-apothecary de Penzance, nommé Borlase,
lorsque Grégoire Watt, fils de James, l'y découvrit,
avant Guilbert, et, l'ayant apprécié, lui prépara
l'entrée de la carrière scientifique; découverte qui
ne fait pas moins d'honneur à sa sagacité que ses
inventions les plus ingénieuses. On peut en dire
autant du chimiste Bergmann qui, dans une humble
officine d'Upsal, découvrit le modeste élève en pharmacie qui devait faire un jour la gloire de la Suède, et
auquel la chimie pratique doit peut-être les pas les
plus hardis qu'elle ait faits à la fin du dernier siècle.
Ce jeune homme se nommait Scheele. Celui-là, messieurs, vous ne l'avez pas oublié; j'en ai fait tout
récemment le sujet d'une étude biographique, et, s'il
mourut victime de son zèle et mal servi par la fortune, la célébrité ainsi que la gloire ne lui feront
jamais défaut (1).

Messieurs, en jetant un coup d'œil rapide sur ces
nobles vies, modèles de simplicité, de grandeur,
de savoir et de modestie, en butinant çà et là dans
le vaste champ de l'histoire de la science, toujours si
riche et si fécond en enseignements de toute nature,
je n'ai pas eu la prétention d'y découvrir rien de

(1) Voir, dans ce volume, pages 233-252.

nouveau, encore moins d'en tirer des inductions que votre sagacité n'ait déjà pressenties. J'ai voulu seulement me rappeler, m'instruire moi-même, en causant en quelque sorte avec vous. Loin de moi la pensée de vous apprendre quelque chose que je sache, et que vous ignoriez. Mais s'il est vrai, comme je l'ai dit, que parfois ce que l'on sait le moins, c'est ce qu'on a oublié, j'ajouterai que, pour des esprits comme les vôtres, apprendre, le plus souvent n'est que se souvenir (1).

(1) On trouvera dans la première *série* de mes *Études biographiques pour servir à l'histoire des Sciences* (1 vol. in-18, Paris, 1857), des notices étendues sur Nicolas Houel, Moïse Charas, Nicolas Lémery et Albert Séba.

APPENDICE

(A. Page 285.) J'ai toujours pensé que le travail du biographe n'était pas complet (du moins quand il s'applique aux contemporains) lorsqu'il ne remontait pas aux ascendants directs du personnage qu'il étudie et qu'il n'en poursuivait point la descendance dans ses principales ramifications. Pourquoi tous les hommes célèbres n'auraient-ils pas leur arbre généalogique ? L'aristocratie du talent n'est-elle pas la plus rare, la plus précieuse, et la biographie scientifique n'est-elle pas le *livre d'or* du mérite et du savoir ?

En remontant à l'origine d'un nom célèbre, on s'arrête en général à celui qui l'a porté avec le plus de gloire, et l'on néglige trop souvent ceux qui l'ont précédé ou suivi. On admire avec raison celui qui, né dans une condition obscure, dépourvu des avantages de l'éducation, de la fortune, de l'exemple, par une sorte de révélation du génie, semble être sorti le premier de la sphère dans laquelle sa famille est restée enfermée pendant des siècles. Dans cette longue suite d'aïeux qui remonte aux premiers âges, cette famille a traversé les temps, comme un flot succède à l'autre dans un fleuve ignoré, sans qu'aucun de ses membres ait cherché à se distinguer par des talents exceptionnels. Tout à coup l'un d'eux, cédant à une pensée instinctive, se pose, avec une individualité propre, dans une situation nouvelle. C'est le fils d'un laboureur, d'un artisan ou d'un soldat, qui se sent capable de devenir marin, naturaliste, poëte, philosophe, et qui poursuit cette carrière avec persévérance et succès. Or, le plus souvent, le père de cet enfant inspiré a déjà senti en lui-même le germe de cette pensée, que son fils doit faire éclore et développer avec éclat. C'est là, selon moi, le véritable chef de cette lignée vénérable et glorieuse. Mais celui-ci s'efface et disparaît à mesure que son fils grandit et s'élève; la postérité l'oublie, et pourtant c'est à partir de ce germe ignoré, c'est grâce aux avis, à l'exemple, aux sacrifices de son père qu'il arrive à la célébrité, et il me semble de toute justice de rapporter à qui de droit l'origine de cette illustration, comme d'en tenir compte à celui qui en est le vrai point de départ.

« Il est rare que l'on soit sans aïeux dans le génie comme dans « la fortune, a dit M. de Lamartine. En remontant avec attention « le cours des générations dans les plus humbles familles, on re-« trouve presque toujours dans la première goutte du sang la « source de la dernière. »   (*Entretiens*, t. XVIII, p. 433.)

(B. Page 291.), PLUMIER (Charles), né à Marseille, en 1646, entra, à l'âge de seize ans, après avoir fait d'excellentes études, dans l'ordre des Minimes. Il manifesta de bonne heure un goût prononcé pour les sciences physiques et mathématiques. Doué d'une adresse de mains remarquable, il apprit à tourner, à dessiner et à fabriquer des instruments de physique. Envoyé à Rome au couvent de la Trinité-du-Mont, par ses supérieurs, et ayant assisté à un cours de botanique, il se livra dès lors et avec ardeur à l'étude de cette science. Revenu en Provence, on lui permit de faire des herborisations sur les côtes de la Méditerranée. C'est alors qu'il fit la connaissance de Tournefort, qu'il accompagna souvent dans ses excursions scientifiques. Il fut désigné avec Surian pour un voyage d'exploration dans les Antilles françaises et partit en 1689. A son retour, il publia son premier ouvrage, sous le titre de : *Description des Plantes de l'Amérique*, Paris, 1693, un vol. in-f° avec 108 planches. Le succès de ce voyage engagea le roi à l'envoyer une deuxième fois dans les colonies françaises avec la même mission. Encouragé par le succès de ces deux entreprises, il retourna une troisième fois en Amérique. Il visita surtout la Guadeloupe, la Martinique, et Saint-Domingue, où il fit la connaissance du P. Labat. Plus tard, Fagon, médecin du roi, désirant connaître plus précisément l'arbre qui produit le quinquina, décida Plumier à se rendre au Pérou dans ce but. Le savant partit en effet en 1704. Arrivé à Cadix, où il devait s'embarquerpour son quatrième voyage, il y fut atteint d'une pleurésie, qui l'enleva en quelques jours, à l'âge de cinquante-huit ans.

Plumier a publié 22 ouvrages de botanique et de zoologie, parmi lesquels on distingue surtout ses nombreux travaux sur les plantes et les poissons de l'Amérique. Le Muséum possède neuf ouvrages manuscrits du même auteur, 4300 dessins de plantes et 1200 figures d'autres objets d'histoire naturelle. Il en existe aussi un certain nombre dans quelques cabinets d'amateurs. Plus de la moitié de ces dessins sont encore inédits. Plumier remarqua le premier que la cochenille n'est autre chose qu'un insecte. Ces immenses travaux furent accomplis dans l'espace de quinze ans. Aucun naturaliste n'avait jusqu'à lui fourni un si grand nombre de recherches. La vie du cloître et le zèle ardent de la science peuvent seuls expliquer de pareils prodiges. Ce savant a même écrit et imprimé à Lyon (1701) : *Un traité de l'art de tourner*, etc., in-f° avec 80 planches. Le caractère de Plumier était remarquable par la bonté et la candeur. Tournefort a consacré à ce naturaliste le genre *Plumeria*, de la famille des Apocynées.

(C. Page 291.) HASSELQUIST (Frédéric), naturaliste suédois, naquit à Taernvalla, en Ostrogothie, au commencement de l'année 1722. Orphelin de bonne heure et dépourvu de ressources, il put, avec le secours de quelques amis de sa famille, faire ses premières études et acquérir une certaine instruction. Linnée découvrit sa rare aptitude et l'encouragea dans son goût remarquable pour les sciences naturelles. Malgré la délicatesse de sa santé, Hasselquist, à l'âge de dix-sept ans, se résolut à aller entreprendre l'exploration de la Palestine. Avant de partir, il étudia l'arabe et les langues orientales, il soutint plusieurs thèses et fit même quelques leçons publiques, afin de se ménager le droit, à son retour, d'occuper quelque chaire à l'université. Toutes les facultés d'Upsal voulurent contribuer aux frais de son voyage, et la compagnie du Levant se chargea de le transporter gratuitement à Smyrne. Arrivé en 1749, il visita l'Égypte et y rassembla un nombre incroyable d'objets d'histoire naturelle, tandis qu'à l'aide d'une correspondance assidue, il ne cessait d'entretenir de ses découvertes ses amis de Suède.

Pendant son absence, l'université d'Upsal lui conféra gratuitement le titre de docteur ; l'Académie des sciences de Stockholm et la Société royale d'Upsal l'admirent au nombre de leurs membres. Durant son séjour en Orient, les amateurs d'histoire naturelle de Suède se cotisèrent pour lui envoyer une somme de 150 livres sterling. En 1751, il quitta le Caire pour aller en Palestine, par Damiette et Jaffa. Il parcourut toute la Syrie, visita Chypre, Rhodes, Chio et se disposa à revenir en Europe, chargé de la plus riche collection que l'on eut encore rassemblée en Orient. Indépendamment des objets d'histoire naturelle, cette collection renfermait des manuscrits arabes, des momies, des drogues, des monnaies et une multitude d'objets usuels. Sur le point de partir pour la Suède, avec son immense bagage scientifique, il fut atteint d'une affection de poitrine dont il mourut en février 1752. Il venait d'accomplir sa trentième année.

(D. Page 291.) De Jussieu (Joseph), était le dernier des seize enfants de Laurent de Jussieu, pharmacien à Lyon, et le plus jeune des trois frères qui, dans le cours du xviiie siècle, portèrent si haut l'honneur de la botanique française. Il était l'oncle du célèbre auteur du *Genera Plantarum* et grand-oncle d'Adrien de Jussieu, le dernier descendant de cette illustre souche. Joseph naquit à Lyon, en 1704. Ingénieur, naturaliste, géomètre, médecin, il apprit la botanique de ses frères Antoine et Bernard, et fut choisi en 1735, pour accompagner Bouguer, Godin et Lacondamine, envoyés au Pérou pour mesurer à l'équateur un arc du méridien terrestre (1). Cette opération accomplie, il laissa les astronomes revenir en France et resta au Pérou afin de continuer ses recherches d'histoire naturelle. Il explora le pays dans ses principales parties et y rendit de nombreux services comme ingénieur et comme médecin. Il y recueillit un grand nombre de plantes précieuses, entre autres l'héliotrope à odeur de vanille, la pervenche, le cierge du Pérou (*Cactus peruvianus*), qui ne tardèrent pas à se naturaliser en Europe. Il étudia la cannelle qui croît aux Cor-

(1) Mathématicien exercé, il seconda puissamment ses collègues. Bouguer déclara, à son retour, qu'aucun de ses collaborateurs ne lui avait été plus utile que Joseph de Jussieu.

dillères et l'arbre qui fournit le quinquina, dont il décrivit les
principales espèces. Plein de zèle et d'ardeur pour la science, il
ne put se résoudre à revenir en Europe sans avoir exploré ce beau
pays dans tous ses détails. Il ne connaissait aucune fatigue. « Il
n'avait, dit Condorcet, qu'une seule crainte, et ne voyait qu'un
danger : celui de quitter un pays sans l'avoir observé. »

C'est après le départ des astronomes qu'il entreprit ses voyages
les plus pénibles, au milieu de contrées entièrement nouvelles
et de populations encore sauvages. Indépendamment de ses recherches d'histoire naturelle, il visita les mines d'argent et de
mercure, reconnut les montagnes de Pumacanche presque entièrement formées d'aimant, il observa des sources d'eaux thermales,
d'immenses dépôts d'ossements, probablement d'origine antédi-
luvienne, recueillit, près du lac Chicuito, de nombreux oiseaux
aquatiques inconnus en Europe ; il reconnut la plante nommée
Coca, qui, mêlée à la cendre du quinoa, sert d'aliment à une
partie de la population de ces contrées misérables, ou du moins
soutient ses forces et lui rend quelque courage. Il leva les cartes
des pays qu'il parcourait, il construisit des ponts, éleva des di-
gues, établit des routes ; et les habitants, après s'être opposés par
la force à son départ, lui élevèrent une pyramide, comme témoignage de leur haute estime et de leur reconnaissance.

On peut se figurer les privations et les fatigues qu'il dut éprouver en parcourant ces contrées dénuées de toutes ressources.
Obligé de frayer partout sa route, à travers un pays coupé de rivières, de montagnes, de précipices, de marais ou de forêts vier-
ges, forcé de pourvoir à tous ses besoins , sans guides, sans recommandations, souvent abandonné ou pillé par ses domestiques, de
chercher un abri dans des cavernes ou de passer les nuits sur
les arbres pour se défendre des bêtes féroces et des reptiles ; tantôt exposé à un froid tellement vif qu'il arrête toute végétation,
tantôt dévoré par un soleil brûlant, ou bien plongé dans la fange
des marécages ; c'est à travers toutes ces difficultés et ces périls qu'en 1750 il arriva au Potosi.

Il s'y arrêta quelque temps et se mit à y exercer la médecine.
Il en enseigna même les principes aux médecins espagnols et pé-

ruviens. Une épidémie s'étant déclarée et les services qu'il rendit aux habitants ayant été vivement appréciés, on mit obstacle autant qu'on le put à son départ. Lui-même fut atteint plusieurs fois par des maladies violentes qui suspendirent ses voyages et ses travaux ; mais il ne tarda pas à les reprendre. Après quatre années d'explorations, de recherches et de souffrances, il revint à Lima, en 1755. M. de Xauréguy, gouverneur du Pérou, l'y retint pendant un an, en lui promettant de le ramener en Europe, ce qui ne l'empêcha pas de partir sans lui. Privé de tous secours et même de ses appointements, M. de Jussieu fut obligé de revenir à la pratique de la médecine : Il avait cessé de s'occuper de botanique, parce que les envois parvenaient difficilement à ses frères, dont l'aîné venait de mourir. Malade lui-même et découragé, redoutant les fatigues du retour, bien qu'il ne pût supporter la pensée de ne plus revoir sa patrie et sa famille, il finit par céder aux instances de ses amis et revint à Paris. Après trente-six ans d'absence, il se retrouva dans les bras du seul frère qui lui restât et qu'il put à peine reconnaître, car ses facultés et surtout sa mémoire l'avaient presque abandonné. Ce frère lui-même ne devait pas tarder à mourir; mais ses neveux, héritiers des sentiments comme de la gloire de cette illustre famille, l'entourèrent de soins tendres et respectueux, dont il se montrait profondément touché, et dont il était si digne. Ayant oublié jusqu'à sa langue maternelle, et incapable de rassembler lui-même les notes, mémoires et documents qu'il avait rapportés de ses longs voyages, il languit encore quelques années, et s'éteignit lentement en 1779, à l'âge de soixante-quinze ans.

Joseph de Jussieu avait été, pendant son absence, nommé membre de l'Académie des sciences, en 1743. « Par une singularité unique, dit Condorcet, il fut académicien pendant 36 ans, sans avoir jamais paru à l'Académie » ; et il ajoute, dans l'espoir que ses notes seront recueillies et publiées : « C'est là que l'on verra combien d'estime et de reconnaissance on devrait à cet homme oublié, maltraité même pendant sa vie, et qui a fait aux sciences et à l'humanité le sacrifice le plus entier peut-être dont les annales de la science puissent s'honorer. »

(E. Page 293.) Gérard (Louis), botaniste éminent, né à Cotignac, près de Brignolles (Var), le 16 juillet 1733, fut un de ces hommes modestes et laborieux qui aiment et cultivent la science pour elle-même, sans songer à lui demander un peu de cette renommée que tant d'autres recherchent avec tant d'avidité. Il fut nommé associé de l'Académie des sciences sur la proposition de Malesherbes, et honoré de l'amitié, de l'estime particulière de Linnée. Louis Gérard est l'auteur de la *Flora Gallo-provincialis*, 1761. (Voir l'intéressante notice de M. Octave Teissier ; *Bulletin de l'Académie du Var*, 1859, in-8°.)

(G. Page 294.) Sonnerat, né à Lyon vers 1745, partit de Paris en 1768, pour l'île de France, dont Poivre son parent était intendant. Il avait des connaissances en histoire naturelle et dessinait bien. Il y trouva Commerson qu'il accompagna dans ses courses à Bourbon, à Madagascar, etc. En 1771, il s'embarqua avec l'expédition que Poivre envoyait aux Moluques pour en rapporter des arbres à épices. Il observa aux îles Séchelles le coco, dont il donna une figure et une description très-exactes. Ils allèrent ensuite à Manille et aux Philippines, d'où ils rapportèrent des plantes et des graines de giroflier et de muscadier. Revenu en France en 1774, Sonnerat remit au jardin du Roi une riche collection d'objets d'histoire naturelle. Il repartit pour l'Inde la même année, avec le titre de commissaire de marine. Il parcourut Ceylan, le Malabar, Surate, le golfe de Cambaye, visita la côte de Coromandel, la presqu'île du Gange, Malacca et la Chine.

Il revint dans l'Inde qu'il explorait quand la guerre avait interrompu ses travaux. Après le siége de Pondichéry et sa capitulation, il revint en Europe, en 1778, après avoir séjourné à l'île de France, à Madagascar et au cap de Bonne-Espérance. Il apportait une nouvelle collection non moins riche que la première, et publia la relation de son voyage (1). Plus tard, il retourna dans l'Inde. Il était à Pondichéry en 1801, et mourut à Paris en 1814.

Sonnerat avait un zèle infatigable et a fourni beaucoup de ma-

(1) *Voyage aux Indes Orientales et à la Chine de 1776 à 1784.* Paris 1732, 2 vol. in-4°, avec figures.

tériaux d'acclimatation. On lui doit le rima ou arbre à pain, le cacao, le mangoustan et plusieurs arbres à fruits et à résine aujourd'hui communs dans les îles. Il a le premier décrit l'aye-aye, et plusieurs oiseaux nouveaux. Ses figures sont excellentes.

Sonnerat était correspondant du Cabinet de l'Académie des sciences. Linnée a donné le nom de *Sonneratia* à un arbre du Malabar, des Moluques et de la Nouvelle-Guinée, qui appartient à la famille des Myrtoïdes.

(H. Page 294.) DAMBOURNEY naquit à Rouen, le 10 mai 1722, de parents originaires de Lyon. Il s'occupa d'abord de poésie et de beaux-arts, puis de botanique et d'horticulture ; il cultiva la *garance* en grand, publia plusieurs mémoires sur ce sujet et donna le plus grand essor à cette culture. Il étendit ses recherches à plusieurs autres plantes tinctoriales, à la *croisette* de Portugal, dans la vue d'imiter le rouge d'Andrinople, et établit un atelier de teinture à Bapaume. Il cultiva aussi la *gaude* à Oissel, et signala les plantes communes dont on pourrait mettre à profit les propriétés tinctoriales. En moins de six ans, ses essais firent connaître plus de 1200 nuances sur laine, solides au savon et au vinaigre. Son but était de remplacer, par l'emploi des végétaux indigènes, les substances tinctoriales tirées de l'étranger, afin d'affranchir la nation d'une dépendance onéreuse et de pouvoir la parer de ses propres richesses.

Il s'aida non-seulement des conseils de son ami Delafolie, chimiste assez exercé pour son époque, mais aussi des lumières de Fourcroy, de Demachy et de Macquer. Le gouvernement, en 1783, lui accorda une pension de 1000 liv., et fit imprimer à ses frais son *Recueil de procédés et d'expériences* (avec supplément) *sur les teintures solides des végétaux indigènes*. 1 volume in-4º 1788. Il en parut une deuxième édition en 1793, in-8º.

Dambourney cultiva encore le *pastel*, pour remplacer l'indigo, et réussit. C'est un de ses plus beaux titres à la reconnaissance du pays ; plus tard le gouvernement impérial s'appuya sur ses expériences pour donner plus d'essor à cette fabrication.

Dambourney fut pendant plus de vingt ans secrétaire de la classe des sciences de l'Académie de Rouen. Il y lut ainsi *qu'à la*

Société d'agriculture une foule de mémoires sur divers sujets. Il introduisit le premier la culture, en Normandie, de la pomme de terre, de l'orge nu, de l'orge d'Égypte, du chou ou navet lapon. Il se livra à la propagation du pin d'Écosse et autres arbres verts, à l'emploi de la marne ; il s'occupa de l'extraction des huiles de graines, de l'amélioration du cidre, de la fabrication d'une bière économique de chiendent, à la préparation du *salep*, des engrais, de la construction des réservoirs d'eau, il éleva des lapins, etc. Il encouragea les négociants retirés à s'occuper d'agriculture. (Voir une excellente notice publiée par M. Girardin, Rouen 1787, in-8°.)

(I. Page 294.) ARGAND (Ami), né à Genève, le 5 juillet 1750, n'est pas le premier ni le seul qui ait vu un autre donner son nom à sa découverte. Il fut le premier inventeur de la *Lampe à double courant d'air* et à *cheminée de verre*, qu'il construisit à Londres, en 1782. Ambroise Bonaventure Lange, épicier distillateur du roi, perfectionna sa découverte en rétrécissant le tube de verre et se donna pour le véritable inventeur de la lampe d'Argand. Celui-ci vint à Paris pour revendiquer contre le contrefacteur ; mais, après beaucoup de débats, il préféra transiger, et s'associa avec Lange. Le privilége fut accordé au nom des deux contestants.

Quant à *Quinquet*, il ne fit que des réclames, et eut aussi le bonheur de faire donner son nom à l'invention. Les cristalliers et les ferblantiers de Paris avaient formé opposition... La révolution ayant aboli les priviléges, Argand se retira en Angleterre, où sa santé ne tarda pas à s'altérer.

Il avait commencé sa carrière d'inventeur par l'amélioration des procédés de distillation des vins. Il était physicien et chimiste. Il mourut à Genève, en 1803, à l'âge de cinquante-trois ans. A la fin de sa vie, il était devenu mélancolique et visionnaire, il s'occupait de sciences occultes. (Voir la *notice* publiée par M. Thomas Heyer, Genève, 1861, in-8°.)

(J. Page 294.) ADAM (Édouard), né à Rouen en 1768, fut l'auteur d'une découverte qui a remplacé partout l'ancien procédé de distillation des alcools, et qui a valu des milliards à une industrie autrefois confinée dans quelques provinces méridionales : décou-

verte appliquée et exploitée aujourd'hui sur tous les points de la
France et de l'Europe.

Il vint se fixer à Nîmes en 1799. Sa découverte date de 1800.
En mars 1801, il fit à Montpellier, en présence du préfet de
l'Hérault et d'une commission spéciale, le premier essai de sa
méthode. Cet essai réussit parfaitement. Il opérait une révolution complète dans les procédés suivis jusqu'alors dans les dis-
tilleries. Mais il ne tarda pas à arriver à Ed. Adam ce qui
menace infailliblement tous les inventeurs. On commença par cri-
tiquer sa découverte; puis on prétendit qu'elle n'était pas nouvelle; enfin on imita ses appareils, afin de lui enlever le bénéfice de ses brevets. Il plaida, usa son intelligence et son activité
à des combats infructueux; il se ruina, tomba malade et mourut en 1807, à trente-neuf ans, laissant une veuve, un fils âgé de
douze ans, et une fille âgée de six semaines.

Trente ans s'écoulèrent pendant lesquels l'industrie des alcools,
entièrement renouvelée, procura d'incalculables bénéfices aux départements méridionaux. La famille d'Ed. Adam était restée
sans fortune. On obtint difficilement pour elle une modique pension; l'éducation de son fils fut faite aux frais de l'État. A cela
s'était bornée la reconnaissance nationale, lorsqu'en 1837, M. Girardin, professeur de chimie à Rouen, publia une excellente Notice sur le savant rouennais. Dès qu'elle parut, le conseil municipal de Rouen fit placer, sur la maison où était né Ed. Adam,
une inscription en son honneur et donna son nom à l'une des
rues qui en sont voisines. L'année suivante, le conseil municipal
de Montpellier, sur la sollicitation de sa famille, décida que le
nom du même savant serait également donné à l'une des rues
dont le percement était projeté. Cet arrêté reçut son exécution
le 17 octobre 1843. Enfin en 1855, le conseil d'arrondissement de
Montpellier ayant émis le vœu qu'un monument fût érigé à
Ed. Adam, et le conseil général de l'Hérault s'étant associé à ce
vœu, une souscription fut ouverte pour le réaliser. Sur le piédestal de la statue de Napoléon Ier qui s'élève sur la place de la
Bourse, à Lille, quatre médaillons rappellent les noms des hommes qui ont contribué à la richesse de la France, en même temps

que tant d'autres travaillaient à sa gloire. Ce sont : Chaptal, Philippe de Girardin, Philippe Lebon et Ed. Adam. Justice tardive, mais bien honorable pour la mémoire de ces quatre savants et inventeurs.

Peu d'années après, la statue d'Édouard Adam s'élevait sur l'une des principales places de la ville de Montpellier.

Nous avons tiré les meilleurs éléments de cette note de la *Notice biographique* écrite et publiée par M. Girardin, 2e édition. Rouen. 1856, in-8°.

(L. Page 294.) SAUVAGE (Pierre-Louis-Frédéric), né à Boulogne, le 19 septembre 1785 —, d'abord constructeur de navires, inventeur de *l'hélice,* et d'un *moulin horizontal* pour scier et polir les marbres, du *physionomètre* ou *physionotype*, du *réducteur*, et du *soufflet hydraulique*. Enfermé au Havre dans la prison pour dettes, parce qu'il s'était ruiné dans ses recherches pour la navigation par l'hélice, il vit, des fenêtres de sa cellule, un Anglais faire naviguer sous ses yeux, dans le port du Havre, le premier navire à hélice. Retiré en 1854, dans une maison de santé, une souscription nationale lui assura une pension de 2,000 francs. Trois ans après, le gouvernement le fit entrer dans la maison de Picpus, où il mourut en 1857.

(M. Page 295.) GRAY (Thomas). « La triste destinée des inventeurs est tellement prévue, qu'on ne se croit même plus forcé de s'apitoyer sur leur sort. Frédéric Sauvage, un homme de génie qui a décuplé les forces de la marine et enrichi le commerce en appliquant l'hélice à la navigation à vapeur est mort fou, il y a quelques années, dans une maison de santé. »

« Voici un homme également notre contemporain, « dit M. E. Texier, qui finit aussi misérablement. Je veux parler de l'inventeur des chemins de fer, THOMAS GRAY, qui se ruina pour avoir voulu substituer le wagon à la diligence. En 1818, il remit à un de ses compatriotes, M. Wilson, et à un économiste français, M. Isabeau, le résultat de ses études. « Tenez, leur dit-il, en leur donnant une liasse de plans et de papiers, ceci est l'aurore de la civilisation du monde. Il n'y a plus de distance ; les peuples se visiteront sans danger comme sans fatigue, d'un bout à l'autre du continent.

Des compagnies vont être formées, d'immenses capitaux vont trouver leur emploi ; mon système débordera sur d'autres pays, et il aura pour défenseurs les souverains et les gouvernements ; ma découverte ne peut être comparée qu'à celle de l'imprimerie. »

« Le manuscrit remis à M. Wilson et à M. Isabeau fut, d'après la volonté de Thomas Gray, livré à l'impression ; puis l'inventeur en adressa un exemplaire au chef du ministère anglais. Cet exemplaire était accompagné d'une lettre ; mais le ministre occupé de toute autre chose ne répondit pas. Règle générale, les ministres de tous les pays sont toujours trop occupés pour répondre aux lettres importantes qu'on leur adresse, et il est même douteux que le ministre anglais ait jamais eu la moindre connaissance de la lettre et du livre de Thomas Gray. »

« Cependant le livre de Thomas Gray fit si bien son chemin que, quelques années après sa publication, la Grande-Bretagne était sillonnée de chemins de fer. L'Amérique et le continent européen suivirent bientôt l'exemple de l'Angleterre ; quant à Thomas Gray, » qui venait de révolutionner le monde, on n'en entendit plus parler.

« Vers 1840, M. Wilson qui avait été retenu près de trente ans sur le continent, par les grandes entreprises industrielles dans lesquelles sa fortune était engagée, revint en Angleterre ; il s'informa de Thomas Gray, mais personne ne put lui répondre à ce sujet ; on ne savait même pas ce qu'il voulait dire. Les chemins de fer fournissaient de beaux dividendes, on portait la nouvelle invention aux nues, mais on ignorait le nom de l'inventeur. »

« Un jour que M. Wilson se trouvait dans la petite ville d'Exeter, il vit passer un vitrier dont la physionomie le frappa ; il s'approcha de cet homme brisé par la fatigue encore plus que par l'âge, et reconnut dans ce malheureux ouvrier l'inventeur de la plus grande découverte de notre temps, Thomas Gray lui-même. L'infortuné, forcé de travailler sur ses vieux jours, après avoir dépensé toute sa fortune pour le succès de sa découverte, commençait à comprendre que sa femme n'avait peut-être pas tort quand elle le suppliait de songer un peu plus à lui et un peu moins au bonheur du genre humain. »

27

« Cependant rien dans sa conversation ne trahissait l'amertume de sa pensée. Les premiers mots qu'il prononça après avoir reconnu M. Wilson furent ceux-ci : « Vous voyez bien que j'avais raison ! les longues années dépensées par moi en réflexions et en calculs n'ont pas été perdues pour tout le monde ; toutes mes prévisions ont été réalisées et même dépassées. Je vous dis cela, à vous, parce que vous me connaissez de longue date ; mais ici je ne parle jamais de mon invention; on me prendrait pour un fou. » Comment croire, en effet, que l'homme qui avait inventé le chemin de fer était un malheureux forcé, pour vivre, de se faire vitrier. »

« M. Wilson, touché jusqu'aux larmes, mit sa bourse à la disposition du pauvre grand homme ; mais Thomas Gray refusa fièrement en disant que son travail lui suffisait. Il consentit pourtant à accepter plus tard une modique pension de son ami. Cette petite pension lui permit de végéter à Exeter, où cet homme, qui avait décuplé les richesses de l'univers, mourut dans un état voisin de la misère. Pour que l'impertinente ironie de cette destinée fût complète, Lead, la ville natale de Thomas Gray, s'empressa, dès qu'il fut mort, de lui élever une statue. »

(Edm. Texier, *Les choses du temps présent*, p. 118).

L'ALCHIMIE AU XIIIe SIÈCLE

L'ALCHIMIE AU XIIIᵉ SIÈCLE

I

L'histoire des erreurs de l'esprit humain n'a peut-être pas moins d'utilité que celle des vérités que l'homme a conquises par son intelligence. C'est une assertion qu'il n'est pas facile de démontrer à ceux qui, prenant la science au point où elle est parvenue de nos jours, se persuadent non-seulement que les doctrines actuelles sont très-supérieures à celles des âges précédents, mais encore qu'elles doivent nécessairement prévaloir dans les siècles à venir. Cette confiance elle-même est pourtant une grave erreur, qu'un coup d'œil jeté sur l'histoire suffirait pour dissiper. La science n'est pas une chose absolue, car elle se compose de faits, qui trop souvent sont contredits par des faits nouveaux, et de théories qui sont incessamment modifiées ou remplacées par d'autres. L'esprit humain semble occuper le centre d'un cercle mobile dont la circonférence est chargée de vérités et d'erreurs qui se succèdent ou se substituent alternativement les unes aux autres. N'est-ce donc pas s'épargner des tentatives inutiles et parfois humiliantes, que de montrer les illusions qui l'ont égaré si souvent, avant d'atteindre cette voie, que nous croyons aujourd'hui celle de la vérité ?

Ce serait une chose curieuse et sans nul doute profitable que d'établir sur deux lignes parallèles la marche de l'esprit humain dans cette double carrière. A côté de l'histoire des conquêtes que l'homme doit à la rectitude, à la puissance de son génie, une autre ligne non moins étendue montrerait la progression d'une pensée fatale qui, prenant sa source aux premiers âges du monde, se prolonge sans interruption jusqu'à nos jours, à travers les événements historiques, les vicissitudes de la civilisation, et, ce qui est plus étrange, au milieu des progrès réels de la science et de la raison.

Cette seconde série comprendrait toutes les doctrines spéculatives qui, ayant pour objet une recherche chimérique hors de la portée de l'humaine nature, se sont appuyées principalement sur des considérations d'un ordre surnaturel, et quelquefois sur les données fournies par les sciences positives.

Toutes ces doctrines ne sont pas entachées d'erreur au même degré. Tantôt elles sont le produit d'une imagination exaltée en présence des merveilles de la nature, et qui s'abuse elle-même ; tantôt elles sont le résultat de vues instinctives, remarquables par leur originalité, leur hardiesse, et auxquelles se rattachent des vérités fécondes et incontestables ; mais

27.

aussi, le plus souvent, elles ont eu pour objet d'a-
buser la multitude, ou furent la conséquence de l'attachement passionné de l'homme pour les biens pé-
rissables : pour l'or et pour la vie.

A coup sûr, une pensée poursuivie avec tant de
persévérance et de labeur doit avoir sa source dans la
nature même de l'homme, qui semble souvent tourner
comme à plaisir dans le cercle de l'impossible et de
l'absurde. Rien, en effet, ne donne mieux la mesure
de sa faiblesse orgueilleuse, en même temps que de sa
sublime impuissance. Attaché aux choses terrestres
par les bornes de sa constitution physique, mais voué
aux aspirations les plus hautes par l'infini de son intelligence, de son origine, et sans doute de ses destinées, il s'efforce constamment de rapprocher ces
deux éléments opposés de sa nature. Plus l'objet de
ses recherches paraît inaccessible à son esprit, plus
il aspire ardemment à s'en rendre maître. Il veut
suppléer à la misère de ses forces par la puissance de
son génie, et il porte tour à tour son regard vers le
ciel et vers la terre, en s'efforçant de rattacher son
être à quelque chose de durable : comme si la durée
pouvait appartenir aux choses d'ici-bas!

Cette pensée s'est attaquée à tout pour trouver un
appui : à la religion, à la poésie, aux phénomènes généraux de l'univers, aux systèmes, aux rêveries, aux
idées fantastiques de tous les pays et de tous les âges;
d'autres fois à la physique, à l'astronomie, à la chimie,
à la médecine ; toujours poursuivant un but chimérique : les rapports de l'homme avec les intelligences

célestes, l'interprétation des songes, la prévision de l'avenir, la recherche du grand œuvre, la découverte d'une panacée universelle, l'espoir de posséder des richesses infinies aussi bien qu'une existence interminable.

Aux premières lueurs de la civilisation, elle fait partie des mythes religieux de l'Égypte, de la Perse et de l'Inde. Un peu plus tard, elle se mêle aux systèmes philosophiques de la Grèce. Chez les néoplatoniciens de l'école d'Alexandrie, elle donne naissance à l'art sacré, à la magie, à la cabale. Chez les Arabes, elle se lie à l'astrologie, aux systèmes des nombres, elle s'appuie sur la chimie métallurgique, sur l'art médical. Passée en Europe à l'époque des croisades, et presque exclusivement cultivée par les moines, elle cherche à se rattacher aux mystères du christianisme ; mais combattue par l'Église, alors toute puissante, elle se retire dans la solitude, s'enveloppe de ténèbres, et se repaît avec d'autant plus d'ardeur de ses chères illusions. Elle concentre enfin ses recherches sur un objet unique ; mais c'est l'art de faire de l'or et le moyen de vivre toujours. L'alchimiste, en butte à la misère, à la persécution, au ridicule, ne met plus de bornes à son ambition et à ses espérances. Il rêve le bonheur parfait sur la terre, la gloire éternelle dans le ciel, sacrifie sa fortune au désir de s'enrichir, et use sa vie à la recherche du secret de la prolonger indéfiniment.

Et ne croyez pas que là s'arrête l'essor de cette pensée audacieuse. Si, après le moyen âge, elle semble recourir à des moyens différents, elle ne change pas pour cela d'objet ni de caractère. Aux siècles de la renaissance, l'alchimiste devient empirique, prophète, astrologue ; plus près de nous, il poursuit sa chimère éternelle, sous la forme de l'illuminisme, de l'art spagyrique, du mesmérisme ; à cette heure même, chacun sait sous quelles formes nouvelles il continue ses ambitieuses rêveries, et de quelles bizarres illusions il nourrit encore son espoir.

Si l'étude de cette face de l'esprit humain a sa haute utilité, il faut aussi convenir qu'elle ne laisse pas d'être affligeante ; mais malheur à l'écrivain qui ne verrait, dans l'histoire de ces erreurs, que des sujets propres à faire rougir l'homme de ses faiblesses, sans y chercher l'occasion de relever son courage par l'idée de sa force et de sa puissance. S'il est vrai que chacun de nos pas vers la perfectibilité est accompagné de quelque fatale tentative, il ne l'est pas moins que toute grande erreur porte avec elle une leçon, et que tout effort persévérant de l'esprit humain est fondé sur quelque idée forte, utile, féconde, qui tôt ou tard portera ses fruits.

La vaste science, ou plutôt l'ensemble des connaissances et des erreurs auxquelles on a donné le nom d'*Alchimie*, se compose d'une multitude de faits, d'opinions, de doctrines de toute nature, presque sans liaison, sans unité, et dont l'histoire, répandue sur une longue série de siècles, peut néanmoins se diviser en quelques périodes assez distinctes. La plus ancienne, dont l'origine se perd dans la grande époque de la civilisation arabe, et qui fleurit en Europe au douzième et au treizième siècles, porte généralement le titre d'*Alchimie philosophique* ou des *idéalistes*. C'est à cette époque qu'elle commence à s'unir aux doctrines scolastiques, à la philosophie occulte, à la cabale, à la magie. C'est là que figurent les noms d'Albert le Grand, de Roger Bacon, d'Arnaud de Villeneuve, de Duns Scott, de Jean de Meung, etc ; dans la période suivante : celle de l'*Alchimie métallurgique*, elle se livre à la recherche du *grand OEuvre*, de *la Pierre philosophale* ; elle fonde l'astrologie judiciaire, la divination, la démonologie et toutes les rêveries qui s'y rapportent ; mais c'est au même moment que se forment les premiers pas de la chimie rationnelle, de la physique et de la minéralogie. C'est là qu'auprès de George Ripley, de Nicolas Flamel, de Jacques Cœur, de Basile Valentin, des deux Isaac, de Bernard de Trévise et autres, on voit apparaître tous les illuminés de cette époque, les insensés et les fourbes qui exploitèrent avec tant d'audace la cupidité et l'ignorance de leurs contemporains. Enfin dans la troisième époque, celle de l'*Alchimie médicale*, la science commence à prendre une meilleure direction. Paracelse, qui la domine, donna une impulsion remarquable à la matière médicale, à la thérapeutique, et devint le chef d'une école d'où sortirent des savants sérieux : Crollius, Libavius, Vanhelmont et quelques autres qui, dès la fin de cette période, entrèrent plus résolûment dans les voies de la raison et de la vérité.

II

C'est la première partie de cette histoire qui va nous occuper. La seconde et la troisième ont été étudiées récemment par plusieurs savants, entre autres par Sprengel, Gmelin, M. Hoefer et M. Louis Figuier. Le remarquable ouvrage de ce dernier, qui a pour titre, *Les Alchimistes*, ne remonte guère au delà du xvᵉ ou du xvıᵉ siècle, mais la période précédente n'offre pas selon nous un moindre intérêt, et les personnages qui y figurent au premier rang ne sont pas moins dignes que leurs successeurs du souvenir de la postérité.

L'alchimie avait pris naissance chez les Byzantins, sous le Bas-Empire, au moment de la grande lutte qui s'établit, dans les premiers siècles de l'ère chrétienne, entre les anciennes et les nouvelles croyances. Obscure et symbolique, dès son origine, qui remonte aux mythes de l'Inde, de l'Égypte, de la Grèce et aux systèmes philosophiques de l'antiquité, elle se concentra plus tard dans l'école d'Alexandrie, d'où elle passa chez les Arabes. Là, elle se mêle aux idées fantastiques de l'Orient, aux pratiques de la magie et de la cabale; puis, apportée en Europe à l'époque des croisades, elle revêt une nouvelle forme et se confond quelque temps avec la scolastique. Cette dernière phase est la première époque de l'alchimie proprement dite. Dans la seconde époque, elle passe des écoles dans les ateliers, dans les mines, dans les laboratoires; elle abandonne peu à peu le mysticisme, se sépare de la scolastique et s'occupe spécialement de la *Transmutation*, de l'art de faire de l'or. Dans la troisième, elle s'applique à la recherche d'une *Panacée universelle*, capable de prolonger la vie. Elle donne, sans le savoir, un vif élan à la médecine, aux arts, à l'industrie et prépare l'avénement définitif de la chimie rationnelle.

On pourrait diviser l'histoire de l'alchimie pendant cette période, qui va nous occuper spécialement, comme l'histoire générale des progrès de l'esprit humain, sous trois titres principaux : les *savants*, les *institutions* et les *découvertes*. C'est à peu près le plan que nous nous proposons de suivre dans l'étude que nous allons en faire, tout en regrettant que la marche du récit ne nous permette pas toujours de nous conformer à cette distribution.

C'est chez les auteurs byzantins, avons-nous dit, que l'on trouve les premières traces d'une science toute nouvelle : *l'Alchimie*. La plupart des sciences physiques, naturelles et même mathématiques avaient été cultivées dans l'antiquité ; l'alchimie, et par conséquent la chimie qui en procéda, appartiennent exclusivement à l'histoire moderne. Les Égyptiens et d'autres peuples antiques possédaient à la vérité quelques connaissances pratiques relatives à cette science, mais elles n'étaient pas coordonnées, et ne donnèrent lieu, par conséquent, à aucune théorie, à aucune doctrine scientifique.

Dans les efforts qu'ils firent pour s'opposer à la propagation des dogmes du christianisme, les dé-

fenseurs du paganisme aux abois s'adressèrent surtout à l'ancienne religion de l'Égypte. On recourut à
tous les mythes, à toutes les croyances, à toutes les
doctrines des anciens philosophes, pour y trouver
des armes contre l'envahissement de la religion
nouvelle. De tous ces débris du panthéisme de diverses époques naquirent des doctrines mystiques
qui prirent la forme d'une science ou plutôt d'un art
enveloppé de formules et de pratiques mystérieuses.
Le langage qu'on y employait avait la plus grande
analogie avec celui des hiéroglyphes, et les initiés
s'engageaient sous peine de mort à n'en point révéler les secrets. Cet art, qui prit parfois le titre
d'*Art sacré*, reposait sans doute sur certains faits scientifiques, mais ces faits étaient entourés de symboles,
de pratiques bizarres qui les rendaient inaccessibles
au vulgaire et leur donnaient un caractère surnaturel.
Les nombres, comme dans le système de Pythagore,
y jouaient un rôle important. Les éléments, les planètes, les plantes, les animaux, et jusqu'aux lettres
de l'alphabet y figuraient comme autant d'emblèmes
mystiques.

L'objet définitif auquel se rapportaient toutes les
opérations de l'alchimie était le *grand OEuvre* ou la
découverte de la *Pierre philosophale*, aussi appelée le
Mercure des sages. La pierre philosophale était le secret
de convertir les métaux d'un ordre inférieur en
métaux parfaits, c'est-à-dire en or et en argent. Ce
secret devait en outre conduire à la connaissance de
la *Panacée universelle* ou *Élixir philosophique*, ca-

pable de guérir toutes les maladies et par conséquent de prolonger indéfiniment l'existence. Ainsi donc, richesse et santé : tel était l'objet pratique de la recherche du grand œuvre. Mais là ne s'arrêtaient pas les espérances des adeptes : il leur fallait encore franchir les limites de la sphère terrestre et atteindre celles de la vie spirituelle. Ceci était le côté théorique ou spéculatif du grand œuvre ; il se rattachait aux mystères de la religion, de la cosmogonie, de l'astrologie. Cette troisième modification de la pierre philosophale, qui portait le nom d'*Ame du monde*, en élevant l'esprit des initiés dans les régions supérieures, devait leur faire partager le sort réservé aux créatures surnaturelles, c'est-à-dire le bonheur au sein de la Divinité ou dans le commerce des esprits infernaux.

Les néoplatoniciens furent longtemps à la tête de cette lutte entre les anciennes et les nouvelles doctrines. Dès la fin du second siècle de notre ère, Ammonius avait cherché à mettre en harmonie les systèmes de Platon et d'Aristote. Plotin, son élève, s'adonna aux rêveries mystiques, à l'extase, qu'il regardait comme l'intuition divine. Il eut pour disciples Amélius et Porphyre. Leur secte prit le nom d'*Illuminés*, parce qu'ils croyaient que la lumière était le véhicule des âmes entre la terre et les régions célestes. Jamblique, mort au IVe siècle, donna à ces doctrines une forme systématique ; sa lettre sur les mystères des Égyptiens devint comme l'Évangile des thaumaturges. Ce fut lui qui répandit l'usage des symboles et qui parla le premier des écrits d'Hermès, dont il portait le nombre à vingt mille.

Proclus, né à Constantinople au v⁰ siècle, fut le successeur immédiat de Jamblique. Ses disciples, Marinus, Simplicius, Isidore de Gaza et Asclépiodore, qui s'occupa aussi d'histoire naturelle, soutinrent cette philosophie jusque dans le cours du siècle suivant ; mais, en 529, l'empereur Justinien fit fermer les écoles d'Athènes et exila les derniers néoplatoniciens, qui se réfugièrent en Perse. L'Église chrétienne avait partout remplacé les fausses doctrines : l'école néoplatonicienne avait duré environ trois cents ans.

C'est dans les auteurs byzantins qu'il est fait mention pour la première fois d'*Alchimie*. Suidas, qui écrivit au x⁰ siècle, est le premier qui parle de l'art de transmuter les métaux, sous le nom de *Chemia*. *Chem* ou *Chim*, ancien nom de l'Égypte, indiquait le pays où l'on disait que cet art avait pris naissance. Les Byzantins commencèrent à s'occuper d'expériences chimiques vers le vii⁰ siècle. Tous les ouvrages qui s'y rapportent furent attribués à Hermès ; de là le nom de *Philosophie hermétique*, qui était synonyme d'alchimie ; mais ces livres sont plutôt l'ouvrage des moines de cette époque.

C'est dans ces traités apocryphes que les adeptes cherchaient le prétendu secret de la pierre philosophale. On y rencontre toutefois certains faits d'un haut intérêt pour l'histoire des sciences. Ainsi, dans les écrits de Zozime le panopolitain, philosophe

du IVe siècle, on trouve tout ce qui a rapport à la distillation : l'alambic, la cornue et son récipient y sont
décrits et figurés avec tous leurs détails. Un ouvrage
de Synésius, du Ve siècle, contient la description et
la figure d'un vase distillatoire, en verre, ainsi que
d'un instrument aréométrique qu'il nomme *hydrosco-*
pium, et qui n'est autre chose que notre pèse-liqueur.
Enfin, dans un manuscrit latin intitulé *le Livre des*
feux, attribué à Marcus *Grœcus*, auteur du IXe siècle,
on trouve la première description exacte de la composition de la poudre à canon, en même temps que la
distillation de l'eau-de-vie et de l'essence de térébenthine qui entraient dans la préparation du feu
grégeois (1).

C'est dans la même période que la magie et la cabale prirent naissance. La *Magie* tirait son nom des
mages qui, chez les Perses et les Mèdes, exerçaient
une puissance analogue à celle des druides chez les
nations gauloises. La magie comprenait la religion,
l'astronomie et la médecine. Les doctrines magiques,
ainsi que celles des druides, avaient la plus grande
ressemblance avec celles des prêtres égyptiens. Ces
doctrines et les pratiques qui s'y rapportaient donnèrent naissance à la *Cabale* (tradition), d'abord propagée par les alchimistes. Les nombres, les analogies
mystiques, le microcosme et le macrocosme, les
cercles lumineux, les organes de l'homme et les planètes jouaient le principal rôle dans cette doctrine,

(1) Voyez Hoefer, *Histoire de la Chimie*, t. I, p. 491 et suiv.

qui avait de nombreux rapports avec la magie et le système philosophique de Pythagore.

Les sciences cabalistiques, au moment où elles s'introduisirent en Europe, trouvèrent partout la scolastique en possession de l'enseignement. Aux vaines disputes métaphysiques qui la préoccupaient depuis deux siècles, les alchimistes essayèrent de substituer des arguments fondés sur l'observation et l'expérience. Les adeptes annoncèrent la prétention de trouver dans les dogmes religieux la solution de plusieurs problèmes scientifiques ; mais les théologiens se soulevèrent contre cette pensée. Là lutte s'anima et ne tarda pas à sortir des bancs de l'école. On sait qu'à cette époque l'autorité spirituelle imposait facilement silence à tout observateur qui osait approfondir les causes de certains phénomènes. On pouvait discuter sur le nominalisme ou le réalisme, sur les universaux ou les catégories, mais non se livrer à l'investigation de certains faits dont l'explication ne s'accordait pas avec les dogmes. Les sciences physiques portaient alors le nom de *sciences occultes*, parce qu'on était censé ne pouvoir pénétrer les mystères de la nature qu'à l'aide de maléfices et d'un pacte secret avec les esprits infernaux.

Le titre de philosophe ou de savant était le synonyme de *magicien*. Or, on connaît les peines terribles auxquelles s'exposait quiconque était soupçonné de *magie*. Malheur à celui qui cherchait à dépasser les limites violemment imposées à l'intelligence ! la prison, la géhenne et le bûcher étaient le prix réservé à

ces recherches téméraires, et, ce qui montre tout
l'empire des idées dominantes de cette époque, c'est
que l'alchimiste, accusé de sorcellerie, se croyait
réellement en commerce avec les démons, et qu'il
ne voyait dans les poursuites dont il était l'objet
qu'une juste punition des travaux auxquels il avait
osé se livrer.

On s'explique dès lors le soin que les adeptes met-
taient à cacher leurs recherches, à les envelopper de
mystères, à rendre obscurs leurs écrits et leur langage. Ils avaient plus d'une raison pour en dérober
au public les résultats. S'il pouvait leur en coûter la
liberté et même la vie, ils voulaient du moins se réserver le bénéfice de leurs découvertes, ainsi que
l'illusion d'une puissance chimérique, quelquefois
aussi dissimuler leur déception et leur ignorance.
Toutefois, et quelle que soit la bizarrerie de leur
conduite, on ne peut s'empêcher de rendre justice à
tant de persévérance et de courage, d'admirer leur
patience, leur piété, leur résignation. Fortune, temps,
santé, rien ne coûtait aux adeptes; ils poursuivaient
jusqu'à la mort, et souvent même léguaient à leurs
descendants la continuation d'une expérience. Des
vues hardies et profondes se mêlent dans leurs ouvrages aux idées les plus extravagantes, des vérités
lumineuses aux déductions les plus ridicules. Ce
qu'il y a de plus singulier, c'est qu'ils ont révélé d'u-
tiles découvertes auxquelles ils n'attachaient aucune
importance, parce qu'elles ne devaient pas servir à
leur objet, et qu'ils cachaient d'absurdes recherches

28.

sans solution possible. Bizarre contraste d'obscurité et de lumière, de superstition et de génie, qu'on a caractérisé du nom de *folie sublime*, mais qui doit inspirer plus d'estime que de pitié ; car, après tout, c'est sur les travaux des alchimistes que se fondent en grande partie les données qui constituent la science moderne !

Deux sciences qui sont de tous les temps parce qu'elles se rapportent aux premiers besoins de l'homme, la médecine et la métallurgie firent au XIIIe siècle de remarquables progrès. L'alchimie les réunissait toutes deux, et comme les études, à cette époque, reposaient généralement sur la scolastique, on conçoit comment l'alchimie eut à la fois pour base la recherche d'une panacée universelle, de la pierre philosophale et du *spiritus mundi*, ou de la vie éternelle et du commerce des êtres surnaturels. Aussi cette étude s'empara-t-elle de tous les esprits et se réfléta-t-elle à la fois sur toutes les connaissances du moyen âge. L'histoire de l'alchimie occupe presque à elle seule toute cette époque, ou du moins les trois siècles environ qui séparent le XIIIe siècle de l'avénement des études vraiment rationnelles.

La scolastique et l'alchimie, en se mêlant à toutes les idées dominantes de cette période, représentent en effet presque toute la science au moyen âge. Cependant, au XIIIe siècle, l'alchimie prend le pas sur la scolastique. Philosophes, moines, savants, poëtes, médecins, prélats, monarques, tout le monde s'en occupe. Elle s'attache à tout ; elle résume tout le caractère, toutes les tendances de l'époque : les idées mystiques, les préjugés traditionnels, les rêveries des astrologues, les disputes de l'école, les luttes de l'autorité spirituelle contre le libre essor de la pensée. Elle sert de transition entre le moyen âge et la renaissance, entre les derniers triomphes de la féodalité et l'avénement du pouvoir monarchique, entre la fin des doctrines imposées et la liberté d'examen et de conscience. Voilà bien des motifs pour approfondir cette matière et arrêter notre attention sur cet important sujet.

III

Au commencement du xiiie siècle, les études, sans être tout à fait dégagées du chaos, et encore retenues dans les liens de la scolastique, commencent à prendre une meilleure direction. Les questions de métaphysique perdent chaque jour de leur importance, les esprits se tournent de plus en plus vers l'observation sérieuse des phénomènes naturels : on semble se préoccuper partout d'un avenir nouveau pour l'esprit humain. Les souverains se placent à la tête des protecteurs de la science. L'empereur Frédéric II, qui cultivait lui-même l'histoire naturelle, fait traduire Aristote et Ptolémée. Il appelle dans sa capitale deux fils d'Averrhoës pour y professer les connaissances arabes : il institue à Naples une chaire publique pour le célèbre Pierre d'Ivernois; il permet la dissection d'un corps humain tous les cinq ans, et donne ainsi la plus heureuse impulsion aux études anatomiques et médicales.

Dès les premières années de ce siècle, on trouve parmi les alchimistes quelques noms justement célèbres : Albert le Grand en Allemagne, Roger Bacon en Angleterre, saint Thomas d'Aquin en Italie, Raymond Lulle en Espagne. En France, Christophe de Paris, Vincent de Beauvais, Arnauld de Villeneuve, tous moines, théologiens, mathématiciens ou philosophes. Dans le siècle suivant, Georges Ripley, Bernard de Trèves, Nicolas Flamel, Isaac de Hollande, Basile Valentin. Arrêtons un moment notre regard sur quelques-unes de ces grandes figures qui représentent la majeure partie de la gloire scientifique de cette époque.

Albert Grot (le Grand), de la famille des comtes de Bollstedt, naquit en 1193, suivant d'autres en 1205, à Lawingen en Souabe. Le surnom de *grand* ne lui fut donné qu'à cause de ses vastes connaissances, car il était d'une assez petite taille (1). Après avoir fait à l'université de Pavie d'excellentes études, il entra

---

(1) Peut-être le surnom de *Grand* ne lui fut-il donné que par antiphrase. Il y a par conséquent plus de vérité dans la dénomination de *Petit Albert*, sous lequel figura longtemps et figure encore de nos jours le même personnage, dans des compilations apocryphes que le vulgaire lui attribue faussement. On raconte au sujet de la petitesse de sa taille, qu'étant à Rome, et après avoir été admis à baiser les pieds du pape, Sa Sainteté lui dit de se relever, bien qu'il fût déjà debout. Il avait d'ailleurs beaucoup de force physique. Il aimait à marcher, et l'on rapporte que, lorsqu'il fut nommé provincial des Dominicains, il fit à pied la visite de tous les couvents qui relevaient de son ordre.

dans l'ordre de Saint-Dominique et se voua à l'instruction. Il professa successivement la philosophie à Cologne, à Strasbourg, à Ratisbonne et enfin à Paris. C'est là qu'il commenta Aristote, bien qu'une bulle récente du saint-siége eût proscrit l'enseignement des doctrines péripatéticiennes. Ses leçons eurent un tel succès que, ne trouvant à Paris aucune salle assez vaste pour contenir ses auditeurs, il fut obligé de professer en plein air, sur une place publique qui prit son nom : la place Maubert (*magni vel magistri Alberti*).

En 1254, il fut nommé, à Worms, provincial des Dominicains. Étant allé à Rome pour défendre les priviléges de son ordre, le pape Alexandre IV le retint auprès de lui, en lui offrant l'office de maître du sacré palais. L'année suivante, Urbain IV le nomma évêque de Ratisbonne; mais Albert, préférant l'étude et la retraite aux plus hautes dignités, renonça à l'épiscopat et se retira à Cologne pour se livrer tout entier à ses goûts studieux. Il s'en arracha un moment, à la voix de Grégoire X, qui lui ordonna de prêcher la croisade en Allemagne et en Bohême. Il assista, en 1274, comme ambassadeur de l'empire au concile de Lyon et retourna ensuite à Cologne, où il mourut en 1280, dans un âge avancé.

Albert le Grand unissait la vertu la plus pure à la science la plus étendue. C'est un des plus beaux caractères que présente l'histoire de son temps. Bien qu'il ait toujours suivi la voie de la raison et de la vérité, la tradition s'est attachée à le présenter comme un illuminé, un véritable magicien. Au nombre des légendes qui se rapportent à lui, on trouve d'abord une vision qu'il eut dans sa jeunesse et dans laquelle la sainte Vierge lui aurait promis, pour exciter son zèle, qu'il serait un jour une des lumières de l'Église. On a souvent raconté qu'ayant reçu à Cologne le roi des Romains, Guillaume, comte de Hollande, il lui donna un banquet dans son jardin, et, bien que l'on fût au cœur de l'hiver, le jour des Rois, et que la terre fût couverte de neige, l'hiver, à sa voix, fit place au printemps : les arbres se couvrirent de feuilles, de fleurs, et tout disparut à la fin du repas. On cite également un automate qu'il avait construit de ses mains et qui était doué du mouvement et de la parole. On ajoute que saint Thomas d'Aquin en fut tellement effrayé ou scandalisé, qu'il brisa l'automate d'un coup de bâton. Cette pièce mécanique : *l'Androïde* d'Albert, a été le sujet de beaucoup de suppositions. Comme il semblait la consulter dans certaines difficultés philosophiques, on a dit qu'il lui devait la solution de plusieurs problèmes surnaturels. Les traditions vulgaires ne se sont pas arrêtées là : la plupart des merveilles attribuées à la magie, à la cabale, dans des siècles où l'on ne se rendait point compte de certains phénomènes, ont été rapportées à Albert le Grand ; tant on est porté à attribuer les faits extraordinaires aux personnages qui ont joui d'une grande célébrité. Telle est l'origine des compilations apocryphes qui portent le titre de *Secrets* du Grand et du Petit Albert.

Mais ce qu'on peut dire de lui avec certitude, c'est qu'il posséda le répertoire le plus vaste des connaissances de son époque, auxquelles il ajouta beaucoup par ses propres travaux. Sa longue existence fut tout entière consacrée à l'étude ; aussi peut-il être regardé comme le plus fécond des polygraphes. Ses ouvrages ne forment pas moins de vingt et un volumes in-folio. Ses travaux de physique reposent en grande partie sur ce qu'il connaissait d'Aristote et de Denis l'Aréopagiste, des livres d'Hermès, de Cicéron et d'Apulée. Ce qu'il a écrit sur les animaux est emprunté à Aristote, mais il y ajouta les connaissances fournies par les Arabes et ce qu'il avait recueilli dans les relations des voyageurs.

Parmi ses livres d'alchimie, l'un des plus remarquables est son traité : *De Alchimiâ*, écrit avec beaucoup de clarté, de sagesse, de logique même, bien que plusieurs des principes qu'il y émet soient faciles à contester. Tel est celui de la transmutation qu'il regarde comme une chose possible. Cependant il reconnaît que l'or des alchimistes n'est pas l'or véritable, quoiqu'il en ait tous les caractères apparents, attendu qu'il ne soutient pas l'épreuve du feu. Malheureusement, les alchimistes des siècles suivants, qui n'avaient pas la même bonne foi, s'appuyèrent sur l'autorité d'Albert pour donner plus de vraisemblance au principe de la transmutation.

Dans le traité : *De rebus metallicis et mineralibus*, après avoir exposé les propriétés des pierres, des sels et des minéraux, il discute les opinions de Geber et des Arabes sur la matière, et les remarques qu'il y ajoute montrent qu'il avait suivi avec attention l'exploitation des mines. C'est dans ce traité que l'on trouve pour la première fois le mot de *vitriol* (*vitroleum, oleum vitri*), appliqué à l'atrament vert (sulfate de fer). On trouve dans son traité : *Compositum de compositis*, une multitude de données pleines d'intérêt et tout à fait neuves pour les chimistes de l'époque ; telles sont : la composition artificielle du *cinabre*, la préparation de la potasse caustique (*alkali* des Arabes), de l'azur, la coupellation de l'or et de l'argent, c'est-à-dire leur purification au moyen du plomb, la préparation de la céruse, du minium, le départ des métaux précieux au moyen de l'eau forte et de l'eau régale, l'effet de la chaleur sur l'état physique du soufre, la préparation du sublimé blanc, des acétates métalliques, de l'esprit de nitre, et une foule d'autres (1). Les autres traités d'alchimie qu'on lui attribue sont plus ou moins apocryphes. Leur style est obscur, énigmatique, ce qui montre qu'ils sont plutôt l'ouvrage de ses élèves ou de ses successeurs. On ne peut expliquer que de cette manière le nombre et la variété des écrits qui portent son nom. A la vérité, dans sa retraite de Cologne, il disposait des secours de plusieurs moines, ses subordonnés ; car, malgré toute son activité et sa persévérance,

---

(1) Albert appela le premier les liqueurs acides : *aquæ acutæ* (*De Alchimiâ*). L'idée que les acides agissent sur la langue à l'aide de *pointes* est fort ancienne ; le mot *acetum*, vinaigre, n'a pas d'autre origine.

il ne fût pas venu seul à bout d'une pareille tâche.

Le goût qu'Albert le Grand avait pour les expériences et ce qu'il appelle lui-même « les opérations magiques, » mais surtout cette étendue de savoir qui l'élevait si fort au-dessus de ses contemporains, expliquent assez les traditions populaires dont il fut l'objet, et le titre de magicien qu'on lui donna même de son vivant. On répandit le bruit qu'il avait commerce avec les démons, et en même temps on assurait que c'était de saint Dominique qu'il avait appris le secret de la pierre philosophale. On ne douta point qu'il ne sût faire de l'or, quand on apprit qu'en moins de trois ans il avait acquitté les dettes considérables de son évêché de Ratisbonne. Il eût été plus rationnel d'en conclure qu'il en avait administré les revenus plus sagement qu'on ne l'avait fait avant lui.

Albert le Grand est quelquefois confondu avec Albert de Saxe, son élève, qui se distingua aussi dans la philosophie et dans les sciences. Le pape Urbain V le nomma évêque d'Halberstadt. On lui attribue un ouvrage intitulé : *De Virtutibus herbarum, lapidum et animalium*, quelquefois rapporté à Albert le Grand (1).

_____

(1) Il y a malheureusement dans les sciences trop d'exemples de pareilles confusions. C'est ainsi qu'un critique mal inspiré, et assez peu discret pour m'avoir fait de nombreux et larges emprunts, m'a reproché d'avoir fait figurer *Aëtius d'Amide* dans l'histoire de l'école d'*Alexandrie*. C'est une double erreur. Je l'ai seulement *cité*, à l'occasion de l'histoire de l'école *empirique*, comme ayant conservé les formules de Sérapion ; mais je parle de lui à un autre époque. Quant à *Sérapion* lui-même, je me bornerai à répondre au même critique par la note suivante, que

Presqu'au même moment où Albert le Grand remplissait de son nom l'Allemagne et la France, paraissait en Angleterre un autre philosophe, destiné à lutter avec lui de savoir et de célébrité. Cet homme, l'un des plus éminents qu'ait produits le XIIIᵉ siècle, est ROGER BACON, né en 1214, à Ilchester, dans le comté de Sommerset, où sa famille était ancienne et considérée. Après avoir étudié à l'université d'Oxford, il entra dans l'ordre de Saint-François des frères mineurs. Il vint ensuite à Paris, où il suivit les leçons d'Albert le Grand. Revenu en Angleterre en 1240, il alla se fixer à Oxford pour s'y livrer tout entier à l'étude des sciences. La physique et les mathématiques furent les premiers sujets de ses travaux; mais il était pauvre et ne pouvait entreprendre les recherches expérimentales que lui suggérait son génie inventif. De généreux amis vinrent à son aide, de nombreux élèves lui prêtèrent leur concours, et il put dès lors aborder des travaux qui ne tardèrent pas à donner à son nom un grand retentissement.

Roger Bacon avait adopté, dès le principe, les idées de l'un de ses maîtres, Greathead, évêque de Lincoln, plus connu sous le nom de Robert Grosse-Tête. Dé-

---

j'emprunte au docteur Jourdan, le célèbre érudit : « Il ne faut « pas confondre *Sérapion d'Alexandrie* avec un médecin arabe du « même nom : *Jean Sérapion*, surnommé *le Jeune*, qui paraît « avoir vécu vers la fin du Xᵉ siècle, et dont nous possédons un « Traité de matière médicale, dans lequel il a réuni tout ce que « les médecins grecs et arabes avaient dit avant lui sur l'histoire « naturelle et les vertus des médicaments. » (*Biographie médicale*, t. VI, p. 202.)

daignant les spéculations théoriques, il avait mis Aristote à l'écart, pour interroger directement la nature
par la voie de l'expérience. Il fut, par conséquent,
l'un des premiers à secouer le joug de l'autorité scolastique, pensée qui ne pouvait manquer d'exciter un
grand scandale et de lui attirer des persécutions ;
c'est en effet ce qui arriva. Quelques-uns des résultats de ses recherches, qui pouvaient passer pour
merveilleux et qu'il attribuait lui-même à certaines
opérations magiques, le firent accuser de sorcellerie,
bien qu'il eût écrit contre les causes surnaturelles.
La haine et la jalousie s'attachèrent à lui ; ses supérieurs le firent condamner au pain et à l'eau. Jérôme
d'Ascoli, général des Franciscains, étant venu en
France, comme légat du Pape, le fit jeter en prison ;
mais, protégé par Clément IV, qui avait été secrétaire
de saint Louis, et à qui Roger Bacon avait dédié son
Opus majus, il fut remis en liberté. Quelques années
après, Jérôme d'Ascoli étant devenu pape, le fit enfermer de nouveau dans le couvent des Franciscains
où il passa dix années. A peine arraché à cette longue
captivité, il revint à Oxford, où il mourut en 1294, à
l'âge de soixante dix-huit ans.

Roger Bacon n'était étranger à aucune connaissance. Il était à la fois physicien, chimiste, mécani-
cien, astronome, géographe. Il savait toutes les langues. Il joignait au savoir le plus étendu le génie de
l'expérimentation, et cependant, il fut peut-être moins
remarquable par ses découvertes que par la grandeur et la justesse de ses vues. On lui a attribué plu-

sieurs inventions capitales auxquelles il a seulement apporté d'heureux perfectionnements. Ainsi, nous avons vu que la découverte de la poudre à canon date d'une époque antérieure à la sienne et que, même au temps de Roger Bacon, on ne songeait pas encore à l'appliquer à la guerre, bien qu'il eût dit, en décrivant sa préparation, « qu'on pourrait, par ce moyen, détruire des armées et renverser des villes ; » mais il étudia avec beaucoup de soin la préparation et la cristallisation du salpêtre. S'il n'a pas remarqué le premier l'effet des verres grossissants, il en avança du moins la théorie (1). Il en est de même de l'invention du télescope, qu'on lui attribue parce qu'il étudia les propriétés des verres taillés sous différents angles, et que ses découvertes astronomiques peuvent faire croire qu'il connaissait l'usage de cet instrument. Il est certain, toutefois, qu'il avait en optique des connaissances fort avancées. Il a décrit le microscope simple, il a perfectionné la perspective, il a examiné les phénomènes de la réflexion, de la réfraction et expliqué la grandeur apparente des objets. En mécanique, il a le premier décrit la pompe à air, il a parlé de la possibilité de faire mouvoir des chariots et même des navires à l'aide d'un mécanisme intérieur auquel on appliquerait la force du vent, et de construire des appareils à ailes pour la navigation aérienne. Il a construit des miroirs ardents, des auto-

(1) C'est l'italien *Savino degli Armati* qui, en 1285, exécuta pour la première fois un verre lenticulaire.

mates (1). En astronomie, il démontra l'erreur com-
mise dans le calendrier Julien, relativement à la
mesure de l'année solaire, et il en proposa, en 1267,
la réforme au pape Clément IV ; mais elle ne fut
adoptée que trois siècles plus tard par Grégoire XIII.

En chimie, Roger Bacon partageait quelques-unes
des opinions des Arabes ; ainsi il admettait, comme
Albert le Grand, quatre esprits métalliques : le mercure, le soufre, le sel ammoniac et l'orpiment. De
leur mélange, dans certaines proportions, résultait
la *Teinture* ou l'*Élixir* propre à la transmutation, qu'il
regardait comme possible, mais seulement à l'aide
des grands moyens qu'emploie la nature : le temps,
par exemple, qui n'est rien pour elle, et dont l'homme
ne peut pas disposer à son gré. Il croyait que les
agents capables de séparer d'un métal ses parties
impures peuvent aussi purifier le corps humain,
prévenir sa corruption et prolonger sa durée : opinion
qui s'est propagée jusqu'au XVIIe siècle. Pour les alchimistes, en effet, il existait un même moyen de
perfectionner les métaux et de guérir les maladies.
Tous les métaux, excepté l'or, étaient pour eux l'é-
lément métallique imparfait ou malade. Mais à côté
de ces erreurs, qui tiennent aux idées de son temps et
qui montrent peut-être sa modestie plus encore que
sa crédulité, il émit des principes, il constata des

---

(1) On a attribué à Roger Bacon, comme à Albert le Grand, la
fabrication d'une tête d'airain qui répondait à ses questions. On
a dit pareille chose du pape Sylvestre II, de Guillaume de Paris
et de Robert de Lincoln.

vérités qui servirent puissamment les progrès de la science. Il dit positivement que l'air est l'aliment du feu (*cibus ignis*), il ajoute qu'il existe un *autre air* qui éteint les lumières et qui est par conséquent impropre à la combustion. Il décrit la purification des sels par la lixiviation et la cristallisation, la préparation de l'arsenic blanc tiré du réalgar, la distillation des acétates métalliques. Il possédait, comme Albert, un grand nombre de *Secrets* industriels qu'il a répandus dans ses divers écrits relatifs à l'alchimie.

Les idées astrologiques de Roger Bacon furent le principal prétexte des persécutions dont il fut l'objet, et cependant, dans son traité : *De la nullité de la magie*, il avait montré qu'une foule de phénomènes attribués aux influences de cette nature sont le résultat des lois naturelles. « Qu'est-il besoin, dit-il, de recourir à la « magie, puisque la physique nous enseigne tant de « secrets qui ont le double caractère de satisfaire « notre curiosité et de surprendre les ignorants ? » Ses principales découvertes sont consignées dans son *Opus majus* et dans son *Épître* sur les œuvres secrètes de l'art et de la nature.

Roger Bacon fut le véritable fondateur de la physique positive et expérimentale. Dédaignant les discussions de la scolastique, il recourut directement à l'observation, à laquelle il reconnaît le double avantage de constater la réalité des faits présents et de prévoir les faits analogues dans l'avenir. Animé d'un vif amour de la vérité et du savoir, capable d'un travail assidu et persévérant, il s'éleva par la seule force de son génie au-dessus des connaissances et surtout de la plupart des erreurs de son siècle. Il fit concourir à ses recherches tout ce que l'état des sciences contemporaines put lui fournir. Si l'esprit humain n'entra pas dès ce moment dans la voie féconde qu'il avait tracée, c'est que l'agitation de l'Europe, au siècle suivant, arrêta les progrès généraux des lumières et de la civilisation. Comme tous ceux qui devancent l'époque où ils eussent brillé de tout leur éclat, Roger Bacon dut être méconnu et persécuté. Il fut le Galilée du XIIIe siècle, et l'analogie est presque complète, car ils poursuivirent les mêmes études et subirent le même destin. Après sa mort on lui décerna le titre de *docteur admirable.* La postérité, non moins juste envers lui, le regarde comme l'un des savants qui ont fait le plus d'honneur au moyen âge, et qui ont donné aux sciences, au milieu d'une période de ténèbres, l'élan le plus vif et le plus heureux.

Durant le même siècle parurent un grand nombre d'alchimistes dont la science moderne se contente le plus souvent d'enregistrer les noms, bien que plusieurs d'entre eux semblent mériter une mention plus distinguée. Tels sont : *Christophe de Paris,* auteur de l'*Elucidarium chimicum ;* le roi de Castille, *Alphonse X,* auteur de la *Clef de sagesse,* qui fit publier les tables astronomiques qui portent son nom (*Tables alphonsines*) ; *Pierre d'Apono* ou d'*Albano,* médecin du pape Honorius, astrologue, dont les écrits renferment de nombreuses formules magiques de conjurations, et dont les grandes richesses furent attribuées à ses connaissances alchimiques ; *Alain de Lille*, le *docteur universel*, religieux de Cîteaux, qui écrivit sur la pierre philosophale, et dont on a rapporté la longévité remarquable à l'*Elixir des sages* qu'il avait inventé ; *Duns Scot*, le *docteur subtil* ; *Guidon de Montanor*, auteur de l'*Échelle des philosophes* ; *Jean de Méhung*, surnommé Clopinel, parce qu'il était boiteux, qui vécut à la cour de Philippe le Bel et qui acheva le *Roman de la Rose*, poëme commencé par Guillaume de Lorris, où l'on trouve deux chants consacrés à l'alchimie ; enfin, jusqu'au pape *Jean* XXII, qui écrivit en latin un *Traité de l'art transmutatoire* et qui, en même temps, lança une bulle contre les alchimistes ambulants qui abusaient de la crédulité publique.

D'autres hommes d'un véritable savoir figurent plus dignement, et à plus d'un titre, dans l'histoire alchimique de cette période. Tels sont : saint Thomas d'Aquin, Vincent de Beauvais, Arnauld de Villeneuve, Raymond Lulle, et dans le siècle suivant : Georges Ripley, Bernard de Trèves, Nicolas Flamel, Isaac de Hollande, Basile Valentin. Quelques-uns d'eux même représentent la majeure partie de la gloire scientifique de cette époque.

Saint Thomas d'Aquin (des comtes d'Aquino), né en 1227 dans le royaume de Naples, élève d'Albert le Grand, entra de bonne heure dans l'ordre des Dominicains, où ses connaissances en théologie lui valurent le surnom de *docteur angélique*. Indépendamment de ses nombreux écrits sur la philosophie religieuse, il laissa plusieurs ouvrages sur les sciences, en particulier sur l'alchimie, notamment un *Traité sur l'essence des minéraux*, un *Traité d'Alchimie* et un autre écrit intitulé : *Secreta alchimiæ magnalia*. Les détails qu'il donna sur la composition des pierres fines artificielles peuvent être regardés comme le point de départ de l'art si célèbre au moyen âge de fabriquer les vitraux colorés. Saint Thomas s'expliqua avec netteté sur plusieurs points de métallurgie, surtout sur les alliages. Il était pénétré du rôle important que l'air joue dans la combustion et les phénomènes de la vie. Bien qu'il figure parmi les alchimistes de cette époque, il ne fit jamais que de la chimie sérieuse et ne se mêla nullement de cabale ni d'astrologie.

VINCENT DE BEAUVAIS, dominicain, précepteur des enfants de Louis IX, mérita le surnom de Pline du moyen âge. On lui doit un vaste travail, qu'il entreprit par ordre de saint Louis ; c'est un résumé général de toutes les sciences alors enseignées dans les écoles de l'Université. Le *Speculum majus* contient le répertoire de tous les faits historiques, physiques, moraux et intellectuels acquis à son époque. Cette encyclopédie du XIIIe siècle est plus complète et plus méthodique que toutes celles qui l'avaient précédée. Elle est divisée en quatre parties. La première s'occupe des faits d'histoire naturelle connus, de physique et même d'alchimie ; la troisième partie a pour titre : *Miroir doctrinal* ou scientifique ; elle contient de nombreux emprunts faits à Aristote, à Boëce, à saint Bernard ; l'ouvrage entier offre un témoignage

éclatant du vaste savoir et de l'aptitude consciencieuse
de l'auteur pour les recherches de cette nature. Vincent de Beauvais ne pouvait pas échapper aux idées
dominantes de son temps, aussi son ouvrage contient-
il beaucoup de détails évidemment empreints des
erreurs du xiiie siècle ; mais on y trouve aussi des
preuves d'un esprit très-élevé et de la plus vaste érudition.

Le nom d'ARNAULD DE VILLENEUVE eut une plus
grande, sinon une plus juste célébrité. Il se nommait Arnauld de Bachuone, et il était provençal. Il
naquit vers 1240, à Villeneuve-Loubet, près de
Vence (1). Il fit ses premières études médicales à Aix,
puis à Paris, où il demeura dix ans. Il alla ensuite à
Montpellier, où il professa quelque temps la médecine. Son enseignement fit école, en ce qu'il s'é-
loigna dès le principe des doctrines des Arabes et
des Grecs du moyen âge, et qu'il se montra tout à fait
original. Arnauld fut bientôt signalé comme le premier médecin de l'Europe. « Mais il n'était pas dans
ses habitudes de demeurer où il n'avait plus rien
à apprendre. » Il quitta donc Montpellier pour aller
en Espagne. Il apprit la langue arabe et, en 1286, professa à Barcelone la médecine et la chimie avec un
tel succès, que Don Pedro III, roi d'Aragon, étant
tombé gravement malade, l'appela près de lui à Vil-

(1) Et non à Villanova en Catalogne, comme le disent la plupart des biographes, et ainsi que l'a fort bien démontré M. Oct.
Tessier, dans une *Notice* sur les hommes célèbre du Var. Toulon, 1858, in-18.

lefranche, en Catalogne ; mais Arnauld ne put le
sauver. Il alla ensuite en Italie, où il s'occupa beaucoup d'alchimie et de transmutation. Comme la
plupart des théologiens de cette époque se mêlaient
d'alchimie, Arnauld voulut aussi s'immiscer dans les
questions de théologie, et les opinions qu'il émit lui
firent encourir la censure ecclésiastique. Excom-
munié par l'évêque de Tarragone, il vint à Paris, où
il fut également accusé de sorcellerie, ce qui le détermina à se retirer à Montpellier. Il y devint régent
de la faculté de médecine. Il voyagea ensuite en
Italie, en Sicile, et se mit sous la protection de
Fréderic II, qui le combla de bienfaits. Jacques II,
d'Aragon, l'employa dans une mission diplomatique
auprès du saint-siége. Le pape Clément V, atteint
de la pierre, ayant réclamé ses soins, Arnauld s'embarqua pour Avignon ; mais le vaisseau qui le portait
ayant fait naufrage, il périt pendant la traversée.

C'est à tort que l'on attribue à Arnauld de Villeneuve la découverte des acides minéraux, de la distillation de l'eau-de-vie et de l'essence de térébenthine. Tous ces produits étaient connus longtemps
avant son époque. Toutefois, il paraît avoir appelé
particulièrement l'attention sur l'emploi de l'eau-de-
vie en médecine, et il donna la formule de plusieurs
médicaments alcooliques. Son *Traité de la pierre
philosophale* et son *Speculum alchimiæ* ne renferment
que les principes ordinaires des alchimistes sur le
grand œuvre. *Le Rosaire des philosophes*, l'un de ses
principaux ouvrages, est plein de divagations du

même genre. Son Traité : *De sigillis* est un mélange
d'astrologie et d'alchimie, rempli des idées du temps
sur l'influence des astres, les formules mystiques et
les conjurations. Il y décrit les cachets, les amulettes
magiques qu'il préconise comme tout aussi efficaces
que les médicaments. Il en est de même de son traité
intitulé : *Pratique sommaire*, où il donne sérieusement les moyens de préparer des philtres contre les
enchantements et les maléfices ; et, ce qu'il y a de
curieux, c'est qu'il dédia ce traité au pape Clément V. Son ouvrage, intitulé : *La Fleur des fleurs*
(*Flos florum*), traite de la composition élémentaire
des corps. Les éléments d'Arnauld de Villeneuve sont
toujours le soufre, le mercure, l'arsenic et le sel
ammoniac. Il y compare l'âme humaine à un ferment
qui anime le corps, rapprochement entre les corps
minéraux et la nature vivante assez familier aux alchimistes et qui remontait à l'école d'Alexandrie.
Enfin, on a encore de lui plusieurs écrits relatifs à la
médecine, entre autres un commentaire des préceptes de l'école de Salerne, qu'il publia à Naples, vers
la fin de sa vie.

Si Arnauld de Villeneuve ne fut pas un illuminé de
bonne foi, il eut au moins le tort d'exploiter largement la crédulité de ses contemporains. Comme savant, il est certainement au-dessous de la réputation
dont il a joui. Tous ses ouvrages sont écrits d'un style
symbolique, obscur, pédantesque, et, s'il est vrai
qu'ils contiennent le résumé de toutes les connaissances de son époque, on chercherait en vain parmi

cette multitude de faits et de détails ceux qui lui appartiennent en propre et constituent son patrimoine de savant.

La vie de RAYMOND LULLE fut extrêmement agitée, aventureuse et offre un intérêt tout à fait dramatique. Né à Palma, dans l'île de Majorque (1235), il passa ses premières années à la cour de Jacques Ier d'Aragon, où il avait un emploi. Cette première époque de sa vie fut remplie par des événements assez romanesques. On raconte qu'épris d'une dame espagnole, il la suivit à cheval jusque dans une église pour s'en faire remarquer. Cette dame, pour mettre fin à ses poursuites, lui apprit qu'elle était rongée par un cancer. Raymond Lulle, revenu à lui-même, renonça au monde, prit l'habit de Saint-François et conçut l'idée d'une croisade ayant pour but de convertir les infidèles par la prédication. Il étudia la théologie, les langues orientales et écrivit un grand ouvrage intitulé : *l'Art universel* (*Ars magna*) (1). Il se mit ensuite à parcourir les principaux États de l'Europe, afin d'intéresser les souverains à son entreprise. Jacques II fit examiner sa doctrine et autorisa

---

(1) Cet *art* consistait surtout à savoir donner à chaque chose un attribut positif et un attribut négatif qu'il fallait apprendre par cœur. Il rassembla tous ces attributs et les rangea dans un certain nombre de classes qu'il désigna chacune par les lettres de l'alphabet. On avait fait courir le bruit qu'il était un très-habile alchimiste et que, pendant son séjour à Londres, il avait converti, pour le roi Édouard, une masse de 50,000 livres de mercure en excellent or. C'est avec cet or que l'on frappa, ajoutait-on, les pièces connues sous le nom de *nobles à la rose*.

la fondation, à Majorque, d'un collége de frères mineurs pour l'enseignement des langues orientales et
de la méthode de Raymond Lulle. Le pape Jean XXI
confirma cette institution.

Raymond avait à son service un Arabe qui, voyant
son maître prêt à combattre la loi de Mahomet, tenta
de le poignarder ; mais Raymond le désarma et partit
ensuite pour Rome, afin d'intéresser à ses projets le
nouveau pape Honorius IV. Celui-ci étant mort, Raymond Lulle vint à Paris, où il suivit les leçons d'Arnauld de Villeneuve, puis il alla à Montpellier où il
retrouva son maître, et se mit à professer sa méthode
simplifiée. En quelques années il parvint à fonder en
France, en Italie et en Espagne plusieurs colléges
pour l'étude de ce qu'il appelle son *grand art*. Il
alla ensuite à Gênes, puis à Rome ; mais, n'ayant pu
obtenir du pape les moyens d'accomplir le dessein
qu'il méditait, il résolut d'y travailler avec ses propres
ressources. Il fit successivement dans ce but trois
voyages en Afrique. Dans le premier, il se rendit à
Tunis ; dans le second, à Bone et à Alger, où il obtint
quelques succès et réussit à convertir plusieurs philosophes de l'école d'Averrhoës, mais non sans courir
des dangers sérieux. Arrêté et banni comme pertur-
bateur, il s'embarque sur un bateau génois, qui fait
naufrage devant Pise. Échappé à tous ces périls, il va
à Paris et à Vienne demander de nouveaux secours.
Enfin, à l'âge de quatre-vingts ans, il fait un troisième
voyage en Afrique, il visite Alger, Tunis, Bone, Bougie,
où il prêche sa croisade sur les places publiques. Les

habitants irrités se soulèvent contre lui, le poursuivent à coups de pierres jusqu'au bord de la mer, et le laissent pour mort sur le rivage. Des marchands génois le recueillent sur leur navire et l'emmènent à Majorque, où il meurt en arrivant.

On conçoit difficilement comment, à travers tant d'événements étranges, Raymond Lulle ait pu écrire les nombreux ouvrages qu'on lui attribue. A la vérité, la plupart de ces écrits sont apocryphes, mais il en reste encore beaucoup qu'on ne saurait lui contester. Outre les ouvrages de théologie qui se rapportent à ses projets de croisade pacifique, il a laissé un grand nombre d'écrits relatifs à l'alchimie ; tels sont : l'*Ars magna*, l'*Ars brevis*, le *Compendium artis alchimiæ*, ses *Contemplations*, l'*Art général*, le livre des *Douze principes*, enfin le *Testamentum* et le *Testamentum novissimum*. On a cherché à expliquer cette fécondité en supposant qu'il avait existé deux Raymond Lulle, l'un théologien et l'autre alchimiste ; mais rien ne prouve la réalité de cette allégation.

« Parmi les alchimistes, dit M. Dumas, Raymond Lulle a fait école et l'on peut dire qu'il a donné une direction utile. En cherchant la pierre philosophale par la voie humide, et en employant la distillation comme moyen, il a fixé l'attention sur les produits volatils de la décomposition des corps (1). »

On a attribué à Raymond Lulle, comme à Arnauld de Villeneuve, plusieurs découvertes qui sont évi-

(1) *Philosophie chimique*, p. 29.

demment antérieures à son époque. Sa réputation
comme chimiste est d'ailleurs peu justifiée par ses
ouvrages. Il reconnaît, avec tous ses contemporains,
le soufre et le mercure comme les éléments des métaux ; il croit à la pierre philosophale ; il admet les
notions spéculatives les plus bizarres, les figures de
la cabale, les formules mystiques fondées sur les
combinaisons des lettres de l'alphabet. Son style est
obscur, incorrect, prétentieux. Il paraît néanmoins
avoir joui d'une grande célébrité, car sa doctrine fut
quelque temps enseignée dans toutes les écoles, et il
est cité avec de grands éloges par la plupart des alchimistes des siècles suivants.

IV.

Après Raymond Lulle et durant les deux siècles
suivants, l'alchimie continua de régner dans la
science ; mais elle commença à changer de forme et
s'effaça peu à peu devant les admirables découvertes
qui signalèrent cette période. Ces découvertes peuvent être regardées comme le véritable point de départ de la civilisation moderne, car elles lui impri-
mèrent dès lors une direction entièrement nouvelle
et féconde. Les faits sur lesquels elles reposent n'é-
taient pas complétement ignorés dans les siècles précédents, mais ils n'avaient encore reçu aucune application positive et générale. Ainsi l'invention de la
Poudre à canon ne date réellement que de l'époque
où on l'employa dans l'art de la guerre, comme la

direction de l'*Aiguille aimantée* ne devint un fait capital qu'au moment où on l'appliqua à la navigation. Les Chinois connaissaient, dit-on, depuis 2,000 ans, un mélange explosif dont ils faisaient usage dans leurs fêtes, comme nous faisons pour nos feux d'artifice. Les Romains avaient employé des matières inflammables pour incendier les flottes et les villes ennemies. Marcus Græcus, au VIII° siècle, avait fait connaître la poudre détonnante composée de soufre, de charbon et de salpêtre; mais c'est seulement au XIII° siècle et au commencement du XIV° siècle que Roger Bacon, Albert le Grand et Berthold Schwarz, bénédictin de Fribourg en Brisgau, en firent connaître toutes les propriétés et qu'elle fut appliquée à la tactique.

Le *Papier* de chiffons, inventé à Bâle vers la fin du XIII° siècle, avait été précédé par le papier de coton, dont la fabrication fut portée en Allemagne par des Grecs, chez qui il était connu depuis plus de trois cents ans. Le *Parchemin*, qui avait presque partout remplacé le papyrus, était devenu si rare, que, dans plusieurs couvents, les moines s'étaient mis à gratter les anciens manuscrits pour y copier des missels ou des antiphonaires, détruisant ainsi de précieux monuments de la science et de la littérature antiques. D'autres assurent que le papier de coton parvint en Europe à l'époque de Marco Polo, qui l'apporta de la Chine. Les Arabes, dès le VIII° siècle, le fabriquaient à la Mecque et l'expédiaient en Espagne sous le nom de *pergamino di pogno*. Quoi qu'il en soit, les premières papeteries de chiffons s'établirent en France vers 1312, et en Angleterre à la fin du même siècle. Le plus ancien manuscrit connu, sur papier de chiffons, porte la date de 1318.

L'invention des *Lunettes* remonte, ainsi que nous l'avons vu, à Roger Bacon. On l'a également attribuée à Alexandre *Spina*, de Pise, qui mourut en 1313, ainsi qu'au Florentin *Salvino degli armati* (1285). On n'a pas assez remarqué combien cette découverte avait accru l'étendue de la vie intellectuelle, en permettant aux hommes lettrés de prolonger leurs travaux au delà du terme ordinaire où l'affaiblissement de la vue empêche de lire et d'étudier. Au XVIᵉ siècle, l'invention de la *Lunette d'approche* et des instrument d'optique donna, sous les mains de Galilée, un nouvel et plus vif élan aux recherches astronomiques, ainsi qu'aux observations d'histoire naturelle.

Mais la plus importante de toutes les découvertes de cette période fut celle de la *Boussole.* La propriété que possède l'aimant d'attirer le fer était connue des anciens, car elle est mentionnée par Platon et par Aristote. Celle que possède l'aiguille aimantée de se diriger vers le pôle fut remarquée en Europe dès le XIᵉ siècle. On assure que, de temps immémorial, elle était, chez les Chinois, appliquée à la navigation, et que la connaissance en fut rapportée de la Chine par Marco Polo, vers 1260. Quoi qu'il en soit, les pilotes français de la Méditerranée en faisaient usage dès le commencement du XIIᵉ siècle, sous le nom de *Marinette,* ainsi que le témoignent les vers souvent cités de

Guiot de Provins, poëte de cette époque (1). Les Anglais l'appelèrent longtemps *Mariner's compass*. Ce n'était d'abord qu'une aiguille aimantée, fixée sur un morceau de liége que l'on plaçait sur l'eau. La marinette ne prit le nom de *Boussole* (de l'italien *bossolo,* boîte), que lorsque *Flavio Gioïa*, d'Amalfi, dans le royaume de Naples, imagina de suspendre l'aiguille sur un pivot, et de placer tout l'appareil dans une boîte. Par la suite, on suspendit la boîte elle-même, pour la soustraire à l'agitation de la mer, et après avoir fixé le pivot au centre d'une *rose des vents*.

La boussole contribua plus que tous les efforts des siècles précédents à perfectionner et à étendre la navigation. Elle permit aux pilotes de perdre de vue les rivages et de se lancer en pleine mer, même sans le secours des étoiles. Son emploi devint général dès la fin du XIVe siècle. Les Portugais furent les premiers à en faire l'application aux voyages de découvertes.

L'invention de la poudre avait opéré une révolution dans l'art des combats. Elle ôta à la guerre son caractère de fureur personnelle ; la vigueur et l'adresse des combattants ne décidèrent plus la victoire. Elle renversa la face du vieux continent, en mettant un terme à l'anarchie féodale, et établit entre les puissances une égalité de forces qui rendit les guerres moins cruelles. L'invention du papier, en multipliant les moyens de propagation de la pensée, donna une

(1)   Par vertu de la marinette,
            Une pierre laide et noirette,
            Où li fers volontiers se joint, etc.

nouvelle impulsion à l'intelligence, et appela la découverte de l'Imprimerie ; celle des lunettes avait
étendu le champ de l'étude et fourni aux sciences de
nouveaux moyens d'observation ; l'invention de la
boussole amena le renouvellement de la marine, ouvrit de nouvelles routes au génie aventureux, contribua aux progrès de l'astronomie, de l'art nautique,
de la géographie, et prépara la découverte du nouveau monde, qui donna une si vive impulsion à l'histoire naturelle.

A côté de ces découvertes capitales se placent, durant la même période, une foule d'autres inventions
qui accrurent les commodités de la vie et servirent
de préludes à de nouveaux perfectionnements. Les
voyages, les guerres, tout le mouvement matériel et
moral qui accompagna les croisades avait éveillé de
toutes parts l'intelligence et le génie. On avait rapporté d'Orient des machines ingénieuses, de nouveaux ustensiles, l'idée de quelques arts jusqu'alors
inconnus, des médicaments précieux d'origine in-
dienne, le maïs, le ver à soie, les moulins à vent, connaissances scientifiques dérobées aux Sarrasins, conquêtes plus précieuses que de stériles victoires, et
qui avaient ouvert de nouvelles voies à la civilisation.

La *Canne à sucre*, d'abord cultivée en Nubie, en
Arabie et en Égypte, passa en Sicile, en Portugal,
et l'usage du sucre commença à se répandre dans
toute l'Europe. Les Grecs et les Romains l'avaient
connue sous le nom de *miel de roseau* ou *sel indien*.
Paul d'Égine en avait fait mention dès le VIIe siècle ;

mais c'est seulement au XIVe et au XVe siècle que la canne fut cultivée aux îles Canaries, à Saint-Thomas et dans la Guinée (1).

La découverte de la *Houille*, que les Liégeois s'attribuent, eut lieu à la même époque. L'exploitation en était déjà si active en 1380, que les bouilleurs composaient la majeure partie de l'armée liégeoise. L'usage des tapisseries, des toiles peintes, des vêtements de soie se répandit généralement, ainsi que l'emploi du linge de chanvre, des chapeaux de feutre, des chandelles de suif, des miroirs de verre étamé, des ustensiles de faïence et de verre. L'industrie, le commerce, mais surtout la médecine et l'hygiène trouvèrent dans toutes ces inventions des sources de développement aussi nouvelles que fécondes.

Arnauld de Villeneuve et Raymond Lulle terminent la période de la chimie philosophique ou des idéalistes. A cette période succéda celle des chimistes, qui commencèrent à entrer dans une voie différente, en s'occupant surtout des applications de cette science à la médecine. Nous nous bornerons, afin de lier cette période à celle du XVIe siècle, à

---

(1) Suivant M. Hoefer, on trouve, dans un mauvais manuscrit de la bibliothèque impériale de Paris, un traité contenant tout ce qui se rapporte au raffinage du sucre. C'est la traduction d'un ouvrage attribué à Bartholomée l'Anglais (1372), due à frère Jean Corbechon, de l'ordre de Saint-Augustin. Ce manuscrit, qui n'a jamais été imprimé, renferme tous les détails sur la concentration du suc de roseaux d'Égypte, l'épuration, la cristallisation du sucre, la séparation du sucre non cristallisable des matières étrangères, etc. Cette opération remonterait ainsi au XIVe siècle.

parcourir rapidement la longue série des alchimistes
de ces deux siècles, en nous arrêtant néanmoins sur
les noms qui nous semblent les plus dignes d'intérêt.

Ainsi l'histoire de la science gardera peu de souvenir de *Thaddée* de Florence, auteur du *Régime de
santé ;* de *Gilbert* d'Angleterre, de *Jean de Saint-
Amand,* de *Gentilis,* de Forligno, qui s'occupèrent
principalement de la préparation des médicaments
chimiques, bien qu'ils aient avancé l'art de la distillation et la préparation des eaux spiritueuses. Il en
est de même de *Pierre de Tolède,* auteur du *Rosaire
des philosophes,* de *Jean Cremer,* abbé de Westmins-
ter, disciple de Raymond Lulle, de *Pierre Lebon,* le
Lombard, auteur de la *Perle précieuse* (M argarita
pretiosa), de *Richard* l'Anglais, de *Guillaume,* évêque de Paris, d'*Ortholain,* qui, dans sa *Practica Alchi-
mica,* fait jouer un rôle important, dans les opérations chimiques, aux saisons, aux planètes et aux
signes du zodiaque. Parmi eux pourtant se distingue
Georges Ripley, chanoine de Bridlington, en Angleterre, qui voyagea en Italie et devint maître des céré-
monies du pape Innocent VIII. On a dit qu'il avait
pratiqué l'alchimie avec tant de succès, qu'il put
avancer aux chevaliers de Jérusalem des sommes
considérables pour la défense de Rhodes, assiégé
par les Turcs, sous le commandement de Mahomet II.
Son livre des *Douze Portes* (opérations) est chargé
d'allégories et d'images inintelligibles en apparence,
mais dont la chimie sérieuse peut néanmoins se
rendre compte jusqu'à certain point. Il faut joindre

à cette liste *Bernard* de Trèves, que l'on ne doit pas confondre avec le comte Bernard le Trévisan, auteur d'une *chrestomathie alchimique ;* Jean de *Rochetaillade,* dont le principal ouvrage a pour titre : *Liber levis ;* l'Anglais *Bartholomée,* qui composa un traité remarquable intitulé : *De rerum proprietatibus,* dans lequel il est non-seulement question d'alchimie, mais de plusieurs autres branches des sciences naturelles : ouvrage précieux qui fut publié sous le règne et par le commandement du roi Charles VII.

On doit donner plus d'attention à un homme qui a joué un certain rôle à la fin du quatorzième siècle : *Nicolas Flamel,* né à Pontoise, d'abord écrivain public et dont la fortune s'éleva à un degré considérable, grâce, a-t-on dit, à la découverte qu'il avait faite de la pierre philosophale. Il paraît néanmoins qu'il avait gagné beaucoup d'argent avec les juifs, alors persécutés et forcés d'abandonner la plus grande partie de leurs richesses. Il raconte dans l'un de ses écrits qu'il a puisé ses connaissances dans un manuscrit acheté d'un juif obligé de fuir. Cette histoire pourrait bien n'être autre chose qu'une allégorie par laquelle il rappelait, à mots couverts, l'origine de sa fortune. Nicolas Flamel fit du reste un généreux emploi de ses richesses ; il fonda plusieurs hôpitaux, fit construire ou achever plusieurs églises et laissa divers écrits de philosophie hermétique. On pense que ces écrits avaient moins pour objet d'avancer la science que de dissimuler la véritable source des richesses qu'il possédait.

Les recherches de la cabale et de la magie se multiplièrent, le nombre des adeptes augmenta encore sous le règne de Charles VI, ce dont on ne doit pas s'étonner quand on sait que ce malheureux prince, déjà en proie à une maladie mentale, publia lui-même sur ce sujet un ouvrage ayant pour titre : *Trésor de philosophie.* On a cru remarquer que le style de cet écrit avait les plus grands rapports avec celui des ouvrages de Nicolas Flamel, auxquels d'ailleurs il a été réuni, ce qui autorise à penser qu'il est sorti de la même source.

Au commencement du XVe siècle on trouve d'abord le comte *Bernard le Trévisan* qui, dans son *Opuscule très-excellent de la vraye philosophie naturelle*, raconte naïvement les tribulations de sa vie d'alchimiste, ses travaux, ses dépenses, ses voyages et le peu de succès de ses premières tentatives. Mais enfin il déclare qu'il a trouvé le véritable secret des philosophes et il semble tout prêt à le révéler. Malheureusement, ce secret est enveloppé dans une sorte de parabole, où les métaux et les réactifs interviennent sucessivement sous le nom des étoiles ou des planètes, et qui, au demeurant, n'est qu'une allégorie tout à fait inintelligible. Dans un autre de ses écrits : *De Chimico miraculo*, etc., on trouve une théorie de la chaleur solaire assez ingénieuse, qui se rapproche du système des ondulations.

C'est à la même époque que se rapportent les écrits de *Eck de Sulzbach*, qui démontra le premier que les métaux augmentent de poids quand on les calcine,

et qui attribua cette augmentation à l'union d'un
esprit au corps du métal : ce qui le prouve, dit-il,
c'est que le cinabre artificiel (oxyde rouge de mercure), soumis à la distillation, dégage un esprit. Il y
a dans ce peu de mots la découverte tout entière de
l'oxygène, qu'il ne s'agissait plus que de rendre évi-
dente par l'expérience et par le calcul, comme l'ont
fait, trois cents ans plus tard, les chimistes du
XVIIIe siècle. Il règne une plus grande incertitude de
date à l'égard des deux *Isaac*, alchimistes de Hollande, que l'on suppose le père et le fils. Ils connurent l'ammoniaque (esprit d'urine), les pierres précieuses artificielles, un produit distillé, lequel n'est
autre chose que l'éther acétique, et enfin un sel cristallisé retiré des urines, qui les avait mis sur la voie
de la découverte du phosphore. On leur doit des écrits
dont les chimistes du siècle suivant ont largement
profité.

Un nom beaucoup plus célèbre est celui de BASILE
VALENTIN, bien que l'on n'ait sur l'existence de ce personnage que des données fort peu authentiques. On
a même répandu sur sa vie tant de fables et de récits contradictoires, que l'on a cru devoir en conclure qu'il n'avait jamais existé. Son nom, formé de
deux mots, l'un grec et l'autre latin, qui signifient
Roi puissant, fait du moins supposer que quelque
adepte a voulu se cacher sous ce pseudonyme. Des
biographes ont avancé qu'il vivait dans le XIIe siècle,
d'autres dans le quatorzième ou le quinzième. La
date de ses ouvrages n'est pas plus certaine; mais

comme il indique le premier l'emploi thérapeutique
du mercure, dont l'usage ne se répandit qu'au commencement du XVIe siècle, on en a conclu qu'il flo-
rissait dans le cours du siècle précédent. On a dit
qu'il était bénédictin à Erfurt ; mais Boerhaave a
prouvé qu'il n'y avait jamais eu à Erfurt de couvent
de bénédictins. On prétend que, lorsqu'il travaillait
sur le minéral que les Latins nommaient *stibium*, des
porcs, ayant avalé quelques fragments de cette substance, éprouvèrent une forte évacuation et engraissè-
rent prodigieusement ; que Basile Valentin ayant
voulu, par le même moyen, rendre l'embonpoint
aux religieux de son monastère, ceux-ci périrent
tous, ce qui valut à ce nouveau remède le nom d'*antimoine*, qui lui est resté (1). Enfin l'on ajoute que ses
écrits ne furent découverts qu'après sa mort, enfer-
més dans une colonne de l'église d'Erfurt, qui s'ouvrit tout à coup. On avait dit pareille chose à l'occasion des maîtres de l'art sacré.

Quel que soit l'alchimiste qui s'est caché sous le
nom de Basile Valentin, son premier titre à la célébrité consiste dans ses travaux sur l'antimoine, con-
signés dans un traité intitulé : *Currus triumphalis an-
timonii*. Il appelle ce métal l'une des merveilles du
monde ; il le regarde comme la source de la richesse
et de la santé, car il guérit, dit-il, la plupart des maladies et sert à purifier l'or ainsi que le corps hu-

(1) On a dit aussi que le mot *antimoine* était formé de deux
mots grecs, ἀντί et μόνος, qui signifieraient que ce métal ne se
trouve jamais isolé dans les minerais qui le contiennent.

main. Il en décrit les principales préparations encore
en usage aujourd'hui, et c'est sur l'autorité de son
nom que s'appuya la vogue dont elles jouirent dans le
siècle suivant ; mais leur succès ne tarda pas à être
balancé par de nombreux revers, au point que la Faculté de Paris se vit obligée d'en proscrire l'usage,
ou, pour mieux dire, l'abus.

Mais ce n'est pas là que se bornent les services que
Basile Valentin rendit à la chimie. On trouve dans
ses autres écrits une multitude de faits nouveaux ou
jusque-là mal observés. On lui doit la préparation de
l'esprit de sel (acide chlorhydrique), l'extraction des
métaux par la voie humide, l'eau-de-vie retirée de
la bière, la préparation de l'or fulminant, des sels de
fer, de cuivre, de plomb, de mercure. Il parle l'un
des premiers du bismuth, qu'il regarde comme une
altération de l'étain. Il préconise l'emploi des bains
minéraux artificiels dans les maladies de la peau ; il
dit que la composition des eaux minérales peut gui-
der dans la recherche des mines. Il montre que l'air
est indispensable aux animaux et même aux poissons, car ceux-ci périssent d'asphyxie dans les étangs
couverts de glace. Il compare l'air irrespirable des
souterrains à celui qui se dégage des raisins en fer-
mentation ; il étudie les propriétés chimiques et vé-
néneuses de l'arsenic ; il perfectionne la préparation
des acides minéraux. Il cite l'essence agréable obtenue par l'action des acides sur l'acool (*éthers*). Il
améliore enfin les procédés distillatoires par l'addi-
tion du serpentin, et parle de l'éolipyle, ainsi que de

la lampe à alcool. Les ouvrages de Basile Valentin sont un résumé complet de tous les moyens employés par la chimie jusqu'à l'époque de Boerhaave. On y trouve les premiers développements des doctrines alchimiques des Arabes; les trois principes universels : le sel, le soufre et le mercure ; le premier, comme type de la solubilité, le second, de la combustibilité, et le troisième, de la propriété métallique. Ces théories sont mêlées de métaphores, d'allégories, et souvent couvertes d'osbcurité mystique. Basile Valentin croit à la transmutation ; il parle sérieusement, dans son *Traité du soufre, du vitriol et de l'aimant*, des moyens de faire de l'or. Ses ouvrages, écrits en latin ou bien en haut saxon, n'ont été imprimés qu'au XVIIe siècle. La première édition du *Currus triumphalis* est de 1624. Paracelse, Van Helmont et tous les chimistes du siècle suivant y puisèrent une foule de faits nouveaux et d'idées fécondes, qui les mirent sur la voie des recherches dont à leur tour ils enrichirent la science.

On range encore parmi les alchimistes du même siècle le célèbre argentier du roi Charles VII, *Jacques Cœur*, qui passa pour avoir acquis ses immenses richesses à l'aide de la pierre philosophale. Il était fils d'un orfévre de Bourges. Il devint maître de la monnaie de cette ville, et s'enrichit au point de pouvoir prêter au roi 200,000 écus d'or pour l'aider à reprendre la Normandie sur les Anglais. Tant de fortune ayant excité l'envie, il fut accusé d'une foule de crimes absurdes, condamné à l'amende, au bannissement et à

la confiscation. Ce qui avait contribué à le faire soupçonner de magie, c'est que son hôtel de Bourges, qui
existe encore, était couvert de signes et de caractères
cabalistiques. On alla jusqu'à l'accuser d'avoir em-
poisonné Agnès Sorel.

Nous aurions encore à citer l'abbé *Tritheim*, qui vécut à la cour de l'empereur Maximilien, auquel, dit-on,
il fit revoir et même toucher Marie de Bourgogne, sa
première femme, après sa mort; Philippe *Usted*, de Nuremberg, qui imagina l'or potable et laissa un ouvrage
assez élégamment écrit, intitulé : *Le ciel des philosophes*, où l'on trouve un traité complet de l'art distillatoire; enfin Aurelio *Augurello*, auteur d'un poëme
ayant pour titre : *La Chrysopée*, dédié à Léon X. Le
pape, pour l'en remercier, lui envoya une bourse
vide; aussi mourut-il pauvre et fort âgé, après avoir
abandonné l'alchimie pour l'étude des belles-lettres.

Mais hâtons-nous de fermer cette liste déjà trop
étendue et cette période scientifique, intéressante à
plusieurs points de vue, surtout parce qu'elle prépara
l'essor de la *renaissance;* époque durant laquelle la
science fit quelques pas plus hardis, mais qui ne fut
elle-même que le prélude de l'avénement de la *méthode*, à laquelle nous devons les immenses progrès
des siècles suivants et ceux qui, de nos jours, caractérisent le savoir moderne.

L'alchimie n'est plus aujourd'hui pour le philosophe, pour l'historien, un sujet banal de sarcasmes
et de ridicules. Sans doute les efforts de quelques
adeptes ont eu trop souvent pour mobile de mau-

vaises passions : la cupidité, l'avarice, la fausse
gloire; ils se sont appuyés sur la fraude et le men-
songe, livrant les fous et les crédules en proie aux
charlatans et aux fourbes. Mais, à côté des misérables, qui souvent s'abusaient eux-mêmes en cherchant à entraîner les autres, on trouve aussi beaucoup
d'hommes de bonne foi, des savants réels, laborieux,
sincères, parfois doués d'un véritable génie. Leurs
croyances et leur logique étaient conformes à l'esprit de leur temps, comme les doctrines actuelles
sont empreintes des opinions dominantes de notre
âge. En parcourant à ce point de vue les écrits des
alchimistes, on est frappé malgré soi de la pureté
de leurs sentiments, de la simplicité de leurs mœurs,
de leur soumission à la Providence. Les vues les plus
profondes s'y mêlent, il est vrai, aux idées les plus
extravagantes, les vérités les plus sublimes aboutis-
sent quelquefois aux déductions les plus étranges;
mais ce contraste étonnant de superstition et de philosophie, de perspicacité et d'ignorance porte le plus
souvent à les admirer et à les plaindre. Quelles que
soient la singularité de leurs conceptions et la bizarrerie de leurs actes, on ne peut s'empêcher de rendre
justice à tant de persévérance et de courage, à tant
de patience et de résignation. Ce qu'il y a de singulier, c'est qu'ils révélaient sans détour et sans réserve
d'utiles découvertes auxquelles ils n'attachaient aucune importance, parce qu'elles ne devaient pas
servir à leur objet, et qu'ils déguisaient avec obstina-
tion des recherches sans solution possible, ou bien

qui les eussent conduits infailliblement à la ruine et aux supplices. Après tout, n'est-ce pas sur cette base informe que reposent en grande partie les données qui constituent l'édifice de la science moderne ?

« Insensés ou sublimes, comme l'a dit M. Figuier, ils sont nos véritables aïeux. Si l'alchimie n'a pas trouvé ce qu'elle cherchait, elle a trouvé ce qu'elle ne cherchait pas ; si elle a échoué dans ses longs efforts pour la recherche de la pierre philosophale, elle a trouvé la chimie, et cette conquête est autrement précieuse que le vain arcane tantpoursuivi par la passion de nos pères. »

Qui pourrait dire, en effet, tout ce que les sciences positives doivent à ces recherches, à ces illusions, si l'on veut, dont on a tant exagéré la vanité et l'impuissance ? Si la chimie est sortie en très-grande partie de l'art spagirique, la chémiatrie a donné naissance à la thérapeutique moderne, comme l'astrologie judiciaire a servi parfois aux progrès de l'astronomie, les calculs fantastiques à ceux de l'algèbre, comme l'histoire naturelle elle-même doit une multitude de faits importants aux recherches de la magie (1). L'histoire de l'alchimie touche profondément, comme on voit, à celle de la philosophie et à l'étude psychologique de l'homme.

Ajoutons que l'histoire de l'alchimie est liée in-

_____

(1) « Gardons-nous de mépriser l'héritage de nos pères ; ils ont « obscurément et péniblement défriché la terre qui porte pour nous « de riches moissons.»(Planchon: *De la pharmacie à Montpellier*, p. 26.)

timement avec l'histoire générale du moyen âge, qu'elle résume tout le caractère, les tendances, les habitudes morales, les caprices, les fautes, les conquêtes de l'intelligence pendant cette période. Philosophes, moines, savants, poëtes, médecins, prélats, monarques, tout ce qui touchait au savoir s'occupait alors d'alchimie, en sorte que les nombreux personnages dont elle rassemble les portraits reflètent avec exactitude toute la physionomie intellectuelle de l'époque. Les plus illustres, les plus avancés conservent l'empreinte des idées régnantes de leur siècle, et donnent ainsi le spectacle d'une lutte incessante entre l'erreur accréditée et les premiers triomphes du vrai. Ainsi, Roger Bacon, savant profond, modeste et désintéressé s'y montre partout soumis à l'influence des idées mystiques ; Raymond Lulle est à la fois l'apôtre des connaissances occultes et de la foi religieuse ; Albert le Grand, d'un savoir si universel, n'est pas indifférent à la vanité de passer pour magicien ; Paracelse, thaumaturge orgueilleux, affecte de n'attacher aucun prix aux richesses ; Képler, si supérieur aux illusions de l'astrologie, ne se soustrait pas complétement à l'illuminisme ; F. Bacon croit aux recettes propres à prolonger la vie ; Van Helmont, théosophe sincère et bienveillant, ne peut s'arracher aux liens de l'école alchimique ; Descartes s'affilie secrètement aux Rosecroix ; Leibnitz n'est pas éloigné d'ajouter foi à la transmutation ; tandis que Robert Boyle, noble et généreux envers la science, se dégage nettement, et

le premier peut-être, des étreintes du spagirisme.
Étude féconde autant qu'elle est consolante, car
plus on avance vers les siècles qui se rapprochent du
nôtre, plus la science prend un caractère d'élévation,
de désintéressement et de sincérité.

Quel que soit le mérite réel, positif des hommes
qui ont joué un certain rôle dans l'histoire scientifique, il est toujours utile de les étudier, d'approfondir leurs systèmes, et d'examiner leur influence,
qui fut elle-même un grand événement. Déception ou
trait de génie, leur pensée a agité les esprits, elle
a mis en mouvement l'intelligence, elle a fait faire
un pas quelconque au savoir, car on sait qu'une
erreur reconnue est presque l'égale d'une vérité découverte. Lorsqu'on écrit l'histoire des sophistes qui
ont égaré la raison humaine, on travaille donc évidemment à nous mettre en garde contre de pareilles
surprises. Qui sait si, pour arriver au point de rectitude des idées modernes sur les sciences, il ne fallait pas nécessairement traverser une zone de men-
songes, de fausses théories, et s'il n'est pas dans la
destinée de notre nature de n'arriver à la lumière et
à la vérité qu'en passant par les ténèbres et l'erreur?

DISCOURS

DISCOURS DE RÉCEPTION

Prononcé à l'Académie royale des sciences, belles-lettres et arts de Lyon, dans la séance publique du 13 septembre 1827.

MESSIEURS,

Deux années presque entières se sont déjà écoulées, depuis que vos suffrages ont daigné m'ouvrir les portes de cette enceinte, et c'est seulement aujourd'hui qu'il m'est permis de vous offrir un témoignage public de ma vive reconnaissance. Au sentiment profond de la faveur que vous m'avez accordée s'unit déjà dans mon âme le souvenir des moments précieux que j'ai passés au milieu de vous ; le devoir dont je viens m'acquitter était depuis longtemps un besoin pour mon cœur : je ne croirais donc point ajouter à la sincérité de mon hommage par les expressions d'une modestie toujours suspecte et par un vain appel à votre bienveillante indulgence. J'ai vivement désiré vous appartenir : quiconque se sent ému par tout ce qui est grand et utile ne saurait être insensible à l'honneur de faire partie d'un corps illustre, l'élite des hommes éclairés que renferme une cité vaste et célèbre. Un zèle ardent pour tout ce qui se rattache

3 2

au noble but de votre institution, au perfectionnement de l'ordre social, au développement, à la gloire
de l'esprit humain, suffirait-il pour être admis à partager vos travaux? Ce zèle, Messieurs, j'en suis animé ;
c'est là du moins mon premier titre au choix honorable dont vous m'avez rendu l'objet.

Voué à l'exercice de l'une de ces professions que
Virgile trouvait *muettes et sans gloire*, et qui, aux yeux
du commun des hommes, n'a guère que le mérite
d'être utile, j'ai dû paraître bien téméraire d'ambi-
tionner l'honneur d'occuper une place parmi vous.
Mais vous saviez, Messieurs, que des trois branches
de l'art divin d'Hippocrate, cette profession est celle
qui se lie le plus étroitement à l'étude des sciences
physiques et naturelles; que l'une de ces sciences,
dont les nombreuses applications surpassent chaque
jour les découvertes brillantes, la chimie est sortie
tout entière des laboratoires pharmaceutiques; vous
saviez que l'art de préparer les médicaments fut le
commun berceau de la plupart des arts industriels, comme de toutes les parties de l'histoire de
la nature. Pour moi, convaincu que, pour faire porter à une science tous ses fruits, il faut multiplier ses
rapports avec les autres branches des connaissances
humaines; que le moyen d'en répandre le goût et l'é-
tude, c'est de rendre ses principes d'un accès facile
à toutes les intelligences; qu'enfin, c'est aux lettres
à nous enseigner le secret d'énoncer les vérités scientifiques avec cette clarté, cette méthode, j'ajouterai,
ce charme qui les caractérise, je suis venu chercher

dans votre sein la réunion de tant d'avantages :
voilà, Messieurs, ce qui explique à la fois et ma
témérité et le généreux accueil que j'ai reçu de
vous.

Appelé à l'honneur de porter la parole dans cette
solennité, j'ai un moment conçu la pensée de jeter
un coup d'œil sur ce double objet de votre culte et de
vos soins, de développer quelques considérations sur
les rapports réciproques qui lient l'étude des sciences
et celle des lettres. J'aurais voulu parcourir à grands
traits leur histoire, montrer qu'elles eurent une origine commune, qu'à toutes les époques elles se prêtèrent de mutuels secours, et que leurs progrès ou
leur décadence eurent toujours pour principe des
causes analogues. J'eusse cherché à combattre cette
opinion trop accréditée que l'étude des faits matériels
est incompatible avec les inspirations du génie littéraire, que l'art d'observer la nature dans ses détails
exclut la faculté de l'admirer et de la peindre dans ses
effets généraux, que le sentiment des beautés littéraires, que l'art de revêtir la pensée de formes élégantes est opposé à cet esprit d'investigation si fertile
en beaux résultats, en considérations de l'ordre le
plus relevé. J'eusse dit quelle source de riches nouvelles le champ des hautes sciences peut offrir à la
littérature, ce que l'étude des formes variées du langage peut fournir, à son tour, à l'art d'énoncer les
détails de la science ; et dans les grands modèles de
l'antiquité et des temps modernes, j'eusse puisé à la
fois les préceptes du style didactique, et les exemples

des beaux succès obtenus dans la double carrière des
sciences et de la littérature.

C'est à regret, Messieurs, que j'ai dû renoncer à
un sujet dont le développement excéderait les bornes
d'une lecture académique; mais je ne laisserai point
échapper cette occasion d'appeler sur des études
auxquelles je dois de vives jouissances et l'honneur
d'être assis près de vous, d'appeler, dis-je, sur les
sciences une justice que notre siècle, malgré les biens
réels qu'il doit à leurs efforts, semble peu disposé à
leur accorder. On ne révoque plus en doute aujour-
d'hui l'utilité des sciences, on ne leur refuse plus une
sorte de prééminence sur d'autres études purement
spéculatives, et les progrès de la civilisation, de l'industrie, du bien-être général, sont si évidemment
liés à leurs progrès, qu'on ne leur conteste pas
même cet heureux résultat. Mais des préventions
plus grandes s'élèvent encore contre elles, et puisent
une nouvelle force dans l'autorité de quelques
hommes qui exercent sur l'opinion une influence,
justifiée d'ailleurs par de rares talents (1). Les sciences, a-t-on dit, dessèchent le cœur, désenchantent la
nature, éteignent l'imagination !.... A en croire ceux
qui prononcent un pareil anathème, la science ne serait le partage que des cœurs froids, des esprits sans
élévation; et celui qui sut interroger la nature, qui

(1) Voy. Chateaubriand, *Génie du Christianisme*, part. III,
liv. II.
Voyez aussi M. de Bonald, *Spectateur français au* xixe *siècle*,
t. VI, p. 231 et suiv.

découvrit ses lois, qui concourut au perfectionnement
des êtres créés, serait déshérité des sentiments, des
facultés brillantes dont Dieu fit l'apanage de sa plus
belle créature?.... Il est temps, Messieurs, de repousser
une telle imputation ; quel ami de la science la laisse-
rait peser sur elle et sur lui-même? Comment se refuser à servir une si belle cause, et surtout au désir
de la plaider devant vous?

De grands et de terribles mouvements agitèrent la
société vers la fin du dernier siècle. Les mœurs, les
lois, le gouvernement, se ressentirent de cette agitation. L'impulsion donnée par la marche irrésistible
de l'esprit humain fut sans doute hâtée par ceux que
leurs talents et leurs connaissances plaçaient à la tête
de la civilisation, mais, lorsque, revenus à un état de
calme et de sécurité, on rechercha la cause du boule-
versement qui venait d'avoir lieu, on eut le tort de
l'attribuer exclusivement aux écrits des gens de lettres et aux travaux des savants. Frappés de l'essor
qu'avaient pris les sciences au moment où la religion
et la morale venaient d'être renversées, des esprits
prévenus voulurent trouver une liaison entre ces
grands événements, rendirent les sciences responsa-
bles des malheurs de la patrie, et n'hésitèrent pas à
les accuser d'athéisme et d'immoralité. On ne songea
point que ce mouvement auquel elles préludaient depuis deux siècles était universel et indépendant des
circonstances politiques ; on oublia que le premier
élan donné à leurs progrès remontait à une époque
où l'ardent désir de tout connaître n'ôtait rien à la

ferveur des sentiments de piété, où les hommes les
plus éclairés étaient aussi les plus religieux, et que
le dix-huitième siècle lui-même avait montré plus
d'un savant digne de recueillir ce double héritage de
talents et de vertus. De ce qu'un petit nombre
d'hommes, fameux par la singularité de leurs opinions et la monomanie de leurs systèmes, s'étaient
fait gloire de leurs erreurs, on tira cette conséquence
que les recherches positives étouffent les vérités de
sentiment, que ceux qui ne peuvent atteindre aux
sublimes hauteurs des sciences et remonter par elles
à la source de toute vérité, s'égarent dans ses sentiers
inextricables, ou se bornent à la chercher dans des
combinaisons de chimie, dans des formules algébri-
ques, dans de vaines et subtiles abstractions. « Peu
« de science, avait dit Bacon, peut conduire à l'er-
« reur; » mais il avait ajouté : «Beaucoup de science
« mène l'homme à Dieu. ».... Faut-il donc s'arrêter
au parvis du temple, parce qu'un peu d'obscurité
règne dans ses abords? Faut-il donc fuir la lumière,
parce que de fausses lueurs peuvent un moment
tromper nos regards? faut-il enfin briser nos armes,
parce que des insensés en firent un indigne emploi?
Non, Messieurs, les sciences ne conduisent point à
l'athéisme; j'en appelle à vos âmes de la prévention
aveugle qui tira de telles inductions; j'en appelle à
vous, Leibnitz, Descartes, Pascal, Newton, dont les
sublimes écrits sont partout empreints du respect
pour la Divinité; à vous, savants bénédictins de Saint-
Maur, qui portâtes si longtemps et sans partage le

sceptre de l'érudition; eussiez-vous pensé que quelque jour on jugerait incompatibles les études savantes et les principes religieux? et, s'il vous eût fallu céder une part de votre gloire, n'eussiez-vous pas renoncé facilement aux priviléges de votre beau génie, et encouru avec joie le reproche d'ignorance, plutôt que celui d'impiété?

Au sentiment de nos devoirs envers Dieu se lie naturellement celui de nos devoirs envers nos semblables. Fils d'un même père, nous sommes tous frères de la même famille, et le cœur profondément pénétré de ce grand principe comprend sans peine les rapports de dévouement, de fidélité, de bienveillance et de protection qui l'unissent à sa patrie, à ses supérieurs, à ses égaux, à ses subordonnés. Comment l'étude peut-elle nuire à de tels sentiments? Rien, dans les théories scientifiques, s'oppose-t-il aux vérités naturelles qui ne sont pas le fruit d'un raisonnement, qui n'ont nul besoin d'une démonstration? Craindrait-on qu'absorbé par des recherches laborieuses, le savant en vînt à négliger son pays, la société, sa famille? Son pays, il va l'illustrer par ses veilles; la société, il l'enrichit de ses découvertes, il l'éclaire de son génie; sa famille, il lui léguera des biens inestimables : ses travaux, son exemple et son nom. Quoi ! parce qu'un astronome livré à ses calculs, qu'un chimiste appliqué à ses analyses, donneront moins de temps aux discussions politiques, aux devoirs de la société, à l'avancement de leur fortune, ils en seront moins bons citoyens, bons pères, bons amis? Assez d'autres se livrent tout entiers à de pareils soins, sans qu'on puisse en conclure qu'ils servent plus efficacement et leurs familles et leur pays..... Les efforts prolongés de l'esprit tournent, dit-on, au préjudice des facultés de l'âme. Eh! Messieurs, qui de vous n'a pas éprouvé que les méditations profondes, ces voyages de la pensée, semblables à ceux du corps, rendent plus vif le retour aux douces affections, aux tendres épanchements de la vie privée? Voyez ce savant, dans la solitude du cabinet ou du laboratoire, livré à la solution de quelque grand problème, ou à la recherche d'une vérité importante. Transporté dans la sphère qu'il s'est créée, son esprit a fui son terrestre asile; hors sa pensée unique il semble tout oublier; mais un bruit léger le rappelle à lui-même, sa compagne est près de lui, son enfant lui tend les bras; rêves savants, illusion de la gloire, tout disparaît à ses yeux, il n'est plus qu'époux et père, et, rendu aux premiers sentiments de la nature, il passe avec ravissement des extases de l'esprit aux émotions ineffables du cœur.

Qu'il me serait facile, Messieurs, de répondre, par de simples faits puisés dans l'histoire des sciences, à ce vain reproche qu'on leur adresse! que de noms il me suffirait de prononcer ici, pour rappeler le souvenir de tous les talents unis à toutes les vertus! Dévouement à la patrie, patience et grandeur d'âme, courage et simplicité, bienfaisance et résignation, quelles hautes qualités n'ont pas orné le cœur de tant d'hommes fameux par leurs travaux et par leur génie! et ce Haller que revendiquent à la fois les

sciences et les lettres, l'administration, la médecine,
la poésie; mais que sa candeur et sa bonté placent
plus haut encore dans l'estime des gens de bien; et
ce Robert Boyle, physicien, géologue, philosophe,
moraliste, qui, relevant la noblesse de sa naissance
par la noblesse de son âme, ou plutôt les couvrant
toutes deux du voile de sa modestie, n'usa des fa-
veurs de la fortune que pour doter des écoles et pen-
sionner des savants; et ce Linnéus, né simple villa-
geois, et dont un roi prononça lui-même l'oraison
funèbre ; Linnéus, a qui la nature révéla tant de secrets sublimes, qui de tous ses amis sut faire autant
de prosélytes de la science, et de tous les savants se
faire autant d'amis, qui confondit dans la même affection et ses nobles travaux, et ses élèves, et ses enfants,
qui répondit enfin aux offres brillantes d'un monarque étranger : « Les talents que je tiens de Dieu, je
« les dois à ma patrie; » et ce Charles Bonnet, dont
l'âme excellente et pure, le cœur plein de tendresse,
sembla revivre naguère dans des paroles sorties de
la bouche du savant qui nous préside (1), pour qui
toute l'existence se bornait à deux points : apprendre
et sentir ; pour qui le but et la fin de l'homme con-
sistaient à connaître, car connaître, pour lui, c'était
encore aimer. Voilà, Messieurs, voilà les hommes
dont on accuse l'étude d'avoir desséché le cœur, à
moins qu'on ne les regarde que comme des excep-
tions, et qu'il ne faille les compter ni au nombre

(1) M. Bredin. Discours de réception à l'académie de Lyon.

des âmes généreuses, ni dans la liste des savants.

Des âmes généreuses ! et quelle classe de la société peut en offrir autant à la reconnaissance des peuples que celle des hommes voués à la recherche de la vérité et à l'étude de la nature ? Ce n'est pas leur désintéressement que j'admire : quelle estime feraient-ils de ces biens qui ne sauraient les conduire au noble but de leurs efforts, dont l'emploi, le soin, la conservation même, compensent tristement à leurs yeux le plaisir de les posséder ; mais, si le mépris des richesses n'est qu'une vertu passive, il n'en est pas de même de cette bienveillance empressée, de cette affabilité libérale qui caractérise le savant véritable et qui ouvrit tant de fois la carrière au mérite modeste, au génie indigent. Les grands talents ont presque tous connu le malheur : sublime école de la bienfaisance et de la pitié. Ce n'est pas dans les annales du monde savant qu'on rencontre des Gilbert, des Malfilâtre, et quel jeune adepte n'a pas trouvé, dans ses jours d'infortune, plus d'un ami parmi ses maîtres, plus d'un frère parmi ses rivaux ? Illustre Daubenton, vénérable Parmentier, ingénieux Haüy, bienveillant Lacépède, est-ce à vos nombreux élèves, à cette famille empressée de suivre vos pas et vos leçons, que j'irai demander si votre cœur fut bon et compatissant, si votre âme fut noble et généreuse ? Honneur à des études capables de nourrir de tels sentiments, de faire éclore tant de vertus, d'inspirer les libéralités savantes des Boyle, des Lavoisier, des Cavendish, d'éveiller la même pensée dans l'âme des

simples amis de la science et du bien public, des
Monthyon, des Alumbert, des Christin, des Adamoli,
et de ce grand citoyen qui vous choisit, Messieurs,
pour les organes de sa bienfaisance, et que vous
désignâtes à l'éloquence, à la poésie, comme aux
dignes interprètes de la reconnaissance de son
pays (1).

S'il était vrai que l'étude des sciences désenchante
la nature, j'aurais peine à comprendre, je l'avoue, ce
qui attache le savant aux travaux dans lesquels il
consume sa vie. L'attrait d'une difficulté à vaincre,
d'un secret à pénétrer, une curiosité vaine et stérile,
seraient-ils donc capables de soutenir tant d'efforts,
d'animer un tel courage? des recherches dont le résultat est souvent si douteux, des découvertes dont
les applications sont si imprévues, des études enfin
que si peu de gloire environne! Qui retient donc le
physicien, le géomètre ou le naturaliste appliqués à
l'objet de leurs veilles laborieuses? qui les retient,
Messieurs? C'est un charme ignoré de ceux qui le ré-
voquent en doute, c'est ce besoin de connaître, d'apprendre, que Dieu plaça dans nos âmes comme un
secret pressentiment de la perfectibilité de notre être,
comme un lien de plus entre l'homme et tout ce qui
l'entoure; c'est l'aspect de tant de merveilles dont le
vulgaire n'aperçoit que la surface la plus apparente,
et qui ne se découvrent dans tout leur éclat et leur

_____

(1) Le major général Martin, fondateur de l'école de la Marti-
nière.

magnificence qu'au zèle studieux des vrais amants de la nature et de la vérité. Celui à qui des études sévères, des soins immenses, les ressources d'un esprit supérieur ont révélé l'admirable système de la mécanique céleste, n'est-il pas mille fois plus frappé de l'étonnant équilibre des masses qui roulent au-dessus de sa tête, que celui qui, livré à la simple contemplation du spectacle ordinaire des cieux, borne à l'étendue de ses regards celle de son intelligence et de son admiration? Celui qui étudie les lois de la physiologie des végétaux, qui découvre dans un insecte les ressorts délicats de sa frêle organisation, ou qui porte ses regards sur le prodigieux mécanisme auquel obéissent les mouvements du corps humain, peut-il défendre son âme du plus vif enthousiasme à la vue de tant de merveilles, « plus grandes peut-être encore dans les organes du ciron que dans ceux de l'éléphant (1)? »

Mais, allègue-t-on, la difficulté, la sécheresse des nomenclatures, l'uniforme monotonie des classifications, ces méthodes, ces systèmes, ces froides catégories qui renferment dans des cadres si étroits ce que Dieu répandit avec tant de profusion dans l'espace, qui rangent en séries régulières, disposent en tableaux symétriques cette foule d'êtres négligemment livrés à un désordre si admirable : tout cela doit rétrécir, comprimer la pensée, refroidir le sentiment des beautés qu'on analyse, et ce qu'on y gagne en

(1) M. de Bonald.

connaissance réelles, on doit le perdre en sensations, en jouissances.

Oui, répondrai-je, si l'étude de la nature se bornait à celle du langage de la science, des méthodes de classification, fils ingénieux qui dirigent notre marche dans ce mystérieux labyrinthe. Mais est-ce donc à ce travail ingrat et pénible que s'arrêtent les investigations du savant; est-ce au mécanisme des langues, aux règles de la grammaire ou de la syntaxe que se borne celui qui se voue à la littérature? A-t-on jamais accusé les études classiques de nuire au développemént du goût, à l'essor du génie littéraire? L'aridité des principes disparaît de même, à mesure qu'on pénètre plus avant dans le sanctuaire de la science, et fait place à un enthousiasme d'autant plus réel, qu'il sait mieux se défendre du premier mouvement de la surprise ou d'une puérile curiosité. Faut-il donc ignorer le nom d'un insecte ou celui d'une plante, pour admirer l'un et l'autre avec ravissement? Pour que la nature conserve à nos yeux tout son charme, faudra-t-il ne la voir qu'à travers les illusions du prisme romantique, ou les fictions surannées de la mythologie? L'aspect d'un site pittoresque, le spectacle des grands effets de la nature, ces pics élevés, ces cavernes profondes, ces bocages si frais et si doux que parcourt incessamment le pied du naturaliste, frapperont-ils ses regards sans émouvoir son âme, sans parler à son cœur? Ah! Messieurs, ceux qui élèvent un pareil doute n'ont jamais vu un Jussieu, un Balbis, un

33

Desfontaines, un Decandolle, entourés de leurs nombreux élèves, allant, aux premiers feux d'avril, épier
le réveil de l'anémone printanière; ils n'ont pas vu
l'extase d'un Van Spaendonck, d'un Foudras, d'un Redouté, disposant avec un soin habile la série diaprée
de ces brillants insectes qu'on a si bien nommés des
fleurs volantes, ou reproduisant avec art les contours
gracieux, les nuances variées, mais fugitives, dont la
nature a paré ses plus charmants ouvrages. Qui donc
anime le zèle de ces voyageurs qui vont, d'un pôle à
l'autre, conquérir une plante, étudier un astre, mesurer un abîme, cherchant la vérité sur les continents
et les mers, comme Ulysse y cherchait ses dieux et sa
patrie? Qui sut prêter aux récits d'un Tournefort,
d'unHumboldt ou d'un La Condamine, cet intérêt
magique qui retrace avec tant de charme les impressions que l'aspect d'une nature étrangère produisit
sur leur âme; à ceux d'un Linnéus et d'un Buffon, ce
coloris enchanteur dont ils surent orner leurs systèmes ingénieux, leurs savantes théories? C'est une
Muse, Messieurs, qui sait aussi faire éclore de sublimes pensées ; c'est une Muse qui n'habite pas seulement au sommet de l'Olympe, mais qui règne en sou-
veraine dans une sphère plus vaste encore, moins
entourée surtout d'illusions et de prestiges ; c'est la
nature enfin, dont on croit l'étude incapable d'élever
l'esprit, et qu'on ose accuser d'éteindre l'imagination ! Quoi ! celui qui d'un coup d'œil parcourt le
vaste champ des connaissances humaines, et sait en
reculer les limites ; celui qu'un fait presque inaperçu.

que le phénomène le plus simple en apparence met
sur la voie d'une grande vérité, d'une théorie lumineuse, celui-là ne tiendrait point sa place parmi ceux
que distingue le privilége de l'imagination et du génie? est-ce à cet ordre de savants qu'on ose contester
le droit de rivaliser de gloire avec les poëtes et les ora-
teurs? le sceau brillant d'Homère et de Démosthène
n'a-t-il donc laissé aucune trace dans les écrits d'un
Théophraste, d'un Aristote, d'un Pline; et le front
des Virgile et des Lucrèce n'est-il pas orné d'une
double palme de science et de talent? Ainsi Bacon,
Kepler et Leibnitz parcouraient à la fois toutes les
routes de l'esprit humain ; ainsi Haller et Fontenelle, Voltaire et Delille cultivaient tour à tour le
champ des hautes sciences et celui de la poésie ; ainsi
Buffon inscrivait dans les fastes de la gloire ce nom
que le savant ne prononce qu'avec respect, que les
lettres placent au rang des noms les plus illustres, et
que la France proclame avec orgueil, pour l'opposer
à ceux des Linnéus et des Newton.

Et si j'osais élever mon hommage jusqu'à ces illus-
trations contemporaines, sur qui reposent aujour-
d'hui les succès présents et l'avenir des sciences, que
tant de graves travaux ne ravirent point au noble
culte des lettres, dont le zèle savant s'anima tant de
fois au feu d'une imagination vive et brillante, quelle
foule de noms célèbres se presseraient d'enrichir
cette liste glorieuse! les Vicq d'Azir et les Fourcroy,
les Fourrier et les Chaptal, les Humboldt, les Cuvier,
les Lacépède, les Laplace, illustre élite, dont notre

gloire savante a formé sa couronne, et que la postérité confondra dans son admiration avec ces noms
fameux qui représentent la gloire littéraire de notre
belle patrie.

Mais qu'ai-je besoin d'insister davantage pour défendre, à vos yeux, la cause des sciences vainement
outragée. Je l'avouerai, Messieurs, je n'ai pu voir
sans quelque indignation, sans une sorte d'effroi, les
conséquences des attaques funestes dont on veut les
rendre l'objet. Mais c'est en vain que désormais d'im-
prudents détracteurs essayeraient de s'opposer à leur
marche rapide; d'inutiles clameurs n'arrêteront point
le dieu dans sa carrière, et du faisceau de lumière qui
l'environne jailliront longtemps encore les rayons
innombrables qui vont éclairer l'industrie, animer le
courage du savant voyageur, échauffer l'âme généreuse du philanthrope, et exciter parfois dans celle de
l'orateur, du poëte, de nobles et sublimes inspirations.

DISCOURS

*Prononcé dans la séance publique de l'École et de la Société
de pharmacie réunies, le 12 décembre 1838, par M. Cap,
président de la Société de pharmacie.*

MESSIEURS,

L'École et la Société de pharmacie pensent aller
au-devant des vœux des pharmaciens de Paris, toutes
les fois qu'elles les invitent à ces solennités dans lesquelles les jeunes élèves viennent recevoir la récompense de leurs efforts, et préluder par des succès de
famille aux succès plus étendus qui les attendent
dans leur carrière publique. L'École veut ainsi nous
rendre juges de sa sollicitude pour les progrès de
l'art, de l'état prospère de son enseignement, et rehausser aux yeux des lauréats la valeur des prix
qu'elle leur décerne, en rendant leurs premiers
maîtres témoins de leurs premiers triomphes. Pour
nous, heureux de voir réunis dans cette enceinte
ce qui forme à la fois l'honneur actuel et l'avenir
de notre profession, nous venons avec empressement nous asseoir à côté des maîtres, des vétérans
de la science, et retrouver avec bonheur, parmi cette
jeunesse studieuse, les élèves dont nous fûmes les

33.

premiers guides, et dont nous avions présagé les succès.

Organe en cette occasion des sentiments et des vœux de la Société de pharmacie, mon premier mouvement sera donc d'adresser à l'École les remercîments des pharmaciens pour les améliorations qu'elle ne cesse d'apporter dans son enseignement, pour le zèle, l'excellent esprit, qui dirigent ces utiles réformes, et que témoigne plus hautement que nous ne saurions l'exprimer le concours remarquable dont les résultats viennent d'être mis sous nos yeux. Vous persévérerez, messieurs les professeurs, dans cette voie de perfectionnement et de progrès ; les succès obtenus nous sont garants de ceux qui se préparent, l'avancement de l'art en est la conséquence infaillible, et notre profonde gratitude en est le prix assuré.

Et vous, messieurs les élèves, heureux de vous présenter dans la carrière au moment où ces améliorations sont réalisées, vous aurez sur nous l'avantage de disposer de moyens d'étude plus nombreux, plus faciles, plus étendus ; mais aussi l'art exigera de vous davantage, et les connaissances qui suffisaient à nos prédécesseurs ne sauraient plus vous suffire aujourd'hui. Nous demanderez-vous si la profession vaut mieux de nos jours qu'elle ne valait alors, si, à mesure que ses difficultés se multiplient, elle fait de nouveaux progrès dans l'estime publique, si elle offre de meilleures chances de considération et de fortune? Nous vous répondrions que de tels résultats

ne sont point nécessairement acquis à une profession, mais qu'ils ne manquent jamais aux hommes
qui l'exercent dignement, et ne reculent devant aucun effort, aucun sacrifice pour les mériter et les
conquérir.

Or, vous le savez, Messieurs, les connaissances recueillies dans les écoles ou dans les livres ne constituent pas seules les éléments nécessaires à l'exercice
de la pharmacie. Son objet final n'exige pas seulement des conditions de capacité et de savoir, mais
encore des qualités spéciales, une aptitude, un tact,
une habileté particulière acquise par une longue pratique, en même temps qu'une moralité irréprocha-
ble, des sentiments purs, élevés et généreux. Il y a
donc, en dehors de l'enseignement scolaire, d'autres
sources où vous avez dû chercher le complément de
vos études pharmaceutiques. La première est sans
contredit l'éducation classique et littéraire, cette
base commune de toute profession libérale et savante, où repose le germe de toute idée morale, qui
éclaire l'homme sur ses devoirs comme sur ses
droits, qui lui donne la mesure de ses facultés, développe son intelligence comme ses sentiments, lui
inspire le respect de soi-même, la bienveillance envers les autres et le courage nécessaire pour se maintenir à la hauteur de sa mission. A ces premiers et
solides avantages l'étude des lettres en réunit aussi
de plus brillants : elle élève et ennoblit l'âme, cor-
rige et adoucit les mœurs, elle donne à la pensée
plus de clarté, de rectitude, et au langage ce vernis

de pureté, de grâce, d'élégance qui prête tant de
charme, tant d'empire à la parole, et caractérise un
esprit sain, droit et cultivé. Aussi, Messieurs, parmi
les mesures que nous promet depuis si longtemps la
réforme des lois relatives aux diverses branches de
l'art médical, les pharmaciens ont-ils unanimement
applaudi à celle qui exigerait des élèves le grade de
bachelier ès lettres, comme l'une des meilleures garanties que les candidats puissent joindre aux
épreuves scientifiques, et l'une des dispositions les
plus efficaces sur lesquelles puisse s'appuyer l'avenir
de notre profession.

L'autre source où repose le complément indispensable des études relatives à notre art est le stage
officinal, ou l'exercice pratique. Ces notions préli-
minaires et en grande partie matérielles, cette foule
d'opérations et de procédés manipulatoires qui,
presque avant l'intervention du raisonnement, exigent surtout l'habileté des mains, cette multitude de
détails qui se rapportent au service public d'une
officine, ces habitudes d'ordre, de soin, d'exactitude
qui constituent et caractérisent le praticien, tout cela
s'acquiert aussi hors des écoles, et forme néanmoins
l'un des éléments les plus utiles de l'art de préparer
les médicaments.

On a quelque temps agité la question de prééminence, et surtout de priorité, entre la pratique et la
théorie, relativement aux études pharmaceutiques.
Il est résulté de cette discussion l'opinion unanime
que l'étude de la pratique devait précéder celle de la

théorie, mais qu'elle devait aussi la suivre. En premier lieu, afin que l'élève connût mieux les faits matériels, les phénomènes sensibles dont plus tard la théorie aurait à rendre compte, et ultérieurement, pour qu'il eût à faire une application raisonnée des principes établis dans les démonstrations théoriques. En effet, Messieurs, on chercherait peut-être vainement l'exemple d'un praticien habile qui eût commencé par l'étude théorique des sciences, tandis que tous les hommes qui ont porté avec distinction le titre de pharmacien ont débuté par l'exercice pratique de l'art. Bayen et Darcet, à qui Bertrand Pelletier avait été recommandé à son arrivée à Paris, lui conseillèrent, avant de se livrer à des études plus sérieuses, de passer quelques années dans une pharmacie. Pelletier suivit ce conseil, il entra dans une officine; il y passa quatre ans consécutifs, et personne de vous, Messieurs, ne pensera que ce temps ait été perdu pour l'instruction et pour la gloire future de ce célèbre chimiste.

Quant à l'utilité de revenir aux travaux pratiques, après s'être pénétré des théories de la science, c'est ici une de ces vérités dont chacun de nous a fait l'épreuve, et que l'École elle-même a consacrée par la création d'une nouvelle branche d'enseignement, l'école pratique, dont les résultats, vous venez de l'entendre, sont déjà aussi positifs que brillants. On ne saurait donc trop répéter aux élèves que les cours théoriques n'ont d'autre but que d'éclairer, de coordonner les faits et les phénomènes qui font l'objet de la science, et que, pour être le complément indispensable de leur étude, ils ne peuvent en aucune manière remplacer un long exercice des travaux pratiques. Après tout, la mission spéciale des corps enseignants, quels que soient le zèle et le haut mérite des professeurs, est de transmettre la science dans son état actuel, et non de la faire avancer. Ce dernier soin est évidemment réservé aux expérimentateurs, aux praticiens. C'est dans l'exercice public d'une profession que se trouvent les véritables éléments de ses progrès; ce sont les idées nouvelles suggérées par les besoins de l'exercice et de la pratique qui provoquent les recherches, les expériences, les découvertes, et font naître les faits nouveaux dont la science s'enrichit incessamment. Ne vous laissez donc pas trop éblouir par le prestige séduisant des études spéculatives; ne perdez pas de vue que c'est principalement dans le but de les appliquer à l'art de guérir que vous vous livrez à l'étude des hautes sciences. Sans doute la préparation des médicaments sera toujours, suivant l'expression de Fourcroy, l'une des meilleures sources de la chimie philosophique, et l'un des principaux ateliers de ses découvertes. C'est un digne sujet d'émulation et d'efforts que cette extension des connaissances sur lesquelles se fonde la pharmacie, aux progrès généraux de l'industrie et des arts. Cependant, Messieurs, n'oublions pas que la préparation des médicaments est aussi l'une des plus belles applications des sciences au bien-être et au soulagement de l'humanité;

que, s'il est beau d'étendre hors de ses limites naturelles les bienfaits et les services d'un art, il est peut-être plus utile à ses progrès, à son développement, de faire converger vers son objet spécial les lumières éparses et les données innombrables que peut lui fournir la diversité des connaissances humaines.

Enfin, si nous voyons avec admiration, avec orgueil, de jeunes et brillants sujets, sortis des laboratoires pharmaceutiques, parvenir rapidement au sommet de la carrière des sciences, nous aimons à voir aussi de savants professeurs, des académiciens dont la renommée est européenne, se consacrer à la pratique, à l'enseignement de la pharmacie, et faire rejaillir sur elle la gloire qui s'est justement attachée à leur nom. C'est ainsi que l'on active, que l'on développe les perfectionnements de son art, que l'on travaille à son illustration, et que l'on multiplie les services, les bienfaits que l'humanité est en droit d'en attendre.

Mais, Messieurs, nous ne sommes pas tous appelés à parvenir à cette glorieuse position, ou à rendre à la société d'aussi éminents services. L'esprit d'invention, de découverte, ce mot que parfois Dieu semble souffler à l'oreille de l'homme de génie, est une faculté rare, qui n'est pas la conséquence nécessaire du travail, de l'étude et des recherches assidues. Cependant, tout homme, dans sa sphère naturelle, quelque restreinte qu'elle soit, peut toujours se rendre utile, recommandable, se distinguer par ses talents, son zèle ou ses vertus privées. J'admire l'ardeur généreuse de tant de chimistes célèbres morts à la fleur de l'âge, victimes de leur zèle. Si la science, dont ils furent les martyrs signale à notre reconnaissance et à notre vénération les noms de Bergmann, de Scheele, de Bucquet, de Pelletier, de Gehlen, et plus près de nous ceux de Cluzel, de Sérulas, de Plisson, de Polydore Boullay, d'autres noms méritent aussi de rester dans la mémoire des hommes pour avoir donné d'admirables exemples de désintéressement, de grandeur d'âme, de dévouement et d'humanité. Et, sans aller chercher au loin de tels exemples, chacun de vous, Messieurs, n'a-t-il pas été témoin des sublimes efforts qu'une épidemie encore récente a inspirés au zèle des pharmaciens français ? Fatale et glorieuse époque, qui, comme toutes les grandes calamités, fit éclore tant d'actes remarquables d'abnégation, de courage, montra que l'énergie des âmes généreuses s'exalte avec les dangers, et que les élans de leur bienfaisance se proportionnent toujours à l'étendue, à la gravité des malheurs publics.

Il me reste à remplir un devoir au nom de la Société de pharmacie ; c'est d'exprimer aux jeunes lauréats auxquels l'École va décerner ses couronnes les justes éloges que méritent leur zèle, leurs efforts, leurs talents. Messieurs, il y a dans le cours de la vie de ces époques saillantes, fécondes en souvenirs comme en résultats, et qui souvent forment le point de départ de tout une existence d'honneur et de

succès. Il est rare qu'un premier triomphe reste
unique et stérile, tandis qu'il y a mille exemples
d'une longue carrière de gloire dont le début se rattache aux succès obtenus dans les luttes scolaires. Il
y a quarante ans, Messieurs, qu'à pareil jour une solennité semblable rassemblait dans cette même enceinte les professeurs de l'École, les pharmaciens de
Paris et de nombreux élèves empressés, comme aujourd'hui, de se réunir à leurs maîtres et d'applaudir
au triomphe de leurs condisciples. Trusson ouvrait
la séance par une allocution éloquente et paternelle ;
Fourcroy lisait un Mémoire sur l'oxygénation de
l'axonge, Vauquelin, une Notice sur l'extractif végétal, Demachy, des Observations sur la rectification de
l'éther ; M. Bouillon-Lagrange prononçait l'éloge de
Bertrand Pelletier, et l'École, récompensant pour la
première fois le zèle de ses élèves, décernait à notre
confrère, M. Boullay, son premier prix de chimie.
Les deux années suivantes, et en pareille circonstance, elle proclamait les noms de MM. Robiquet et
Clarion, qui figurent aujourd'hui avec tant d'honneur
parmi les professeurs de cette École. Si l'on continuait d'interroger l'histoire de ces solennités intéressantes, il n'en est aucune peut-être qui ne rappelât
les noms des hommes qui ont cultivé la science avec
le plus de gloire, ou exercé la profession avec le plus
de distinction et de succès. Vous répondrez, Messieurs, à de si puissants motifs d'émulation. Nous
aimons à prédire à ceux d'entre vous qui aujourd'hui
vont recevoir une pareille récompense, que, comme

34

ceux qui les ont précédés, ils répandront sur la profession, sur la science, le même éclat, la même
gloire, et qu'ils ne sauraient manquer de devenir à
leur tour l'exemple et l'orgueil de leurs jeunes successeurs.

DISCOURS

Prononcé sur la tombe de M. Planche, au nom de la Société de pharmacie, le 9 mai 1840.

MESSIEURS,

A peine venions-nous de déposer dans la tombe les restes inanimés de l'un des hommes qui ont le plus illustré la science et la pharmacie (1), que déjà nos vives appréhensions nous faisaient pressentir une nouvelle perte, un nouveau deuil. Huit jours se sont écoulés, et nous voilà encore réunis au champ de la mort, et à nos pieds repose la dépouille mortelle de l'un de nos plus vénérables confrères, de l'un de nos plus chers amis. En huit jours, la Société de Pharmacie a accompagné jusqu'à leur demeure dernière deux de ses premiers fondateurs, deux de ces hommes dont le nom, en France comme à l'étranger, représente depuis trente ans, avec le plus de dignité, la Pharmacie française, et dont les travaux ont répandu sur elle le plus d'éclat et de gloire.

N'est-ce pas un cruel et terrible caprice du sort que celui qui termine presque au même instant deux

(1) M. Robiquet, mort le 1er mai 1840.

existences rapprochées par tant de traits d'analogie,
et qui appelle, au même moment, tous nos regrets
sur deux hommes qui ont tant de fois excité dans
une même enceinte nos sympathies et notre admiration ?

Tous deux, en effet, enfants de leurs propres œuvres, furent les artisans de leur éducation, de leur
fortune, de leurs succès. Apparus à une époque où
de nouvelles voies s'ouvraient de toutes parts à l'esprit humain, ils jetèrent les yeux sur une profession
modeste, mais riche d'avenir et féconde en applications utiles. Tous deux, au lieu de préluder à leur
carrière scientifique par de paisibles travaux, allèrent
chercher les objets de leurs études au milieu des
camps, des dangers, dans les rangs de la pharmacie
militaire, et puiser à cette source féconde cette énergie, ce dévouement, ce zèle désintéressé pour la
science, qui ont valu à notre art un si grand nombre
d'hommes éminents, parmi lesquels quatre des plus
illustres viennent, en quatre mois, de nous être
ravis (1).

Que si nous poussions plus loin ce rapprochement,
nous trouverions encore dans les deux collègues que
nous regrettons, dans leur caractère, dans le tour
de leur esprit, dans l'objet de leurs travaux, plus d'un
point de ressemblance. Nous verrions le premier,
empruntant à la Pharmacie les mille données qu'offrent incessamment à l'observation et à l'étude les

(1) MM. Fauché, Lolibert, Robiquet et Planche.

opérations de la chimie médicale, en faire à la science et surtout à l'industrie les plus brillantes applications ; l'autre faisant converger les connaissances les plus variées et la sagacité particulière de son esprit ingénieux vers un but spécial : la préparation des médicaments. Celui-là ayant toujours en vue l'extension des connaissances pharmaceutiques aux progrès de l'industrie et des arts ; celui-ci demandant à toutes les sciences de nouveaux enseignements applicables surtout au perfectionnement de la pharmacie. Tous deux, enfin, remarquables par la sévérité de leurs principes, par la rigueur de leur probité, pénétrés d'estime pour leur art, dévoués à son perfectionnement et à son illustration, rapportant à leur laboratoire, à leurs études chéries, à l'observation de la nature, leurs premiers plaisirs et leurs travaux incessants ; dédaigneux des plaisirs du monde, exacts et consciencieux, probes et sévères, doués d'une bienveillance réelle, cachée parfois sous des dehors un peu rudes, mais sincère et soutenue, envers les jeunes adeptes qui marchaient avec zèle dans la véritable voie ; hommes bons et purs, en un mot, dont le haut exemple ne devrait jamais nous être ravi, comme leur souvenir ne saurait s'effacer de nos cœurs.

Mais quittons un parallèle dans lequel mes paroles ajouteraient peu aux éloges qui, depuis si peu de jours, ont accompagné la cendre de Robiquet, et tournons nos derniers regards, nos derniers adieux vers cette tombe qui va nous séparer pour toujours

34.

des restes de notre ami. Celui de nos confrères qui a vécu pendant quarante ans dans l'intimité de M. Planche vous a dit les détails si pleins d'intérêt de sa digne et laborieuse vie. Les fastes de la Société de Pharmacie, de l'Académie royale de Médecine, le Bulletin et le Journal de Pharmacie dont il fut l'un des fondateurs et l'un des collaborateurs les plus assidus, vous diront la liste de ses travaux, la longue énumération des sujets de ses recherches. Une notice plus étendue, et que s'est réservée, comme l'accomplissement d'un pieux devoir, l'un de nos plus jeunes collègues, vous parlera bientôt de ses titres, de ses ouvrages, de ceux qu'il acheva, de ceux qu'il laisse incomplets et des travaux qu'il méditait encore. Pour moi, Messieurs, organe des sentiments de la Société de Pharmacie et de ceux qui m'attachaient personnellement à mon vénérable prédécesseur, je bornerai à ce peu de mots un éloge auquel mon émotion me permettrait difficilement de donner plus d'étendue, et, anticipant sur le monument funéraire qui, dans peu de jours, va s'élever ici, je dirai : « Ici repose un sa- « vant ingénieux et modeste, un ami sûr et dévoué, « un homme vrai, laborieux, utile. » Nous, ses collègues et ses amis, honorons sa mémoire en nous efforçant de l'imiter.

DISCOURS

Prononcé à la distribution des prix, au Concours de l'Internat en pharmacie des hospices de Paris, dans la séance du mercredi 25 mars 1857.

Messieurs,

L'institution des concours pour l'internat des hospices est une de ces pensées lumineuses et fécondes qui ont été si souvent inspirées à l'Administration de l'Assistance publique par la sage prévision et la charité ingénieuse qui caractérisent tous ses actes. Elle assure aux pauvres malades les soins éclairés et consciencieux de jeunes pharmaciens dont l'instruction est solennellement constatée; elle offre aux élèves l'occasion d'étendre leurs connaissances, et en même temps d'alléger les charges que la poursuite de leurs études impose à leurs familles; enfin elle excite chez les jeunes gens qui se destinent à l'art pharmaceutique une émulation qui profite à la fois à leur instruction particulière, à la science en général, mais par-dessus tout au soulagement des maux, des douleurs qui pèsent d'une manière si fatale sur les classes déshéritées de la fortune.

L'Administration, qui trouverait si facilement
parmi les hommes qui lui appartiennent déjà à divers titres tous les moyens d'apprécier la capacité
et le mérite des candidats, a voulu néanmoins intro-
duire dans la composition du Jury un élément de
plus, une garantie nouvelle, en y appelant quelques
pharmaciens de la ville, parce qu'elle est convaincue
que la pharmacie des hôpitaux sera d'autant plus
perfectionnée qu'elle se rapprochera davantage des
errements de la pharmacie civile. C'est à cette pensée, Messieurs, que, déjà plus d'une fois, j'ai dû
l'honneur de faire partie du Jury des Concours, et
c'est à la bienveillance de mes collègues que je dois
aujourd'hui celui de prendre la parole devant vous.

J'aurai à vous présenter le résultat sommaire
des épreuves qui viennent d'avoir lieu, à résumer les
impressions qu'elles ont laissées dans nos esprits et
les remarques qu'elles nous ont suggérées. J'y join-
drai, si vous le permettez, quelques avis qu'une longue expérience autorise les vétérans de la science et
de la profession à présenter à leurs successeurs, et
que ceux-ci accueillent toujours avec une indulgente
condescendance, quand ils les savent dictés par une
profonde et sincère affection pour le jeune auditoire
auquel ils s'adressent.

Cinquante-quatre candidats s'étaient fait inscrire
pour subir les épreuves du Concours. Les deux premières qui, vous le savez, ont un caractère spécialement pratique, sont éliminatoires, parce qu'il est évi-
dent que les élèves qui, sur vingt substances ou pré-

parations, n'en reconnaissent pas au moins dix à la
première vue, ou qui, sur deux produits chimique et
pharmaceutique qu'ils ont à préparer, ne montrent
pas qu'ils réunissent à la connaissance des procédés
l'habitude des manipulations, l'ordre, le soin, l'exactitude, qui sont les premiers éléments de notre art,
ceux-là ne sauraient être admis à poursuivre le Concours. Vingt candidats ont en effet subi cette triste
condition. Parmi les trente-quatre survivants, trois
ont cru devoir se faire justice eux-mêmes, en sorte
que trente et un élèves seulement se sont présentés
aux épreuves de la seconde série.

Constatons toutefois que la première épreuve pratique a été généralement satisfaisante. Quatre candidats ont mérité le maximum des points ; plusieurs
autres s'en sont très-rapprochés. Mais qu'il me soit
permis de faire ici une première remarque. Parmi
les vingt substances que l'Élève doit reconnaître et
nommer, dans l'espace de quatre minutes, se trouvent six préparations chimiques ou galéniques officinales. C'est là, presque toujours, l'écueil contre lequel viennent se briser les jeunes gens qui n'ont
étudié la matière médicale que dans les cabinets ou
dans les livres. Leurs méprises sont quelquefois si
grossières qu'elles dénotent aussitôt un Élève qui n'a
fait dans les officines qu'un stage insuffisant, ou bien
qui ne sait pas appeler au secours de son intelligence
les moyens les plus naturels : l'intervention de tous
les sens, un examen attentif et réfléchi, enfin qui ne
possède pas ce coup d'œil que donne infailliblement

l'habitude de voir, de toucher, de comparer les substances médicinales.

La même remarque s'est présentée à nous dans la seconde épreuve, consacrée à la préparation d'un produit chimique et d'un produit pharmaceutique. La première partie de cette épreuve a trahi souvent chez les Élèves une maladresse qu'on serait tenté d'attribuer à l'inexpérience des procédés de la chimie, trop peu usités aujourd'hui dans les laboratoires privés ; mais la seconde partie, c'est-à-dire l'exécution d'une formule officinale ou magistrale, a accusé d'une manière encore plus fâcheuse ce défaut d'habileté opératoire, cent fois plus nécessaire qu'on ne pense pour la perfection d'un produit quelconque, depuis le plus simple jusqu'à celui de l'ordre le plus relevé. Cette remarque nous a tous frappés. Permettez-moi donc de m'y arrêter un instant.

On a signalé plus d'une fois, chez les Élèves, dans les précédents Concours, à côté de cette tendance qui les porte à se livrer avec une certaine ardeur aux études spéculatives, ou purement scientifiques, une sorte d'incurie, de dédain pour les pratiques manuelles et, pour ainsi dire, mécaniques de la pharmacie. Cette disposition est des plus regrettables. Rien n'est indigne, Messieurs, d'un pharmacien vraiment habile et pénétré des devoirs de sa profession. Le goût de l'ordre, de la propreté, les soins minutieux et recherchés qui constituent ce qu'on peut appeler les bonnes habitudes pharmaceutiques, la perfection des moindres produits qui sortent de ses

mains, non-seulement caractérisent la réelle aptitude
d'un Élève, mais quelque jour tous ces détails donneront à l'officine qu'il est appelé à diriger ce cachet
de supériorité et de distinction qui détermine l'estime comme la confiance du public. J'ajouterai que,
pour les opérations du laboratoire, et même pour
celles de la haute chimie, ces qualités sont d'une valeur, d'une importance incontestables. Apprenez, ou
rappelez-vous que le génie de plus d'un illustre chimiste a été entravé par l'inhabileté de ses mains, par
le désordre de ses opérations; que plus d'un savant
professeur, entouré des plus riches appareils, a dû
souvent à la même cause l'insuccès de ses recherches
ou de ses expériences; tandis qu'un Lémery, un Vauquelin, un Schéèle, opéraient les plus brillantes découvertes à l'aide d'instruments médiocres, de ché-
tifs appareils composés de toutes pièces, mais qui,
par leur ingénieuse disposition, révélaient l'habileté
du praticien et l'élégante adresse du manipulateur.

L'épreuve orale a été favorable à plusieurs d'entre vous, Messieurs, mais surtout à ceux qui y ont
apporté la méthode et l'esprit d'analyse indispensables à l'exposition des données scientifiques, parce
que la clarté, la précision de la parole représentent
la lucidité de la pensée et l'étendue réelle du savoir.
Les concurrents moins heureux ont dû reconnaître
eux-mêmes ce qui leur manquait pour se maintenir
au même rang. Ici, les candidats ont à faire preuve
de qualités d'un nouvel ordre, d'une faculté parfois
donnée par la nature, mais susceptible aussi de s'ac-

quérir par l'étude, et qui, lorsqu'elle est cultivée avec persévérance, peut s'élever à la hauteur d'un précieux talent. C'est en effet de ce point que part la pharmacie pour venir prendre son rang parmi les plus hautes sciences. Tout homme destiné à l'exercice des professions libérales doit s'exprimer, sans doute, avec netteté et correction ; mais, s'il prétend suivre exclusivement la carrière scientifique, s'il veut s'élever jusqu'aux nobles fonctions du professorat, il doit se sentir doué de facultés particulières qui sont le partage, il faut le dire, d'un bien petit nombre d'hommes privilégiés. C'est alors qu'il faut savoir compter avec soi-même, mesurer ses forces : *Quid valeant humeri*, et s'exercer avec résolution et courage à cette difficile et rude tâche. Je comprends d'ailleurs une pareille ambition, qu'autorisent et justifient tant de nobles exemples qui nous entourent. Je serais donc le premier à vous encourager à la poursuivre, si vous vous sentez vraiment capables d'en affronter les périls. J'aime penser que, parmi les jeunes gens qui m'écoutent aujourd'hui, se trouve encore en germe plus d'un professeur éminent qui, à un jour donné, viendra à son tour former de nombreux Élèves, étendre par sa parole les destinées de la science, continuer cette brillante série de savants qui, sortis de nos humbles laboratoires, ou des modestes bancs où vous êtes assis, se sont élancés dans la chaire professorale, et, comme les Dumas, les Pelouze, les Bussy, les Soubeiran, les Bouchardat, font aujourd'hui l'honneur de nos académies et l'éclat de nos grandes écoles.

Dans la quatrième partie du Concours, la composition écrite, les concurrents ont assez généralement fait preuve d'une instruction plus positive et plus développée. Plus maîtres d'eux-mêmes que dans l'activité des luttes précédentes, ils apportent ordinairement dans celle-ci plus de réflexion et de maturité. Le temps qui leur est accordé pour cette épreuve leur permet d'exposer leurs idées avec plus de netteté et de méthode. La rédaction des copies nous a paru, en général, claire et soignée. Nous avons vu là une sorte de progrès dont nous tirons les plus heureuses conséquences, parce qu'il montre chez les Élèves des études classiques et littéraires assez avancées. Peut-être est-ce là le dernier reflet d'une mesure universitaire dont la révocation nous a inspiré de véritables regrets : celle qui assujettissait les Élèves en Pharmacie au baccalauréat ès lettres. Quoi qu'il en soit, nous ne saurions trop vous encourager, Messieurs, à cultiver un goût précieux, qui est le cachet d'une éducation complète et distinguée, qui classe les hommes presque autant que le savoir, et qui les prépare à s'élever au niveau des meilleures conditions sociales. Si le talent de la parole joue un rôle si important dans le monde, l'art d'écrire ne lui est pas inférieur, et même il assure à celui qui le possède une influence encore plus solide et plus durable. C'est à la faveur de ces deux moyens que les sciences se vulgarisent et se répandent incessamment dans le monde. Le pharmacien, dont l'art s'appuie sur une si grande variété de connaissances, doit se montrer partout, par son langage comme par ses écrits, le digne organe des sciences qu'il représente : mais, s'il veut en étendre encore le domaine ou en propager l'enseignement, c'est alors qu'il doit faire de l'art d'écrire une étude sérieuse et approfondie. Ses ouvrages auront d'autant plus de succès qu'il saura leur donner ce vernis de pureté et d'élégance, cette forme précise, substantielle, saisissante, qui captive le lecteur, parce qu'elle lui rend l'instruction facile en même temps qu'agréable. « Bien écrire, a dit Buf-« fon, c'est à la fois bien sentir, bien penser et bien « rendre. » Aphorisme que l'on ne saurait trop méditer, car il prend une autorité immense dans la bouche de l'homme qui a donné tout ensemble les meilleurs préceptes et les plus éclatants exemples du style le mieux approprié à l'exposition des données de la science.

En résumé, le Concours qui vient de finir ne nous a pas paru, dans son ensemble, inférieur à ceux qui l'ont précédé. L'un des candidats, bien que dépassé dans l'une des épreuves par quelques-uns de ses compétiteurs, s'est généralement soutenu à une hauteur telle, qu'il les a tous laissés à une certaine distance. Le maximum des points étant 150, il en a mérité 131 1/2. Les trois suivants ont atteint le chiffre de 114, et cinq autres se sont élevés jusqu'au nombre de 100 points. Parmi ceux qui sont restés à un rang inférieur, le Jury a cru devoir s'arrêter à ceux qui se sont tenus le plus près de ce nombre, et néanmoins il a eu la satisfaction de présenter à l'Administration une liste de vingt-quatre Élèves qui lui paraissent dignes de son choix.

Mais, en donnant aux vainqueurs la part d'éloges qu'ils méritent, tempérée par les restrictions que nous ont suggérées les parties faibles du Concours, sachons tenir compte aux vaincus de leurs efforts, avec l'espoir de les retrouver plus heureux dans un nouveau combat. Quelques-uns ont approché si près du but, qu'il nous en a coûté de les séparer de la liste victorieuse ; d'autres, par un sentiment secret de leur infériorité, se sont peut-être trop défiés de leurs forces. C'est donc partie remise, nous l'espérons. Affronter le Concours, c'est se sentir capable de la lutte ; c'est un premier pas vers le succès qui attend les athlètes auxquels le courage n'aura pas fait défaut.

Quant à vous, Messieurs, dont les noms vont être proclamés, vous venez de conquérir une palme ; mais vous allez contracter de graves, d'impérieuses obligations. Vous allez être appelés à seconder l'Administration de l'Assistance publique dans son noble et saint ministère. Or ici, le savoir seul ne suffit plus : le dévouement, la conscience, la charité doivent en former le complément, si vous voulez dignement remplir la mission qui vous est dévolue. Vos fonctions vous laisseront encore assez de loisirs pour poursuivre vos études, et vous serez entourés de tous les moyens de les étendre comme de les perfectionner. Mais n'oubliez pas que le service des malades doit toujours passer en première ligne, et vous vous placerez facilement à la hauteur de votre position nouvelle si, à votre ardeur pour le travail, à votre application à l'étude, vous unissez une pensée morale qui, toute simple qu'elle paraisse, prend souvent le caractère d'une vertu : je veux parler du sentiment de vos devoirs.

Le devoir, Messieurs, c'est en général ce qui nous est imposé par la loi naturelle ou par la loi sociale, par l'équité, l'honneur, la bienséance, par la position où le sort nous place, par les fonctions qui nous sont attribuées. C'est tout cela, mais c'est aussi quelque chose de plus ; car on ne saurait prévoir toutes les circonstances auxquelles le devoir s'applique, et il faut souvent faire plus que son devoir pour le faire complétement. Il ne suffit pas de lutter avec courage contre les difficultés qui l'accompagnent, il faut que son accomplissement seul devienne un besoin, une satisfaction, un plaisir, et c'est ce qui arrive infailliblement dès que le sentiment du devoir a pris racine dans nos habitudes et dans nos mœurs. Dès ce moment, il fait partie de notre individualité, il se mêle à tous nos actes, il s'applique à chacun de nos travaux, qu'il entoure d'un charme particulier, et qui, loin d'être une obligation parfois pénible, devient la source de cette jouissance aussi pure que réelle qui s'attache à tout devoir accompli. L'exercice de certaines vertus est en quelque sorte intermittent : le courage, la grandeur d'âme, la bienfaisance, la justice même ne s'exercent que par occasion et, pour ainsi dire, par accès. Le sentiment du devoir est permanent ; il subsiste toujours dans une âme hon-

nête ; il s'applique, à chaque instant de la vie, aux
choses les plus simples, les plus vulgaires, comme
aux actions les plus élevées et les plus sublimes. Dès
lors, plus de négligences coupables, plus d'ajourne-
ments funestes, et, par cela seul qu'on les a mis au
rang des devoirs, plus de ces travaux arriérés qui,
semblables à un remords, troublent votre conscience
et votre repos. Les plus grands efforts ne coûtent pas
plus que les actes les plus ordinaires, et l'on se con-
sole, l'on se repose de toute peine, de toute fatigue,
par cette unique pensée : J'ai fait mon devoir !

Voilà, Messieurs, ce que vous devez vous dire
chaque jour, à chaque moment, pour être certains
de suffire aux obligations que vous aurez contractées
vis-à-vis de l'Administration qui vous accueille et
des malheureux qui comptent sur vos soins pour
reconnaître les progrès que vous aurez faits dans la
carrière qui s'ouvre devant vous, mais surtout pour
être contents de vous-mêmes et pour vous tenir en
garde contre les mécomptes qu'entraînent fatalement l'oubli de ses devoirs, la dissipation et l'oisiveté.

Mais je ne veux pas abuser plus longtemps du
privilége de mon âge : celui d'adresser des conseils
à la jeunesse, même sous la forme de la bienveillance
la plus sympathique et d'un paternel encouragement.
Qu'il me soit du moins permis, avant de terminer,
de rendre un éclatant hommage à cette belle institution des Concours de l'Internat, un moment menacée
par l'introduction de quelques abus qui ont cessé
d'exister. Secondée par le Concours annuel des Prix,

modifiée par de nouveaux règlements, cette institution me semble réunir aujourd'hui tous les caractères
de perfection et d'utilité que peut réclamer le bien
public. Garantie de capacité chez les Élèves, service
des Hospices dirigé avec fermeté et fonctionnant avec
une régularité parfaite, protection paternelle, récompenses, moyens d'instruction prodigués aux
Élèves : tels sont ses résultats les plus immédiats,
les plus frappants. Mais elle a de plus, à nos yeux,
un puissant mérite, celui d'être un perpétuel sujet
d'émulation pour la jeunesse de nos Écoles et de
servir de point de départ aux Pharmaciens destinés
à soutenir, sur tous les points de la France, l'honneur de la science et de la profession. Après les nombreux services qu'elle a rendus jusqu'à ce jour, si
quelque chose doit militer encore en faveur de cette
institution généreuse, c'est le souvenir des savants
qui ont puisé dans les Concours de l'Internat les premiers moyens de s'élever aux brillantes positions
qu'ils occupent, et dont les succès remontent naturellement à la main protectrice que leur a tendue
l'Administration de l'Assistance publique. Seul ici
peut-être, je n'ai point participé aux bénéfices de
cette institution, seul je pourrais donc citer les noms
célèbres qui s'y rattachent, si je ne craignais de
blesser la modestie de mes collègues. J'apprécie
d'autant plus, Messieurs, l'honneur de siéger au milieu d'eux aujourd'hui, et surtout celui qu'ils m'ont
fait en me choisissant pour être leur interprète dans
cette intéressante solennité.

TABLE DES MATIÈRES

TABLE GÉNÉRALE

CORBEIL, typ. et stér. de CRÉTÉ.

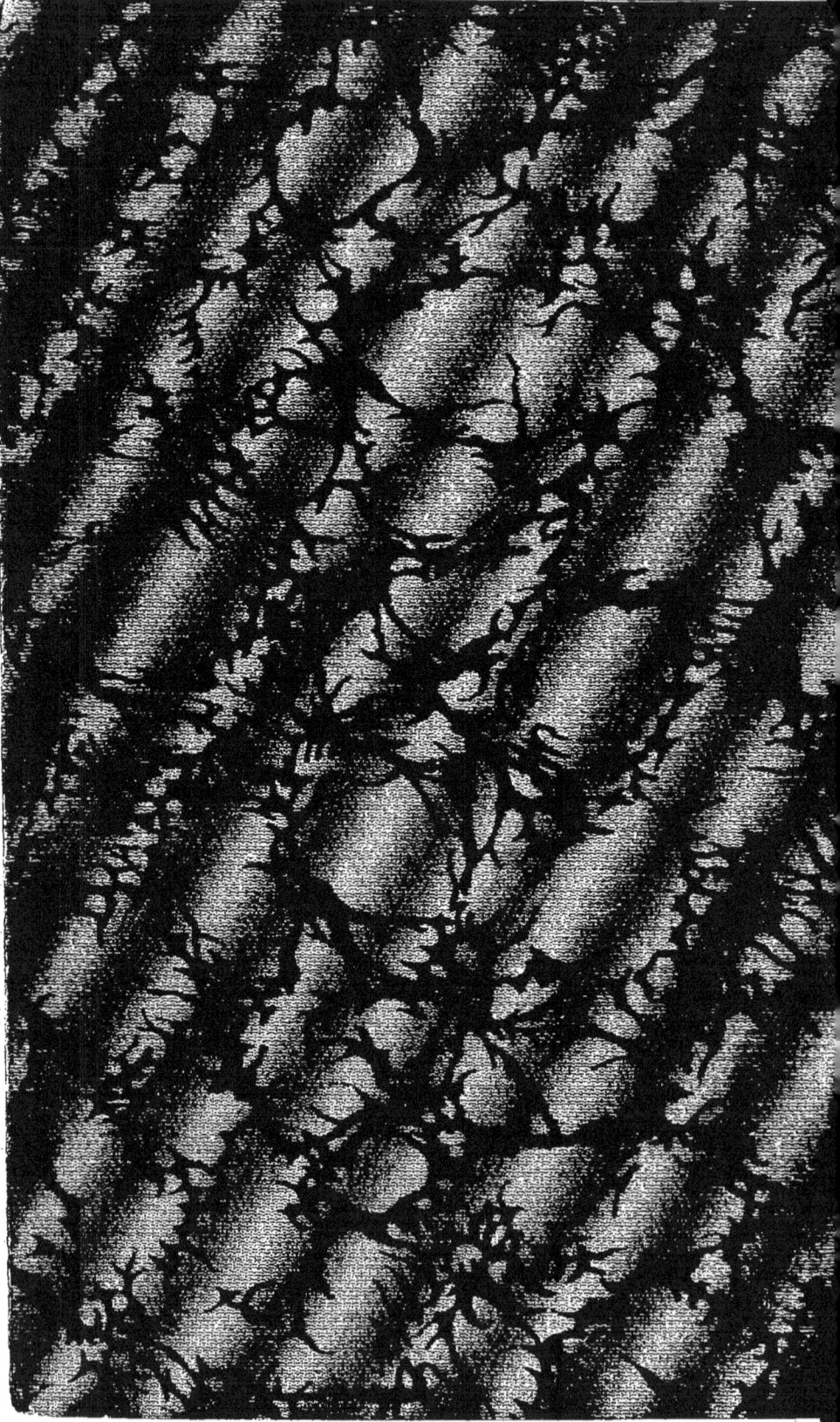

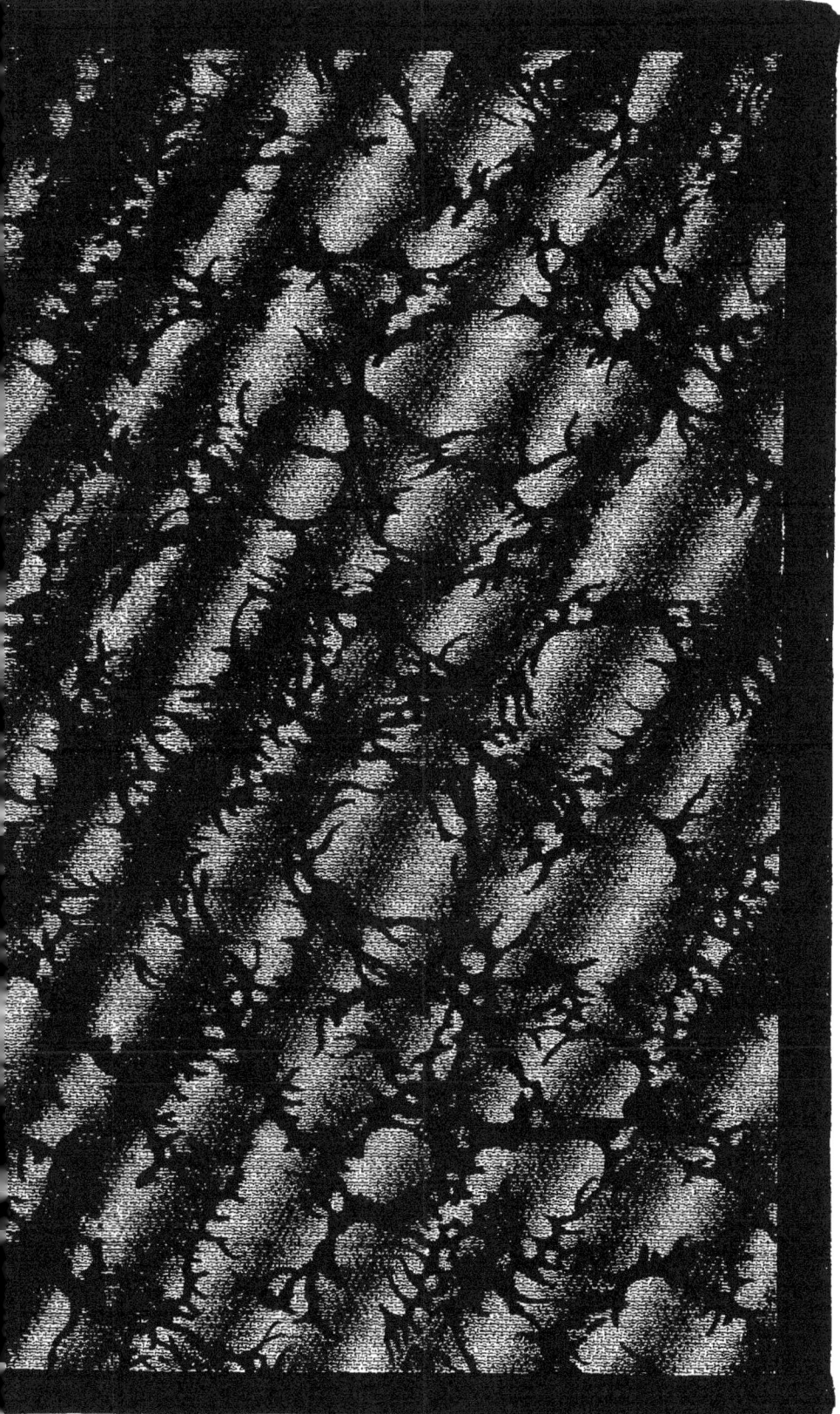